U1006251

France Travel Guide

Go France, even you don’t know French and English

法国自助游

不懂外语照样自助游法国

张奋泉　编著

广东旅游出版社

图书在版编目（CIP）数据

法国自助游/张奋泉编著. --修订本. --广州：广东旅游出版社，2012.5

ISBN 978-7-80766-260-0

Ⅰ. ①法… Ⅱ. ①张… Ⅲ. ①旅游指南－法国 Ⅳ. ①K956.59

中国版本图书馆CIP数据核字(2010)第150995号

责任编辑：张晶晶
装帧设计：何　阳
地图绘制：蔺　辉
责任技编：刘振华
责任校对：李瑞苑
法文校对：刘琳丽
英文校对：刘　蓓

广东旅游出版社出版发行
（广州市中山一路30号之一　邮编：510600）
邮购电话：020-87348243
深圳市皇泰印刷有限公司印刷
（深圳市龙岗区平湖街道平湖大街159-8号1栋）
广东旅游出版社图书网
www.tourpress.cn
965毫米×1240毫米　32开　11印张　260千字
2012年5月第1版第1次印刷
印数：1-5000册
定价：48.00元

【版权所有　侵权必究】
本书如有错页倒装等质量问题，请直接与印刷厂联系换书。

FRANCE

法国旅游景点示意图

目录 ★★★★★

前言

当你拿起此书之时，可能会为怎样选择一本旅游指南而困惑，怎样才是一本好的旅游指南书？包装精美只代表美术编辑和摄影师的水平，而文字内容的比较才能决定优劣。

对比起现在很多包装得美轮美奂的国外自助游图书，就在几年前，我为自己要开始的国外自助游找书时，仅找到一本翻译过来的书，因为不是由中国人写的，对于中国人如何申请外国签证、如何选择便宜机票全无提及，我只能自己摸索。自此开始了我自助周游世界的历程，至今已自助游过了世界五大洲55个主要国家的大部分地区。

为了中国人也能像西方背包客一样行走在世界各个角落，我开始了自助旅游指南书的写作，本书《法国自助游》是本人国外自助旅游书系列中的一本，初版于2004年，是第一本由中国人写作和出版的有关法国自助游的书。从我接触到的读者和收到不少读者的答谢和咨询邮件中我了解到：我这本书伴随了相当多的中国背包客敲开了“申根签证”的大门，初次踏入了西欧。我们不能只跟在导游后面去认识世界，不能由他人决定我们看什么和看多久，我们应该走自己选择的路。越来越多的人开始厌倦走马观花式的旅行团，想相约好友甚至单枪匹马独闯欧洲，这就需要手中有一本为自己度身定造的自助旅游指南书。

目前已出版的几本同类书籍中多是引进外国版权，亦即翻译过来的，本身并不是为中国人设计的。这类书在申请申根签证方面要么不提及，要么就公式化地将公开资料搬入其中，因为他们不可能亲身经历持中国护照办理签证的过程，也无经验可谈。另外，西方人看世界的喜好和角度与中国人有所不同，因此在目标选取与侧重方面均未能贴近中国人。而目前由中国人写的同类书基本上都是编写的，亦即编者并未亲自到过当地，没有亲身的感受，资料基本上是二手的，有点“纸上谈兵”的味道。

此版《法国自助游》对初版资料进行了更新，为了使更多的中国人能自己走出去，特别增加了“不懂外语怎样游法国”的项目，使不懂外语的广大群体也能实现国外自助游的梦想，这是目前所有出版物都未涉及的。

这是一本介绍普通的中国人在不跟旅行团、也没有特别背景的情况下，如何能完成法国自助游的图书。书中有笔者亲身经历的游记感受和经验、吃住行游及价格等必需的资料，还提供签证指导、语言障碍解决、遇事处理、省钱窍门、获取资讯方式、方案和线路设计、城市景点游览时间、最低费用预算等作参考。衡量一本自助旅游书是否够专业，就是看它能否找出最便宜的旅馆、最便宜的交通方式，这是最难的。介绍包车游览和住豪华宾馆很容易，问的士司机就行了，背包客何须用你的书？虽然读者并非都采用最便宜的方式，但办成同一件事而能用最少的钱，这是背包客公认的能力水平和专业标准。

中国大多数想前往西欧自助游的人都不是非常富有的，他们非常关心价格问题，以衡量能否花得起这个钱以及在消费上有何选择余地。本书资料侧重针对节约型自助旅游，概括了作者在数十个国家中旅游和多年来的国外旅游经验，也概括了作者使用过多种不同旅游指南书而获得的经验，强调其实用性和可操作性，并且能够周全细致、体贴入微，为您提供周到贴心的旅游指南。

过去很多人都将周游世界仅仅视为梦想，但时至今日，我们以自助方式走出国门去周游世界，已经不是梦想。虽然它比国内自助游对旅行者的要求更高，例如在语言、签证、过关入境、国际航班转机、外汇兑换等，这些方面都是国内自助旅游所不会遇到的，就要求旅游者有更高的智慧和素质、更大的胆量、更强的适应能力、更丰富的知识。其实困难是能够解决的，即使你在这方面毫无经验，只要按着本书的指引，一切也可迎刃而解。就像登山一样，当你克服了困难，到达了高处，你所能获得的享受是未经历过的人不能感受到的。

有关法国的书籍浩如烟海，本书的宗旨只是介绍在不跟旅行团的情况下如何自己到法国旅游的有关细节，因篇幅所限，有关法国的历史、文化艺术只能作引导性的介绍，未能深入展开，这也不是本书所能担负得起的。读者可以结合本书，再找有关的法国历史、文化艺术的专门书籍来看。希望本书能在促进中国人的海外自助游方面起到一点作用。

张奋泉

第一章

旅行计划和申请签证

2002年7月6日，我背起背囊，前往广州中国大酒店的乘车点，乘直通巴士前往香港，开始了我的西欧自助游之旅。这是我第一次前往法国，也是第一次踏上欧洲的土地。此后在2007年、2009年我还第二次、第三次再到法国。但在2002年，不参加旅行团自己到国外旅行，那还被认为是不可能的事。那时我们只能从报刊、电视上看到外国背包旅行者潇洒地旅行，人们总认为那是离我们现实生活相当遥远的。

当时西方发达国家对我们并没有打开大门，在偌大的地球上，中国内地背包旅行者仍然只能在十分有限的空间内打转，跳不出“如来佛的掌心”。西欧自助之旅是多少人梦寐以求的，除了公干、探亲、留学者之外，有谁能自助游西欧呢？当年我在没有邀请和担保条件下摸索着办出了签证之后，朋友们听说了都觉得这近乎奇迹。我知道我获得了申根签证之后，世界向我打开的部分是很大的。从那时起西欧的自助游对中国内地人来说已经成为可能，而到如今，开放程度就更大了。

★办理护照

到海外自助旅游，第一件要做的事便是办理护照。护照是一个国家的政府允许其国民出国的一个证明，同时也是持护照人的国籍证明和身份证明，就像《西游记》中唐僧师徒所带的“通关文牒”，每到一国便要出示，以证明你是来自何方的人士。中国的护照分公务护照、外交护照和普通护照3类，前两类均由单位出面申领和保管，不能用于私人旅游，申请签证的渠道也不同。普通护照以前习惯称为“因私护照”，过去有效期是5年，从2007年起中国普通护照有效期已经变为10年。

2002年以前，拥有一本长期有效的出国普通护照对大多数人来说还是一道高不可攀的屏障，那是需要你有国外邀请和担保作为前提的。到了2002年，国内不少地区只需提供身份证和户口簿就可以办了，国外邀请和担保不需要了，连银行存款、单位证明也不需要了。现在，中国公民也终于能很方便地拥有自己的护照了。

我第一次申领护照是在1998年，当时经历了千辛万苦才拿到护照，除要提交邀请信外还有公安局单独谈话等程序。至今，我已经用完第三本护照，因为我护照上的签证越来越多，我申请其他国家的签证也越来越容易。在没有邀请和担保的条件下，至今我已游历了包括美国在内的55个国家，基本上实现了我周游世界的梦想。

旅游指南

●国际旅行知识（有关中国护照的基本知识）

◎中国公民凭身份证和户口簿就可到户籍所在地公安机关申办10年有效的护照，法律规定在正常情况下15天内签发。

◎世界上很多国家不接受只余6个月有效期护照的签证申请，因此中国公安机关也受理普通护照有效期不足6个月的更换新护照申请；也接受因护照页用完，护照损毁、失窃情况下的换发护照申请。

◎法律规定在国外有上述情况也可到中国驻外使领馆申请换发，因失窃的换发须同时提交原护照资料，因此应将护照的有照片页和你的前往国签证页复印，与护照分开存放，并留一份在家。实际上只在失窃情况下才会发给你一个能回国用的临时旅行证，中国驻外使领馆不一定给你换护照，为的是不想为你的护照承担责任，这是普遍情况。建议在护照有效期行将结束和护照页行将用完时在国内更换。

◎你护照上盖的外国签证越多，你在申请其他国家签证时就越容易，因为这证明你出入境记录良好。因此在护照页用完换发新护照时，最好要求加注新护照是旧护照的延续，并且取回旧护照，在申请签证或出入境时旧护照能证明你不是初次出国且出入境记录良好。

◎护照是你的国籍和身份证明，在国内也可起到与身份证相同的作用，可在搭乘飞机、到银行提款、入住旅馆和用信用卡付账时作身份证用。

◎申请申根签证的护照有效期：要求护照在签证有效期结束时剩余有效期不少于3个月，并且仍然有供使用的签证空白页。

中国护照

★选择目的地

拥有护照的下一步就是选择旅行目的地。在当今世界上，即使你不怕危险，亦非所有国家都可前往自助游，不能前往的包括与中国无邦交而不会发签证的国家、对持中国护照申请签证条件要求很高的国家；此外还有处于战乱中的国家、正在发生自然灾害或瘟疫的国家、经常发生绑架外国人质的国家、治安上高度危险的国家等。本书目的地是法国，不存在上述问题。另外政府公布的“中国公民自费旅游目的地国家”清单是指跟团去的，与自助游没有关系，清单上没有的照样可去自助旅行，清单上有的国家不一定发旅游签证给你，具体见下面申请签证部分。

当选定了前往国家，到该国家什么地方游览是制定旅行计划和线路的依据，如果是跟旅行团，虽然省了这份心，但游览地点和停留时间都没有选择。有个性的人宁愿花心思自己选择和设计线路，并且从中获得乐趣。法国不是一个小国，游览地众多，想遍游法国各地，一个月时间都是不够的，故选择要有所取舍。喜好因人而异，没有一个适合所有人的计划线路。

对一个国家的了解有很多途径，如平时上网、看报纸杂志和图书，在电视电影场景中看中某些地方，或从已去过法国的亲友图片中看到自己心仪的地方，或对某些历史、文化、艺术方面的事件和人物早就心向往之，要将这些感兴趣的地方及时记录下来。法国的世界遗产是一个很好的目的地选择，可以此为骨架。如没有心中梦想之地可找旅游指南书作目的地选择。多了解要去国家的旅游资料，以免回来后才发现自己很喜欢的景点因为不知道而错过了，甚至近在咫尺也没有去，造成不小的遗憾。

★设计旅行计划

旅行计划可分为粗略计划和详细计划两类，两者各有优劣。粗略计划一般较少预订旅馆，在旅行中随时改变计划，自由度大，但缺点亦明显。如要花时间找旅馆，旺季时有可能找不到便宜旅馆。详细计划也可在途中更改，但要损失一些预订的金钱，具体见预订旅馆部分。粗略计划容易制定，只选取了停留城市景区和确定了机票往返日期即可。此处以介绍详细计划制定为主。

线路计划：详细计划包括线路计划、时间计划和费用计划。先将确定要去的地点在地图上找出，再确定自己从何处进入和离开法国。然后在地图上以省钱省时、少走重复路的原则将它们串起来，这就形成了初步线路计划。其中要考虑节省费用的问题，首先就是机票，乘飞机在同一城市进入和离开法国是较好的方法，如第一站目的地是巴黎，就买巴黎往返机票；但也可从巴黎进入，在其他的城市或另一个国家离开。这被业界称为“缺口”往返机票，会贵一点（见机票部分），但可避免重复线路。除飞机外，还可考虑由陆路进入或离开法国（见P.61）。

时间计划：将线路上每个地点的停留时间加起来就有了整个旅行时间表，确定了申请签证要求的签证停留期，本书所列地方均有参考停留时间。确定出发时间要考虑季节和避免买旺季机票的问题。不建议在淡季的11月到次年4月去欧洲旅行，那时寒风呼呼，雨雪交加，经常满天乌云，太阳甚少露面，且日短夜长，天黑早（见P.114巴黎日出日落时间），不少景点会提早关门甚至不开放，虽省了钱却坏了对欧洲的印象。

7~8月有好天气、日长夜短，但此时游人最多且交通住宿费昂贵，旅馆易满，次好月份则阴雨天增加。一般来说旺淡季和游客数量多少及物价高低成正比关系。选择航空公司次旺季机票时段是最佳选择。确定出发大致时间才能进行下一步申请签证。

费用计划：自助旅行不可能有很精确的预算，但可以用下面的算法计算出大致的预算：签证费、保险费、含税往返机票、平均住宿费×住宿天数、日平均饮食费用×天数、各点间长途交通费、短途市内交通费预计×天数、景区门票，各项合计后便得出总费用，再加上不可预见费（含杂费，大约为总数的10%），便得出前往法国旅游的预算总额（未含购物）。以上各项均在各章节中提及，并提供有关网址。最低费用可参考上述各章中“最低费用预算”部分。记住要留一定余地来做预算。

★目前中国护照的签证待遇

签证的知识相当丰富，可以说是一门学问。不懂便容易碰壁，不但浪费时间金钱，还会出现可去的地方去不成的情况。世界各国签证类别总体分为移民签证和非移民签证，旅游签证属非移民签证。

哪些国家我们可以以自助方式去旅游？即哪些国家可以签发出签证给我们，而不需要你有亲戚或国外机构的邀请？至今为止，没有任何中在已打开了一条门缝，符合条件就可以去。

邀请和担保不再是必备前提，现在主要是从综合评估申请者各方面条件来作决定。因此，领事馆对银行存款也不作最低数额的硬性规定。虽然如此，但一般不要少于5万元人民币，如果只有5万元，其他方面条件便要很好才有希望。申请者个人的资料必须显示出：

1．工作较好，主要是收入较高的白领、公务员或老板之类，不会轻易放弃原来的生活去当非法移民的。

2．你的收入和存款是为了显示出有足够支付能力到西欧这样的高消费国家进行旅游消费。如果你有一定存款，但你月收入不高，进行这样高消费旅游是不合情理的；虽然存款不高，但存折显示你有频繁的收入和支出可说明你经常消费也是符合条件的。

3．你是去旅游的，如果对当地主要旅游地一无所知，你的日程计划显得不合情理，便显出你可能不是去旅游的，这样很可能被拒签。

4．你不是一个刚辞了工或被解雇了的人，你的单位证明说明你回来是仍然保留原来的工作，而不是想到一个新的地方找工作。

5．护照上有良好的出入境记录，去过的国家越富越好，去过的国家越多越好。这比你存折上钱多更为有利。首次用护照出国者，除非你是大单位的公务员或知名企业有一定职务者，不然可能会要求你提供邀请信和担保人。

总的来说就是：你不是一个身无长物的穷人，你是一个混得不错的人，到国外做非法移民打黑工的生活不会吸引你；你是一个消费得起国外旅游的人，你的收入与你的消费是相称的。只要你能证明你是这样的一类人，正常情况下是不需要有邀请和担保便可发签证给你的。单身女性越年轻可能阻力越大，不过亦有很多成功案例。另外，以雇员身份申请比企业主身份申请更简便，雇员只需一份公司放假信（即工作单位证明），而老板还要提供公司纳税财务报表。

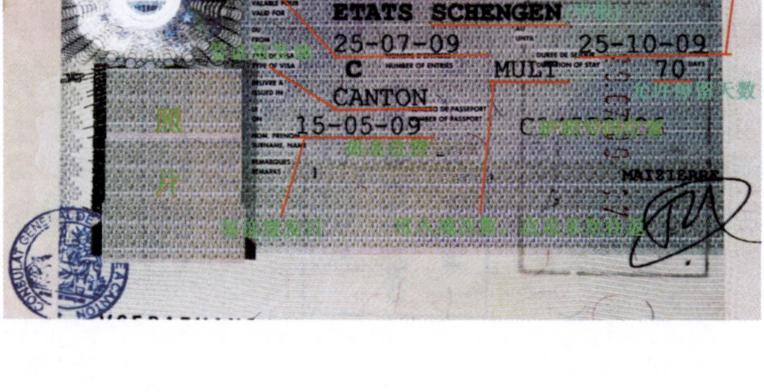

申根签证

旅游指南

● 申请申根签证要注意的问题

◎申根旅游签证即使通过签证中心代办也要个人亲自前往办理，不能委托代办。法国在华设上海领事馆，受理区域为上海、江苏、浙江和安徽；设有广州领事馆，受理区域为广东、广西、福建和海南；设有武汉领事馆，受理区域为湖北、湖南和江西；设有沈阳领事馆，受理区域为辽宁、黑龙江、吉林；设有成都领事馆，受理区域为四川、重庆、云南和贵州；此外全部归北京大使馆办理。

◎按规定，开始申请的日期最早不能早于你要求入境日期90天（即不能提早3个月申请）。最好比实际出发日期提前至少一个半月左右开始申请。从到签证中心递交材料起计约10天有结果，你可从签证中心网页上查进度。然后留够充足时间预订机票和旅馆。

◎签证停留期（duration of stay）：是指持该签证人允许在该国停留的最大限期，从进入第一天起计。申根旅游签证属短期签证，最长为90天，领事馆给你的签证停留期会按你提供的日程表所列天数计算，一般不会多给；如你要求多出30天，会怀疑你的假期是否有这样长。最好另附上英文解释信，退休人士不受此限制。

◎签证有效期（entry validity）：即允许进入期，是指在该段时间内任何一天均可用该签证进入申根国。它长于签证停留期，为的是让你在时间上可以有提前或推迟入境的余地，如推迟过多，仍须在有效期结束前离境。

◎单次入境签证（single-entry visa或one entry visa）：只能入境一次的签证，一旦出了申根国范围不能再重入，再入要重新申请签证。但在申根国各国间怎样来回走都没问题，也没有检查关卡，即使有也不算你出了境。

◎两次入境签证（double-entry visa或two entry visa）：是指可以出了申根国范围还可在有效期内再入一次的签证。

◎多次入境签证（multiple-entry visa）是指在有效期内无限制次数出入申根国范围的签证。

◎向法国使领馆提交的旅行日程计划可以超出法国范围，也可在别的申根国出境返回中国，但在你的日程表里所有国家中在法国的停留日数要最多，否则不予受理申请。但也不会监督你有没有按你提交的计划走。

◎如果想在旅行计划中增加英国或其他非申根国家而又要返回申根

国家的，应申请两次入境签证，否则出了申根国家便不能再返回。领事馆或会要求你出示你旅程中非申根国的签证或要你先办好再来（等于暂不受理）。第一、二次申请一般都不会给你两次入境签证。

◎资料的准确性问题：申请表及所提交资料要求如实填写，不能自相矛盾或不合情理。签证中心主要是看文件是否足够，签证官则进行实质性书面审查。虽然进行电话核实的机会极少，不过一旦在审查过程中发现有微小作假，即会从一点推及其余，不再相信你其他材料的真实性，结果就会被拒签，通过签证中心退回护照，并建议你放弃。如果你没有有力的新材料而坚持再送审，可能就会在你护照上写上拒签记录或盖上拒签印章，这将是你护照上的一个污点。

◎增加成功机会的技巧：由于没有面对签证官解释的机会，如果预计签证官会有疑问，可以写一封中英文解释信，如没有需要解释的问题，写信就会弄巧成拙。虽然领事馆没有要求，但能提供一些你在国外旅游留影的复印件会有帮助。

◎关于入境部门拥有最终决定权的问题：签证签发是政府行政行为而非法律行为，即没有法律规定符合条件就一定要发签证给你，如该国使领馆认为你有移民倾向，即使你表面条件多么符合发签证条件，使领馆完全可以不发签证给你，也不必向你多加解释。

得到了签证，不要以为那就是百分之百可以入境了，在前往国入境部门还有最终决定权，如认为你有可疑之处，即使你手中有签证，也可拒绝你入境。这两种情况下，你均无法律依据可以要求赔偿。

◎法国驻华大使馆指定代理的法国签证中心地址和电话：

北京：东直门外大街26号奥加饭店（中服商务酒店）3层；（010）64131878。

上海：西藏中路336号华旭广场21楼；（021）33303600。

广州：环市东路326号亚洲国际大酒店 1303室；（020）61132867。

成都：锦江区大业路6号财富中心C楼10层；（028）66766560。

沈阳：和平区十一纬路82号皇城商务酒店1508室；（024）88619591。

武汉：江汉区建设大道566号新世界国贸大厦 B座808、809室；（027）51519878。

◎申请者拿到签证后应先看懂上列各项，主要是签证种类、入境次数、使用有效期和停留期。还要看有无“申根（Schengen）”字样，如果没有，则表示只能在该国范围内活动，不能前往其他申根国家。

第二章
行前准备

International Teacher / Professor Identity Card
TEACHER
University of World Studies
ITIC
INTERNATIONAL STUDENT IDENTITY CARD
isic
International Youth Travel Card
Carte Jeune Internationale de Voyage / Carné Joven Internacional de Viaje
Name / Nom / Nombre
Born / Né(e)le / Nacido/a el
Valid to / Valable à / Valido
Gare SNCF
Railway Station
Transfer D
Transit Mall
Arrivals
Baggage reclaim
Flight connections

旅游的快乐，除了在旅游过程中能达到高潮之外，其实在行前的准备，甚至在构思旅游计划和路线、着手进行准备时已经开始产生，因为这时是处于一种对美好事物的向往之中，一种雀跃不已的心情不停涌现，成为一种精神的兴奋剂长久地存于心中。憧憬而产生的美感有时比到达实地时还要好。虽然行前准备工作不少，但只要运用这种好心情，所做的一切都是为越来越接近自己的理想，这样，每做一件事都会是愉快的。

★选择廉价机票

机票订单：这里先谈申请签证时的机票订单。领事馆不要求真正机票只要求订单，申请者如被拒签了，也不会损失机票钱。很多机票代理都提供这项服务，先收取约100元费用就给你开机票订单甚至不收费用，只要你有签证后真正向他买机票，此款将退回，如被拒签了，就损失这一点费用。订单上的日期应与你的行程表相一致，但不一定要与你真实出发日期一致，也无需选择什么航空公司和票价，因为那不是真实使用的。

廉价机票：当你取得签证后才开始真正订机票，一般通过机票代理买比直接到航空公司便宜，转机比直飞便宜（便宜幅度在800~1500元），有效期短的便宜，出发时间不太好或转机等候时间长的便宜，非公众假期非旺季的便宜。要记住，便宜机票是有相应限制的，要退票时手续费率会较高，改期有限制或需另付改期费。前往巴黎的以几家海湾地区如卡塔尔、巴林和阿联酋等航空公司和韩国的大韩、中国台湾“中华航空”等航空公司较为便宜，它们都是要转机的。欧洲廉价航空业务还没延伸到亚洲，因此到欧洲往返机票一定要几千元人民币。

选择机票代理：选择廉价机票也是通过上网和打电话。建议先上华南最大的航空代理 “一起飞” 网站http://jps.yiqifei.com/，自行输入航线查询，价格（未含税）会按从低至高的顺序排列，也会列出起飞、转机、到达时间和有效期等详细实时资料。计划在广州出发的不妨看一下从香港起飞的价格，也可考虑从香港出发，因为香港选择比广州多得多。建议选大的代理商，几千元的机票还是慎重一点好。

提早预订：确定了机票代理和航班后应马上预订。这种预订仍无需付款，业界称为Hold位，机票代理会将你护照上的姓名资料输入电脑，你即拥有此机位，要问明何日为最后付款日。在最后付款日前一般都给你留着，如机票代理要提前取消会提前通知你。这项服务不收取费用，你可有更多时间考虑。如在旺季，你甚至可以在取得签证前就Hold位，反正不需付款，越早选择余地越大，也会相应便宜。

选择廉价时段：将出发日期定在航空公司淡季机票价时限日期内能省不少钱。各航空公司淡季价截止期不一样，有从6月下旬起即转入旺季价，有到7月中旬才转，到每年9月下旬又转回淡季价。到西欧往返机票淡旺季的差价，不同的航空公司在1500~3000元。

订票必须是往返机票，不能用单程票（会被拒入境），同一城市往返票最便宜，也可订从另一城市甚至另一申根国家起飞的返程票（称为"缺口往返机票"，稍贵），亦可以订离开申根国家前往另外国家的票，但护照上应有前往该国的签证。机票应备一份复印件，如丢失纸机票可凭复印件到航空公司补领；如是电子机票，凭复印件甚至仅用护照也可登机。

欧洲的廉价航空公司：近10年来，欧洲的廉价航空发展很快，它甚至比火车还便宜，航线范围主要是覆盖欧洲。它必须提早很多从网上预订，详情见P.248"比火车还便宜的欧洲廉价航空"。在此提供各主要欧洲廉价航空公司的网址：

易捷航空www.easyjet.com；

柏林航空www.airberlin.com；

国际廉价航空联网https://affiliate.wegolo.com。

旅游指南

●应该掌握的国际航空旅行知识

◎确定日期往返机票（Confirm date return ticket）：是指出票时已确定回程航班和日期，座位已经写上"OK"的机票，返程时不需再经航空公司确认（Confirm）。一般会有一次免费改期机会，请在买票时问清楚。

◎开放日期客票（Open date ticket）：是指回程部分在一定日期内有效、但日期和航班未确定的客票。这种票应在打算想乘搭的航班起飞时间72小时之前向航空公司确认（Confirm），越早确认机位越有保障，它会比确定日期往返机票贵一些。

◎确认机票（Confirm）：指持未确认回程航班机票的乘客选定航班后向航空公司发出乘搭该航班的要求。确认时可到该航空公司驻各地营业柜台或通过电话确认。用电话确认的应事先掌握该航空公司在各国或各地的免费航班确认电话（以800开头的电话，买票时问清楚，一般在机票封套上有），电话确认可在任何国家进行（任何街头电话亭），如你在德国可打当地该公司免费确认电话确认你在罗马起飞的航班。确认电话一般使用英语（视你和接听职员所掌握的语言而定），你要报出姓名、原乘搭航班时间、出发和到达地，你现确定乘搭的航班日期、起飞时间。接听员表示“OK”的话，确认已经完成。如你确认后不乘搭该航班，该机票将视为已经使用。确定日期往返机票的改期也可这样，如有语言障碍，也可打电话回中国原机票代理办理，买票时应明确这些问题。

◎电子机票（E-ticket）：除少量航空公司外基本上都使用电子机票，买票后只得到打着有关内容的一张纸。对于不善于使用网络查询的人建议在较大的机票代理处买票以防被骗。若电子机票遗失也可凭护照到所乘航班登机柜台办理登机，而纸机票遗失则要到航空公司柜台补办，并要付一定费用。买纸机票比电子机票还要多付约100元的费用。

◎国际航班转机（transit或transfer）：乘搭国际航班在转机地不作入境停留的，不需有该国签证（有例外），但不能离开国际航班候机厅范围，更不能出机场。如要出机场的话，除非当即申请签证，否则被视为非法入境；也不能未经出入境手续而转乘当地国内航班（申根国之间的航班被视为是国内航班，没有出入境手续）。

◎转机要注意的情况：

⊙两机时间衔接不能太紧，有时发生航班延误时会接不上下一班机，虽然误机的航空公司要对此负责，但手续较为麻烦，尤其是语言不太熟练者更应避免，如时间确实衔接得紧的，买票时就要咨询好这个问题。

⊙一般在办第一程航班时就已将第二程的登机卡同时交给你，在第一程航班下机后，随着人流走到见有“转机”（transfer或transit）牌子，即按其指示方向走（其实是从到达通道走往出发厅的候机室，见下页图机场标志牌），先核对本地时间，因为所有机票所示的起飞时间都是本地时间。接着找显示航班动向的屏幕，从中找到你要乘的航班号和登机门号码，核对所示的起飞时间和目的地后你便可前往该登机门处候机，也许还会再经一次安检。

⊙转机地过夜问题：根据国际航空惯例，乘客转机要过夜，由该航空公司负责免费向乘客提供食宿。应在买票时就提出此问题，但一般廉价机票在限制条款中会取消此待遇。

⊙转机的行李问题：乘要转机航班在办理第一程登机时，行李一般是托运到最终目的地，在转机机场一般不能取行李。

⊙转机托运行李出差错的机会要大于不转机，因此在行李交托运时要强调你的行李到达的最终目的地，要亲眼看到行李标签上所标示的目的地而不是只到第一段行程的目的地。否则你的行李在转机机场可能因无人领取而发生丢失。要注意保管好领取托运行李的标签。

◎对获取目的地落地签证无把握时不要将行李交付托运，一般在办了入境手续之后才能取行李。如果你因得不到签证而不能在该地入境，就会出现行李入了境，而人却不能入境，从而发生行李丢失的事。

◎领取托运行李：前往行李领取处后，要看电子告示牌或电视屏幕显示（在大机场因到达的航班较多），看你所乘搭航班的行李输出道是几号道，据此到相应的输出道等行李。

◎读懂机票上的信息：由于机票不用中文显示，看懂自己的机票是必需的。首先是机场代号，国外大城市有时不止一个国际机场，搞错了机场或者甚至搞错了城市就会错过航班。国际上对每个机场都给一个代号，机票上只显示代号，一般是三个英文字母。这里针对本书出发地和目的地列出它们的代号：广州CAN，香港HKG，北京PEK，上海SHA，巴黎戴高乐机场

上往转机柜台，下往转机大堂

往转机厅图标之一

往转机厅图标之一

第三行字是转机，第一行是到达，第二行是领取行李

CDG，巴黎奥利机场ORY。乘确定日期航班必须确定自己座位是否打上了“OK”，电子机票有一个唯一的票号码，是用来向航空公司核实的，转机的要明确转机机场代号及核对起飞和到达时间。

★预订旅馆

办签证时要提供的住宿证明：目前基本上所有申根国领事馆都要求提供全程已有旅馆确认的订房单，有些甚至苛刻到要提供不可撤销的订房单。因为不少人在获得签证后便全数退了房。法国广州领事馆的要求没有这样苛刻。

取得旅馆订房单有不同方法，希望完全不花费用但须付出时间精力的可以进行网上预订。一般网上订房都是要付房价5%~10%订金，用信用卡在网上支付，提前24小时可退房，但订金不予退还，如不办理退房，即使没去住，你的信用卡也将会被扣去100%的房费，而你没有拒付的权利。聪明的中国人千方百计找到个别不收订金的订房网站，但要输入有效的信用卡号码验证，通过之后给予你确认的订房单位，打印后就可向领事馆提交。取得签证后从网上办退房，不收取任何费用（请看清其退房条款），可参考网址是www.eueueu.com。也有些领事馆识破了网友的“奸计”，不接受这个订房公司确认的订房单，预订时应该上有关签证论坛上看网友的最新经验。

另一个取得订房单的方法没有这样复杂，但需一些成本，就是通过机票和旅馆代理公司在网上作真正的预订，代理通过自己的系统不需付订金，退房由代理负责，你要付给代理约150~250元不可退回的费用，费用高低按你要订的旅馆数量来定。这就免去了自己订和退的麻烦，信用卡也没有被扣钱的风险。这种方法有些领事馆是不接受的，代理公司知道在哪个领事馆行得通，如行不通会告诉你。

真正订房的利弊：办签证时不去真正订房是因为有被拒签而损失订金的可能，这一点领事馆其实也知道。所以如果你其他条件都符合要求，他不会在旅馆是否真订了这点上为难你，因为程序上要有这一项。但如果你条件不足，这也可用作拒绝你的理由之一。要订房才发签证只是对经济不发达国家申请者的要求。入境时也有可能要看你的订房单（一般都不会）。曾有报道说中国旅客在西欧入境时，不但要看订房单，还要打电话到该旅馆核实，一有作假即拒绝你入境。我的建议是：

不管你如何抗拒订房，第一晚是要订的，节约这个钱的风险不值得冒。在旅游旺季到较热门的城市，而且是夜机到达的话，即使没有谁要求你提供订房单，也应预先订房。

除了因签证和入境的原因，在西欧是否真要订房见仁见智，各有利弊。订了房自由度便减少，不能随意更改行程，在某一地想多留些时间就要退房损失订金。但到每个地方找旅馆也要花去不少时间，特别是在旅游旺季，许多旅馆很早就爆满，可能被迫入住超出自己预算或交通不便的旅馆，甚至有面对露宿公园的可能。提早订房虽然失去灵活性，但可以选择价格、条件、位置都合适的旅馆，节约了找旅馆的时间，不需考虑旺季旅馆爆满的问题，凡事有得便有失。

怎样选择和预订旅馆：预订旅馆的方式主要有网络预订、电话预约和电邮预订。进入网络时代预订旅馆已不是过去那样“隔山买牛”了，一切都可以了解得很清楚。在国内可以在网上预订的肯定不是最便宜的旅馆，而在欧洲最便宜的旅馆都上了网。无需假手本地订房公司，法国很多旅馆都设了自己的网页或交由大的预订网站代理，因此网上预订选择范围大而且可以自己操作。

法国旅馆的价格从十几欧元一个床位到数百欧元一个房间都有。自助旅游者选择旅馆要考虑几个因素：一是交通方便位置好，二是便宜，三是最好带厨房可自己到超市买菜煮饭（可省下大笔伙食费且吃得好）。这里介绍几个几乎囊括了最便宜旅馆的网站，每个旅馆都有位置图（建议打印带上）和设施介绍，还要注意双人间（Double）多是指一张双人大床，如你想要两床间（Twin）要特别说明。本书所列旅馆都是旺季价，注意周末房价会比所列出价格高一点。预订旅馆的参考网站如下：www.hihostels.com，www.hostelbookers.com，www.hostelworld.com，www.chinese.hostelworld.com。最后一个是中文网页的。

网上预订并不复杂，前提是你要有网上支付的国际信用卡，如VISA或万事达（MASTER）卡，国内一些银行卡如果没有这两个标志是不被接受的。在网站上选好了旅馆后按一步步的提示就能成功预订。然后打印确认单带上，到旅馆时出示并支付未付部分即可入住。

有一些游客既想预订旅馆又不想付订金，为的是到时不去住也不用退订。这样做个人方便了，但会损失中国人的信誉，本人不赞同这样做，不住的话无论如何应办退订手续，例如在当地用传真退订。不付订金的预订也有弊端，因为双方的约束性不强，晚到了会不保留房间。

★旅费准备和携带

国际信用卡的办理：西欧各国使用信用卡十分普遍，多数便宜旅馆、小餐馆、买火车票，有些景点门票也收信用卡。用国际信用卡既可消费又可提款，即使计划增加亦可在所在国银行提款（要注意手续费率）。信用卡可作旅行的主要支付手段，现金就只作为不能用卡时的补充。国际信用卡只要是有VISA或MASTER标志的信用卡就行，办理手续不复杂，但需存入保证金。它有不同币种，可按你最常使用币种办理。法国使用欧元，但用美元卡也可以，用美元卡付欧元账单是按银行出单时换算汇率，并没有汇率和手续费损失。

信用卡遗失的处理：出发前应将信用卡发卡银行全球挂失电话记下，也将信用卡复印件带上，以防挂失时忘记卡号。一发生信用卡丢失，应立即电话挂失（可打发卡行在中国的免费电话），一般挂失24小时后该卡发生的支付不需由你负责，而24小时内的支付则要看接受支付的商家有没有操作过错。在挂失的同时可报出所在的城市名并要求补发新卡，一般24小时内到所在城市发卡行的分行即可领取新卡。

换外汇现金：根据银行现行规定，公民因私出国，可到中国银行换取牌价相当于5万美元的外汇现金。在西欧旅游应携带欧元，如带美元到当地兑换，大多数兑换点都会收3%~12%的手续费。

旅行支票：到西欧旅游，如果来不及办国际信用卡，又不想携带大额现金，可办旅行支票，它是记名可挂失的，不怕被偷和丢失，而且当天可以办妥。在法国，如果信用卡和现金都丢失了，在法国大一点的商户旅行支票都可以当现金用，也可在当地银行换回现金（要付很低的贴现率）。

★其他方面的准备

语言方面的准备：法国用的是法语，但英语在法国所有与旅游服务有关的场所都可以使用，旅行者能掌握基本的英语就可以应付了。不过许多法国人并不愿意讲英语，而且不懂法语在餐馆点菜时有一定困难，最好能学一点法语的礼貌用语和法语基本知识（见P.350）。

寻找旅游资料：对于不精通外语的国外自助游，资料是最重要的。收集的资料必须是有法语地名或英文地名的，问路时可使用英语读音规则（地名读音较接近）拼读出地名。

如不预订旅馆可事先了解所前往城市的便宜旅馆所在的方位，确定自己的寻找方向。

艺术知识和历史文化知识的准备：法国是欧洲文化最发达的地方之一，对欧洲各国及世界都有重大影响。自助旅游者因为没有导游的解说，应事先多阅读有关的书籍和资料以增加了解。本书在各章节中有背景提示和索引，但没有篇幅展开详述，因此有心者应寻找有关书籍阅读作为行前准备之一。

办理国际青年旅馆证：在西欧旅游，住青年旅馆是一种不错的选择，但也有很多不便之处（详见有关青年旅馆的章节P.224）。建议办一张国际青年旅馆证，有一证在手可以多一种选择。

国际学生证、国际教师证或国际青年证：如果条件符合，还可办国际学生证、国际教师证或国际青年证，凭这类证件在西欧有可能获得各种优惠。

欧洲火车通票的购买：本书提供法国铁路公司网站，可查询点对点火车票价，根据自己的计划计算是否值得购买（具体见P.205）。

行李准备：要带一个贴身小包放护照和信用卡等重要证件以及应急药品。

旅游指南

● 买廉价机票和办卡资料

◎“一起飞”（广州市中国航空服务中心商务管理有限公司） 地址：广州市华乐路53号华乐大厦南塔15楼；电话：020-22266222。

◎广东招商国际旅游公司 地址：广州江南大道中72号；电话：020-84262000。

另外只出机票订单不需收费的还有设在广州东山广场、花园酒店的一些外国航空公司，也可尝试国内航空公司以及其他旅游公司。

办国际青年旅馆证

国际青年旅馆标志

国际青年旅馆证

在国内办证的收费是人民币50元（不需照片），从办证之日起有效期为一年，没有年龄限制。

在广州办卡可以直接到设在广州的国际青年旅舍中国总部（地址：广州市天河区体育西路103号维多利广场A塔3606室；电话：020-87513731；网站：www.yhachina.com），还可以到广州江畔国际青年旅舍（地址：广州市芳村陆居路长堤街15号；电话：020-22392500）。凭身份证办理，即办即取。国内其他城市办理的可登录上述总部网站从网上办理，也可通过该网站主页上的“旅舍查询”找到自己所在城市青年旅舍的地址和电话，打电话咨询。

在法国自驾车的执照

如果打算在法国租车自驾者，应将自己在国内的有效驾照到公证处做一份法文翻译公证书带上，然后到法国当地交通管理部门再进行核实。

国际学生证

国际教师证

办理国际学生证（ISIC）、国际教师证（ITIC）、国际青年证（IYTC）

这三种证均为联合国教科文组织认可，持证在西欧旅游能享受各种优惠，证件有效期至翌年12月31日（青年证例外）。

◎国际学生证 英文名为International Student Identity Card，简称ISIC，是国际学生通用证件，全球有90多个国家认可，目前全世界持卡人数达300万。其优惠体现在接受此证的机构所给予的优惠，包括文化旅游、娱乐、住宿、餐饮、零售等多项。凡年满12岁或以上之全日制学生均可申请。证书有效期一年，费用85元人民币。如要办理请登录网站：www.go2study.net/sim/misc/ISIC.htm；另外还可比照www.isic.cc进行中文查询，或www.isic.org英文查询。

◎国际教师证　英文名为International Teacher Identity Card，简称ITIC。持证者可获与国际学生证相似的各项优惠。凡任职于认可注册教育机构、学校、大专院校之全日制教师、教授（每星期工作不少于18小时）均可申请。有效期一年，费用85元人民币。如要办理请登录网站www.isic.cc，www.go2study.net/sim/misc/ISIC.htm。

◎国际青年旅行证　英文名为International Youth Travel Card，简称IYTC，由国际学生旅游联盟所发行。持证者可获与国际学生证相似的各项优惠，在50多个国家200多处服务机构提供自助旅游咨询服务。25岁或以下之青少年均可申请。有效期为发证日起一年，费用为100元，可登录网站www.go2study.net/sim/misc/ISIC.htm查询。适合此年龄的人其实也可用护照证实自己的年龄以获得相关优惠。

◎申请手续　上述三证同一代办单位：万联海外教育中心；地址：上海市南京西路580号南证大厦30楼3004室（成都北路口）；电话：021-62180690、62189050、13918159929；传真：021-62180592。

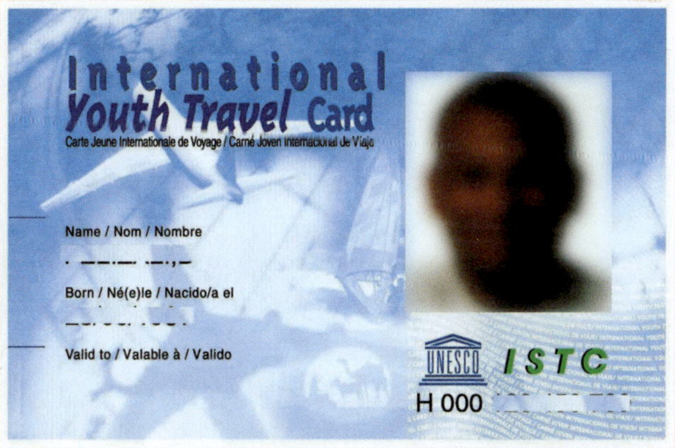

国际青年旅行证

★不懂外语怎样自助游法国

法国自助游的确令人心驰神往，然而很多人因语言障碍不得不憋着气参加旅行团。要学好一门外语才能到法国自助游吗？那是下辈子的事了，学一门外语并非一朝一夕之事。由于历史的原因，很多人没正规地学过英语，不少读完硕士博士甚至成了教授的人，其外语也未达到在国外自由行走的程度，这是长久以来中国“哑巴英语”教学的结果。然而这并未影响人们对欧洲历史文化的向往。

不懂外语（在法国用英语就行，以下只谈英语）就不能自助游法国吗？非也。有些人认为，不能进行语言沟通的旅行是没有意思的，但这只代表部分人的看法。没有语言沟通当然收获没那么大，会有些遗憾，但完全可以事前多看资料作为补救。难道仅仅因为语言障碍就要等下辈子再去吗？我相信很多人会认为：只要行得通，即使没有语言沟通我也会去。没有人可以剥夺我的权利，关键在于是否行得通。

为了更多这辈子不可能为旅行而学好英语的人能以自助方式走出国门去看世界，我琢磨了很久。我亦曾在基本不通英语的伊斯兰国家、俄罗斯与非洲国家旅行，以及在一些国家中基本不通英语的地区旅行，我发现语言并非是旅行的前提。我认为只要符合一些条件，加上本书各章节中专门为语言不通的群体所作的指引（不懂外语自助游法国之锦囊），没有语言沟通同样可以成功地去旅行。在语言不通的情况下，需要符合以下几个条件。

第一，这个国家必须是安全的，当地人是热心助人的。安全即极少有针对游客的犯罪现象，如欺骗和暴力抢劫等（要遵循本书所列之旅行安全注意事项P.334），在这里的风险顶多是乘错了车，走错了路，多付出了时间和金钱。在你求助时，这里会有很多热心的人帮助你。

第二，这个国家必须服务发达、文明程度较高，公共场所有很多用图形显示的指示牌，不少情况下你不需认识这里的文字即可看懂标志。

第三，是个人的条件。首先是要有国内自助游的经验，不能什么都不会就跨出这一步。最基本的要求是能看懂地图（学习使用法文地图非常重要），能分清方向（可借助指南针），能确认自己在地图上所处的位置，能利用地图前往目的地。不认识外语单词的意思但要会分辨这个单词与你手中资料上所列的那个单词是否为同一个（主要用于核对航班和车次、城市名、路名、旅馆名、景点名、车站名），有时要能依样画葫芦写出单词。学会使用并带上英汉电子辞典，辞典中的计算器可在购

领取托运行李图标

法国火车站标志，第一行是法文

领取托运行李图标

物时作讨价还价之用。

第四，要事前做好充分的准备。准备包括详细计划和时间表，同时要有懂英语和懂网络的亲友在申请签证填表、网上预订旅馆等方面的协助。到了法国后就完全靠自己了。初次国外自助游应该找同伴同行，相互照应。心态也是很重要的，不要怕别人笑话，随时记住最大的风险不过是多花时间和金钱，遇到困难不要心慌。去一个地方要预留多些时间，节奏放慢一点，先去易到达的地方，逐渐掌握经验再去难去的地方。乘地铁可以用数站的方法，步行随时核对街道名，如果第二天要乘车到外地，今天就先去车站熟悉一下。再加上本书设计的一些中英文对照的条目，在有需要时可出示问人，在这样的条件下不懂外语同样也能进行法国自助游了。

本书将在不懂语言情况下会遇到的问题作出了提示，在本书附件5中有必需的中英对照的求助、办各种手续的条目，走到哪一步、出示第几条，书中都有指引。书中各个部分也提供各种票据图片和图标图片，用以现场对照使用。如果你是因不懂外语而依靠这本书去旅行的游客，途中书丢失了怎么办？最好多带一本放在大件行李中备用。

这是一种在安全模式下的“探险”，既新鲜又刺激，既能运用智慧又可开发能力，既增长知识又开阔眼界，能满足有一点探险欲的人。只要预订好旅馆拿着地址绝对不会流落街头，只要遵循本书的安全守则便不会钱财尽失而回不了国。走一次回来后你会发现自己的能力超出了原来的想象，也学到了很多东西，遇到很多趣事，这是人生的一种有意义的经历，这种收获跟旅行团是没有的。此后你便有了经验敢于走出第二次，丰富多彩的世界便会在你面前展开。回来写一本《语言不通的法国游》，可能会大受欢迎哦！

这是一件有挑战性的事，不建议没有国内自助游经验者这样做。本人纯粹出于助人圆梦的考虑，作为成年人您应对自己的行为和判断负责，因对自己能力判断的失误及由此而出现损失或其他后果，本人及出版社均不负法律责任。

既然不懂外语都可以游法国，那懂一点英语但程度仍不够的人更无须担心了，本书所用设计都考虑到懂一点英语的人，同时也考虑到虽懂英语但无国际旅行经验的人，书中“不懂外语自助游法国锦囊”也同样适用于这两部分人。虽然对于国际旅行经验丰富的人来说这过于琐碎，但所幸占用篇幅不大。这点琐碎对于需要的人来说可能正是“救命稻草”。

◎ 不懂外语自助游法国锦囊1

提前做足功课

1．最好在国内就拿到与法国有关的地图和资料（旅游博览会有免费地图），做好计划后熟悉要前往地点的法文地名（因火车进站时只有较短时间给你确认），并将有关地点和要走的路线在地图上标出来，包括要住的旅馆、转车和到达的地铁站、景点等，不要临时到现场才在地图上找。2．准备好要问人的英文纸条，不懂外语而要抄英文条目是很费时间的。3．在国内请懂英语的亲友帮忙预订旅馆时，将旅馆资料打印出来并注上翻译，特别是其网站上的方位图和前往方法。4．准备一本随身携带的小本作为自己的旅行纲要，将翻译了的航班资料、交通资料、要去的地方、自己要做的事一一记下，将要面对的外语范围缩减并翻译出来，在旅行中按着步骤走，不需现场考虑用什么措施，困难便会大大减少。

第三章
认识法国

★法国的辉煌

在今日法国的土地上，公元前1世纪凯尔特人从日耳曼地区来到这里，并在这块当时被称为“高卢”的土地上繁衍，他们就是法国人的祖先。当时的罗马已经是古代文明高度发达的国家，而法国所在的高卢仍以部落形式为主。

公元前51年罗马入侵高卢，恺撒带领4个军团占领高卢并成为高卢总督，高卢成了罗马共和国的一部分。罗马统治时期在法国各地所建的圆形剧场、竞技场仍有不少留存至今。公元1世纪基督教问世，公元2世纪传入高卢。

被中国汉朝打败的匈奴人被迫撤离亚洲后一直往西横扫欧洲，东欧、中欧的民族为避开匈奴的锋芒而进行了大迁移，这就是历史上闻名的“民族大迁移”。这些民族迁移对罗马帝国统治造成重大冲击直至其灭亡。罗马人统治高卢近500年后，公元5世纪属日耳曼一支的法兰克人在当今法国的土地上建立起法兰克王国，公元843年，国王的三个儿子争位而使法兰克王国一分为三，大致分为现今的法国、德国和意大利北部三个国家，西面地区称为“法兰西”，大致与今天法国相合。从此，法兰西一直延续到现在，虽然经历不少对外战争，但国土没有太大的变动。

法王路易十四

从公元481年的墨洛温王朝起，法国经历了多个王朝，直到1789年的法国大革命共历1300多年。法国的王朝变动不像中国那样是通过大规模的战争来改朝换代的，而主要是以国王无子嗣，王位落入旁系，或宫廷政变、小规模的王位争夺战等方式来改变。这段时间的大事主要有十字军东征、英法百年战争、16世纪欧洲宗教改革后新旧教派之争以及所牵涉的王位争夺。值得一提的是，意大利文艺复兴运动传播到法国之后，法国接过了文艺复兴的接力棒，大力扶持艺术家，使法国文化上升了一个台阶，成为了欧洲的文化中心直至现在。其中最著名的是“太阳

巴黎圣母院

巴黎圣丹尼大教堂法国大革命被送上断头台的路易十六和王后塑像

王”路易十四，他在位期间使法国的专制王权得到了极大的加强，也使法国的文化艺术得到繁荣和发展，成为法国历史上最辉煌的时期。但他的骄奢淫逸之风经路易十五时代变本加厉，到路易十六时，国王虽想改革却已无力回天。最终在法国大革命的洪流中被压抑过久的民众将路易十六连同他的王朝一起送上了断头台。

从1789年起持续10年的法国大革命是一场世界历史上史无前例的运动，它既有民主、自由、平等、博爱的启蒙运动理论作先导，有一大批启蒙运动的思想家，也有后来领导革命的风云人物，其中包括“革命三巨头”罗伯斯庇尔、马拉、丹东。革命的暴力一经释放便像“潘多拉的魔盒”一样无法控制，经过革命洗礼的法国最终接受了拿破仑的帝国。他横扫欧洲，令各国都臣服于法国，并在一定程度上动摇了欧洲各国的封建制度。他在军事上的成功开创了法国历史上另一个辉煌的拿破仑时代。但经过短短的十几年，在多次反法联军打击下拿破仑被流放，波旁王朝复辟。此后又经历了1830年革命和1848革命，波旁王朝和奥尔良七月王朝先后下台，拿破仑的侄子路易•波拿巴通过选举成为总统，他很快就步拿破仑后尘成为拿破仑三世，史称“第二帝国”。他做了18年

拿破仑一世

卢浮宫博物馆藏画——拿破仑一世加冕

的皇帝，在位期间法国经济得到进一步发展，并大力开展法国的海外殖民地扩张。1870年，他在普法战争中被俘下台，法国从此告别帝制，进入共和国时代。

法国作为一个欧洲大国虽然出过路易十四和拿破仑这样的强人，但也经常受到别国的入侵，有国王被俘、首都沦陷的历史，并不一直雄霸欧洲。文化的辉煌，以及在文艺复兴时期和法国大革命前夜出现的影响世界历史进程的璀璨群星是法兰西人始终值得自豪的财富。

欧洲文明从古希腊开始，古希腊衰落之后文明的中心转移到古罗马，罗马帝国衰落之后，欧洲进入了中世纪的黑暗时期。15~16世纪文艺复兴浪潮在意大利兴起，经过了一段时间，欧洲文明的接力棒又交到法兰西手中，法国从此作为欧洲的文化中心延续至今。

边走边读　熟悉几个法国历史上的名人

法国的历史非常浩瀚，名人群星灿烂，这里仅列出一些不同领域的名人，他们从不同的方面代表着法国的精神、文化和艺术（已单独介绍的圣女贞德、法国革命“三巨头”、路易十四、拿破仑在此不重复列出），这些名人按年代顺序排列如下：

克洛维一世（466~511年）　是首位打败古罗马在高卢的势力，建立正式法兰克王国的国王。

秃头查理（823~877年）　又称“查理二世”，公元843年，法兰克王国一分为三，分裂出今天的法兰西、德意志、意大利三国，他是法兰西王国的首位国王。

加尔文（1509~1564年）　欧洲宗教改革家，早年就学于巴黎，受马丁•路德影响创立基督教新教，称“加尔文教派”（又称“胡格诺派”），自此引发法国新旧教（天主教）派之争。他著有《基督教原理》一书。

路易十三（1601~1643年）　法国国王，在位期间坚决打击法国贵族的分裂势力，对外以战争手段捍卫法国的国土，使法国成为欧洲最重要的国家之一，也为此后波旁王朝的稳固统治打下基础。

黎塞留（1585~1642年）　法王路易十三的首席大臣，曾任枢机主教，是法国历史上著名丞相。辅助路易十三期间，实行各项加强王权的政策，刺激社会生产发展，取得不少成效，提高了法国的国际地位，但因捐税繁重，引起农民一再起义。

笛卡儿（1596~1650年）　法国哲学家和科学家，认为人是理性的动物，造物主赋予人类追求真理的天性，对当时的知识分子有很大的触动，对后来法国人文科学的发展影响也很大。

莫里哀（1622~1673年）　法国著名剧作家，戏剧活动家，早年受自由主义影响，立志以戏剧改变世风，作品表现了文艺复兴时期的人文思想，代表作有《唐璜》、《吝啬鬼》，对欧洲喜剧艺术发展有深远影响。

孟德斯鸠（1689~1775年）　法国启蒙思想家、法学家，曾任法官、法院院长，曾考察许多国家，以图发现社会发展的规律性。他提倡立法、行政、司法三权分立，这一学说成为法国大革命的理论武器和现代民主制度的基本原则，其代表作有《论法的精神》、《波斯人信札》。

伏尔泰（1694~1778年） 法国启蒙思想家、哲学家、作家，其反对封建专制，强调自由和平等，并批判天主教的黑暗和腐朽，其自由平等思想对后来的法国大革命有重要影响。其主要哲学著作有《哲学通信》。

卢梭（1712~1778年） 法国启蒙思想家、哲学家，代表作为《社会契约论》，主张真正的统治权属于人民，提倡直接民主，法国当局曾对其发出逮捕令。

拉法耶特（1757~1834年，又译拉斐德） 法国贵族出身，赴北美参加美国独立战争，为华盛顿助手，为美国独立作出贡献。他回国后参加法国大革命，任革命的国民军司令，雅各宾专政时期，他很快被指责为“反革命”，逃亡出境。后来他曾参加1830年七月革命。

巴尔扎克（1799~1850年） 法国作家，政治上属保皇党，同情贵族，著有大量小说，揭露金钱关系成为资产阶级社会一切活动的动力。其小说总称为《人间喜剧》。

雨果（1802~1885年） 法国作家，早年有保皇思想，后转化为资产阶级自由主义立场，是法国后期浪漫主义的领衔人物。其作品有《巴黎圣母院》、《悲惨世界》。

路易•拿破仑•波拿巴（1808~1873年） 又称“拿破仑三世”，为拿破仑侄子，从小生长在宫中，7岁时拿破仑倒台，他流亡国外，后参与政治活动，曾被法国当局流放并判终身监禁，1848年当选议员，同年当选总统，后发动政变称帝，成为拿破仑三世，1870年普法战争中被俘下台。在任期间，法国完成了工业革命，也开拓了很多海外殖民地。

戴高乐（1890~1970年） 法国军官，曾参加两次世界大战，1940年任装甲师准将，法国向德国投降后流亡英国，发起号召建立反德国法西斯的“自由法国”武装力量，成为二战中抵抗运动的英雄。战后，他领导两届临时政府，1958年任法国总统。

★现代法国

20世纪法国经历了两次世界大战，对手均是德国，第一次大战中战胜了德国，但也赢得筋疲力尽。事隔仅20年，第二次大战又起，德军卷土重来，法军在战争初期即被德军打败，屈辱地签订了投降条约，半个法国由德军占领。最后盟军光复法国，戴高乐使法国重新振作，法国也成了战后五强的战胜国之一。二战后法国与其他西欧国家一样经历了经济的高速发展时期，现在它是西方世界七大工业国之一，也是一个世界强国。

法国并不总是最强的国家，但它却总是人们最神往的国家，提到巴黎，提到法国的文化艺术、自然风光，总能让人为之心动，这是世界上任何国家任何城市所不能比拟的，这就是法国的魅力所在。据权威统计，2007年，法国接待外国游客总数排在世界第一位，旅游外汇收入仅次于美国和西班牙，为世界第三。

法国辉煌的文化历史并没有使它躺在过去的光荣上故步自封，进入现代的法国，它在原来的基础上更进一步，成为世界时尚的领军者，法国的时装、美食、现代艺术、旅游等都是吸引世界视线的焦点，法国人舒适而优雅的生活方式永远为人们所仿效。

法国人其实并不是一体化的整体，只是外国人因不熟悉而不易察觉而已。法国各地的差异非常之大，他们有着独特的地域个性，使用着各

巴黎卢森堡宫

自的语言，反对趋同的倾向相当强烈。巴黎人就只把自己看成是都市人，而把巴黎以外的一概称为“外省人”，显示出自己的优越感。

在游客眼中，巴黎永远是最浪漫的都市，法兰西民族永远是最浪漫的民族，这是有传统的。在过去的时代，法国上流社会认同婚外情人的现象，这种行为并不受到社会的谴责，我们可以从法国近代著名的启蒙运动思想家和法律学家孟德斯鸠的名言中看出端倪，他说：“丈夫如果想独占自己的妻子，那他就会被看作是一个公众幸福的捣乱分子。”法国人在语言方面非常自我，无视世界大部分地区已被英语所侵蚀的现实，对汹涌而来多数只操英语的游客，他们仍然多以法语应对，不少公共场所甚至不设英语告示牌，主流网站不设英语页面。

在法国的各个城市，我们见到的高楼大厦很少，摩天大楼则更少，高楼基本上都是建在新城区，旧城区的建筑力求保持原貌，极少会有像中国那样大片拆除旧城区新建的现象。在巴黎、里昂、尼斯、马赛这几个较大的城市，旅游者会感觉到人流较密集。但其实这往往是旅游者多而不是当地人多，在法国的其他城镇和乡村，游客可以充分享受到宁静的环境，人口并不密集。法国人生活的社会环境和自然环境都是令游人所羡慕的，很容易激起游客重游的欲望。

巴黎圣母院

★法国概况

地理位置和面积 法国位于欧洲西部，西临大西洋，西北隔英吉利海峡与英国相望，南临地中海并和西班牙接壤，北面与比利时、卢森堡接壤，东面从北到南与德国、瑞士、意大利接壤。国土还包括地中海上的科西嘉岛。法国面积为551602平方公里，是西欧最大的国家。

气候和地形 法国大部分地区属于海洋性温带阔叶林气候，夏季凉爽少雨，冬季温和多雨雪。法国南北气候上有差异，北部最热月7月平均气温为16~18℃。东部和山区大陆性气候较显著，冬季寒冷；南部为典型亚热带地中海式气候，夏季较干燥，冬季温和湿润，南部最热月7月平均气温为20~23℃。年平均降水量从西北往东南为600~1000毫米递增。

法国海岸线长达3000公里，地形东南高西北低，以平原为主，500米以下的丘陵占国土面积的20%，主要山脉有西南面与西班牙接壤处的比利牛斯山脉和东部法意边境的阿尔卑斯山脉，位于法意国境的勃朗峰海拔4807米，为西欧最高点。法国河流众多，最长的为卢瓦尔河

法国地中海沿岸小镇风光

（1010公里），另有罗讷河、塞纳河、龙河和莱茵河。

历史概况和当今政体 从公元前51年起这块土地由古罗马人统治，公元481年建立法兰克王国。公元843年法兰克王国一分为三，西部法兰克成为法兰西王国。1789年法国大革命曾废除帝制，此后帝制与共和制交替出现，1870年法国最终废除帝制，正式成为共和国。1958年戴高乐重新执政，法国进入第五共和国。

人口和语言 法国的人口为6462万（2009年），90%是法兰西人，少数民族有布列塔尼人、巴斯克人、科西嘉人等。90%以上的居民信奉天主教。官方语言为法语。

经济概况 法国为西方世界最发达的七大工业国之一。2008年GDP（国民生产总值）为2.87万亿美元，排世界第五，个人GDP为46016美元，经济总量、个人GDP均名列世界前茅。

行政区域和首都 分为22个大区，大区下设96个省。首都为巴黎。

时差和电压 比北京时间晚7小时（GMT加1小时）。电压220V。

货币 法国2002年起加入欧元区，不再使用法郎，书中凡出现€，代表欧元1元的单位。

法国乡村小镇风光

第四章
进入法国

★航空出入境

入境是初次到法国的旅行者最关键的一环，特别是发达国家对来自富裕程度不高的国家和具移民倾向者多的国家的入境者会给予更多关注；外语不熟练者初到国际大都市机场面对复杂的环境亦会有一定的心理压力。为使初到者能顺利地入境，本书专列一章作详细指引。

从中国前往法国主要是乘飞机在巴黎入境。有关如何转机请参阅“国际航空知识”部分P.27。巴黎有两个国际机场，一是在巴黎东北面25公里的戴高乐机场，一是在巴黎南面15公里的奥利机场。买机票时要知道自己是到哪个机场并注意机票所示的机场代号。

◎不懂外语自助游法国锦囊2

国际机场标志和乘机流程

机场标志并不是国际统一的，用的词也会不同，但区别不大，本书将不同的标志都尽量收录，如遇上不同的可逐个核

乘飞机国际出发大厅图标

飞机到达厅图标

对。本书附件6有国际旅行中的英语常用词，可核对其意思。从中国出发机场都有中文，因此，这里是为从法国返回时和要转机时准备的。

1. 到达机场先找国际出发大厅，标志见图，认清到达大厅；

2. 寻找你所乘航空公司所在区域，如遇有几个登陆机楼

（Terminal）的，分岔路口必有指示图标，有些是用电子屏幕显示，可从中找出你的航空公司属哪个区；

3. 按航空公司本身图标或办登机手续图标找柜台办登机手续；

4. 进入安检区安检、办出境手续，寻找登机口，每一步都要核对标志上的英文字母；

5. 转机的见P.28“转机要注意的情况”，学看英文时刻表，见下面的介绍；

6. 确实找不到办登机手续柜台或找不到登机口，可使用求人带路这一招，出示本书最后附件5的中英对照求助内容第一条，求助对象应该是机场工作人员而不是来乘飞机的乘客。

引导往办登机手续柜台的图标

往登机口指示牌

学懂看全英文的航班时刻表

Departure（先看表头是否这个词，如表头显示“Arrival”是到达航班）					
Schedule 或Time	Flight	Destination或 Departing to	Airline	Gate	Status或 Remarks
起飞时间	航班号	前往的目的地	航空公司名称	登机门	航班状态
20: 25	KE1301	Paris	Korea	10	On time

◎不懂外语自助游法国锦囊3

入境的应对

如果听不懂边检官的问话，可出示本书附件所列的中英对照问答P.345中第三条并再出示机票。如仍有疑问则出示第四条及本书，同时出示随身携带的照相机和办签证时的行程单、订房单，证明你是一个游客。如果仍不行，请出示第五条“我听不懂，请找中文翻译”的条子。不是有严重的疑问，边检官就会让你通过了。如有事请与中国驻法使馆联系，联系电话:01-47233677，01-49521950（01是巴黎区号）。

5．关员盖章后往前走到达行李领取处，先找屏幕看你的航班号是否已显示（未显示就等），与航班号对应的数字就是你所乘航班的行李输出带，到那里等你的行李出来。拿到行李后找个小车推着，走颜色为绿色的无申报通道（走红色意味着你要展示所申报的物品）。最好跟着其他乘客走，因为在出口时可能有抽检，几个人只抽一个就可能不用检你的行李，以免浪费时间。

领取托运行李图标

6．出了海关闸口（有时不设检查人员）就是正式入了境。要买巴黎博物馆卡的就可此时买（在Terminal/1/2C/2D/2E/2F/有旅游咨询处柜台），顺便拿些免费资料，之后找通往RER列车站的机场免费列车站，见下一步。

7．戴高乐机场有3个航站（Terminal）：1、2和3。Terminal3只需步行便可到RER站，1和2（亚洲来的航班多停这两个）均要乘列车，因为不知自己身处哪个航站，因此要跟着有RER

机场穿梭列车指示牌

RER列车B线标志

图标的指示走，如果见到穿梭列车的标志乘电梯即可下到机场免费穿梭列车（Airport Shuttle Train）站台。列车连接航站（Terminal）1和2，在其中间站即第二个站（Roissypole站）下车，再乘电梯上到地面就是巴黎地铁RER快线B线的戴高乐机场站（Aéroport Paris-Charles de Gaulle）。在这里的票房买进入市区的单次票或直接买周票（买什么票详见P.114巴黎交通）即可到达巴黎市区。欧洲火车通票在此可用，但需到票房换票。

◎不懂外语自助游法国锦囊4

从机场入市区

1.在机场内按上述方法仍找不到往RER车站的方向，可出示中英对照问答第六条问路。2.到达RER票房排队买票，出示第七条先买到巴黎北站的车票，可同时再买1张1-2或1-5区的天票或单程票。3.到达站台，出示第八条确认正确的站台，也可在站台看RER线路牌和行车方向。4.如果从RER机场站上车到巴黎北站是第十站，可在第九站时出示第九条问一下其他乘客，或自己核对沿途站名。5.在巴黎北站出了闸口转乘地铁（有4和5路线）前往已预订的旅馆，乘市内地铁见P.118巴黎地铁部分“锦囊5”。不懂外语出入机场建议乘RER列车。

RER站台上显示行车方向的牌子

■出境注意事项

这里所说的出境是指离开申根国家或返中国，到其他申根国家如西班牙、意大利等因不需有出入境手续，不属这里所说的出境范围。按本节所示交通方式到达机场后:

1.选择出发大厅或楼层（Departure），不要走错去了到达大厅（Arrival）。

2.从大屏幕上按时间顺序找到你要乘的航班，上面会显示你航班所属的航空公司办登机手续所在的区域或柜台号，然后前往办理登机（Check-in），取得登机卡和托运行李（可能在托运前要经一次过X光机检查后加封）。

3．安检和通过护照检查，出境检查较简单，只需递上护照和登机卡就行。如果你超过了签证的允许停留期或有效期，哪怕只是一天，也要面对可能是500欧元的罚款，并可能在你的护照上留下不良记录。

■机场交通

◎戴高乐机场的交通方式（以下汽车的车程全部为45~60分钟）

从市区入机场最好事前了解要乘的航空公司在机场哪座航站楼，然后在自己应到的交通工具停靠点下车。

1．RER快线B线（见上述入境部分）：入市区或从市区到此用巴黎1-5区的票（覆盖Zones 1-5的日票或周票，没有则买单次票，以到巴黎北站为例单次票8.5€，这是价格较便宜且容易掌握的方式，入机场的下了RER快线后，按前述提示乘机场的免费短途穿梭列车入机场航站楼，至于到哪个Terminal，见锦囊2），选择出发（Departure）楼层大厅。

有几处登机楼的机场列出不同航空公司位置的图标

2．机场班车（Roissybus）：往返于机场和市区巴黎歌剧院（Paris Opera）的Scrib街和Auber街拐角处，运行时间6:00~23:00，反向运行时间5:45~23:00，15分钟发一次，票价9.10€，交通属5区，有（Zones 1-5）的日票和周票不需另买。在机场停下列站Terminal（航站楼）1号楼第32门到达层、2A-2C楼的A9门、2D-2B楼的D11门；到2G楼可从2C楼的4号门乘免费穿梭巴士前往（从5:30~23:00，每6分钟一班，行程15分钟）、Terminal 3号楼到达层。

3．法航班车（Les Cars Air France，车身标志为Les Cars）

法航班车2号线：往返于机场和Etoile（起点为凯旋门的av.Carnot路），途经上客点马约门（Porte Maillot）的bd. Gouvion St-Cyr路（地铁1号线Porte Maillot站），6:00~23:00每30分钟一班，票价15€。

法航班车３号线：往返于戴高乐机场和巴黎奥利机场（Paris Orly）。巴黎奥利机场主要接待法国国内航班和部分欧洲航班。

法航班车4号线：往返于机场、里昂火车站（Gare de Lyon）、巴黎蒙帕那斯火车站（Gare Montparnasse）。

4．市区线路巴士350路从Gare de l'Est火车站到机场，用巴黎地铁1-5区（Zones 1-5）的票。Gare de l'Est火车站前往交通可乘地铁4、5、7线到同名站下，5:30~23:00，平均15分钟一班车。另外351路巴士也是到机场，是从Paris（Nation）到机场。

法国火车站售票处标志

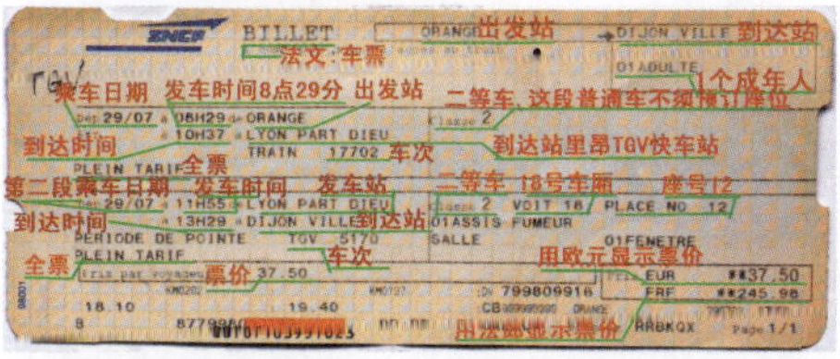

法国火车票说明

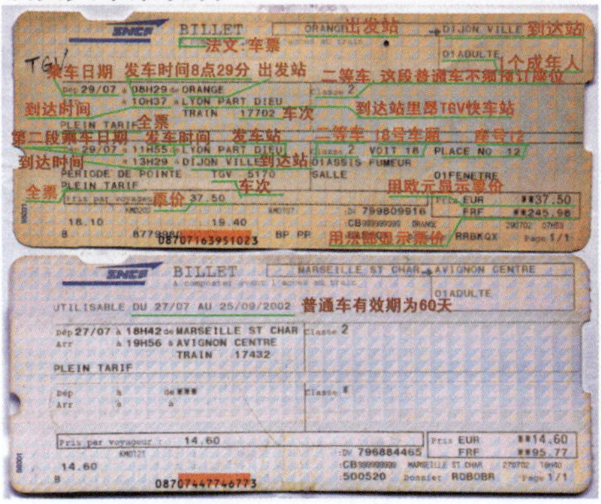

法国火车票说明

巴黎地铁转车标志，显示连接1和12线，下面蓝底白字是出口

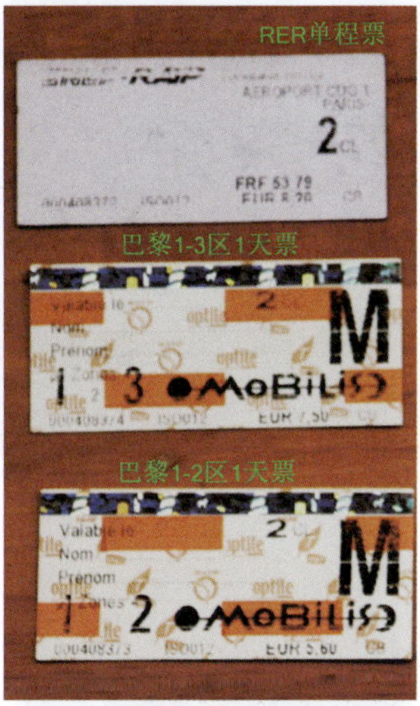

巴黎地铁票和RER车票

法国TGV快车标志

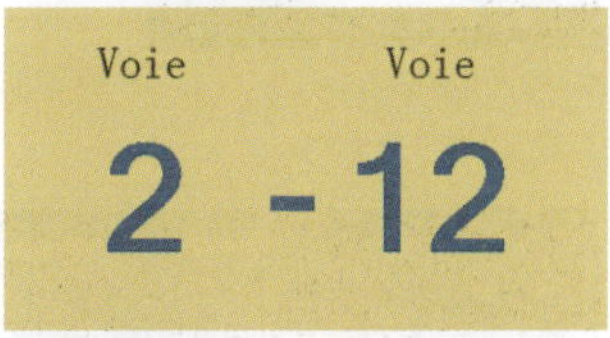

法国火车站月台标志牌

法国国营铁路公司标志

法国火车站自动售票机

5. 国铁火车：还可以从巴黎以外乘法国国铁火车（SNCF）停靠戴高乐机场站（站名Paris-Charles de Gaulle），车站就在航站楼2C、2D、2E和2F之间。

6. 的士：从机场至市区的士价格50€，下面奥利机场价格相同。假日、巴黎郊区19:00~7:00和巴黎市区17:00~10:00加收15%车费。

◎奥利机场交通（Aéroport de Paris Orly，机票上的英文代号为ORY）咨询电话：01-49751515。

巴黎RER列车标志

1. 乘RER快线车C线，到达站名Pont de Rungis - Aéroport de Paris Orly（从市中心到此站约25分钟，用巴黎地铁1-4区的票。注意：此站只在RER详细图上能看见，普通地铁图上看不到）。在此站转乘机场穿梭巴士（Shuttle bus车程10分钟，票价2.5€，用巴黎地铁1-4区的票）到达机场的西航站楼G门到达层和南航站楼F门入口。

RER站台上线路牌，左侧显示这站台停RER2线和4线，右是沿线站名

2．乘RER快线车B线，到达站名Antony（从市中心到此站约25分钟， 用巴黎地铁1-4区的票）转乘ORLYVAL穿梭列车（shuttle train，车程8分钟，票价7.4€，不能用巴黎地铁公交票）到达机场南航站楼K门入口和西航站楼A门入口到达层。

3．奥利机场班车Orlybus：从机场到市区间班车运行时间为5:35~23:22，每15分钟发一趟车，车程30分钟。出发地点：起止点分别为Denfert-Rochereau和南航站楼。单程票价6.1€，可用巴黎地铁1-4区的票。

4．市区线路巴士183号从市内Porte de Choisy station火车站到达奥利机场南航站楼和西航站楼D/G门到达层，最大行车时间50分钟，票价1.6€， 可用巴黎地铁1-4区的票。机场始发车运行时间：5:35~20:35；从市区始发车运行时间：6:00~21:40。这是最便宜的方法，但需时稍多。

5．市区线路巴士285路从市内ERE快线Juvisy站和普通地铁 Louis Aragon站到机场南航站楼，票价1.6€，可用巴黎地铁1-4区的票。另有292路也可到达。

6．法航班车1号线（Les Cars Air France，车身标志为Les Cars）：发车地点参阅上述到戴高乐机场的发车站。从机场到市区间班车运行时间为6:15~23:15，每30分钟发一趟车。票价11.5€，车程30分钟。

◎两机场间的交通

如果要从另一机场转机，或搞错了出发机场，可乘两机场间的巴士交通，从6:30~22:30每30分钟对开一趟车。单程票价19€，从哪个航站楼到哪个航站楼请在咨询柜台确认。

◎从市内前往机场提示

前往机场的汽车会在不同的航站楼设有下客站，但机票上并不显示航站楼，可上车问问司机如何到国际出发厅（International Departure），并出示你所乘的航空公司名称，司机会告诉你在哪一个航站楼下车。应多预留时间，以防下错航站楼。需要更详细交通资料可参阅巴黎机场网www.aeroportsdeparis.fr。

★陆路出入境

法国唯一能陆路出境的是通过英法海峡隧道前往英国，这需要事先办好英国签证。此外，法国没有与非申根国家的陆路边境口岸，它不存在需要办出境手续的关口，从法国前往西班牙、意大利、瑞士和比利时等国都不需任何手续。

Par

第五章
法国的心脏：巴黎

艾菲尔铁塔

★初入巴黎落脚拉丁区

巴黎，这两个字不知让多少人魂牵梦萦，多少人为之心驰神往，这是欧洲游历中的盛宴。初到巴黎是在经历了大半个法国的游历之后乘火车从布列塔尼半岛进入的，下午5时火车到达巴黎蒙帕那斯车站，我独自背上背囊走出车站，开始寻找旅馆。与很多人一样，早就对巴黎有所认知，它早就随着很多历史事件、名人和书本进入了我的脑海。以前也不敢奢望有一天自己能自由地踏在巴黎的马路上，这一天现在来到了。

初次进入巴黎市区，并没有见到现代高楼大厦，马路旁大多是五六

塞纳河上的亚历山大三世桥

层高、古典风格的楼房。原来巴黎几十年前便已立法不准在市内建超过10层的高楼，以保持城市的原貌，因此现代化的商业大楼便建到了市区西北角的新区拉德芳斯，这使巴黎保存了整体上的和谐，巴黎南部只剩下一座59层高的蒙帕那斯大楼。

为了能尽览巴黎的美景，我计划用一周时间，游览巴黎及周边地区，不能像旅行团那样走马观花而过。选择便宜旅馆入住便不用整天心急火燎般赶路，可以用悠闲的心态来慢慢地品味巴黎。作为全世界人都来游览的地方，巴黎的旅馆不便宜。较便宜的小旅馆大多集中在拉丁区卢森堡公园一带，这是在塞纳河南岸最具法国古典风情味的地区，最适合感受巴黎风情。

我选的旅馆就在先贤祠的隔壁，步行到索邦大学、塞纳河边和巴黎圣母院只需几分钟，到地铁站约4分钟，位置好且价钱相宜。这一带小餐馆很多，有中餐馆、日本料理，法国餐馆更不在话下，确实很适合游客居住。在巴黎总算有个合适落脚的地方了，人在旅途，旅馆房间就是你的堡垒，回到房间就有一种亲切感。我在此一住便住了7晚，每天早出晚归，享受着做一个巴黎人的感觉。无论谁，来到巴黎都有一种想归属于它的感觉，这就是巴黎的魅力所在。

每天清晨当我经过先贤祠到卢森堡公园对面的麦当劳喝咖啡时，先贤祠还是一片静悄悄。边喝咖啡边看着拉丁区街上的行人和景物是我每天出门后的第一个节目，风雨不改。巴黎，到处都是古迹和有名人故事

卢森堡宫

的地方，十天半月的游览时间远远不够。在来之前多读几本书，做有关历史文化和艺术方面的知识准备，这样收获就会更大。

拉丁区这一带也被称为“左岸”，就是塞纳河的左岸，这个名称几乎就是19~20世纪初法兰西文化精髓的代名词。在那个时代，海明威、萨特和毕加索等文化名人，在这一带众多的高等学府和咖啡馆中聚会流连，使拉丁区成为各种思潮流派产生和碰撞的地方，也是最具反叛精神的地方。在今天拉丁区大街小巷中，当年众多的小咖啡馆、小餐馆仍在，加上众多的书店和摆在马路边的书摊，形成了拉丁区浓浓的文化气息。

拉丁区也是观察巴黎市井生活的好去处，马路边的面包店、肉店、蔬菜水果摊非常热闹，巴黎人的日常生活也像其他地方的人一样，并非不食人间烟火。卢森堡公园是巴黎市区内的一大片绿洲，公园中宏伟的卢森堡宫现在是法国参议院，在公园的花圃前，坐着很多上了年纪的华人在消磨时光，熟悉的乡音使我想和他们拉拉家常，了解一下华人移民的生活现状，无奈时间不多。

★★★★★
蒙马特高地的大教堂

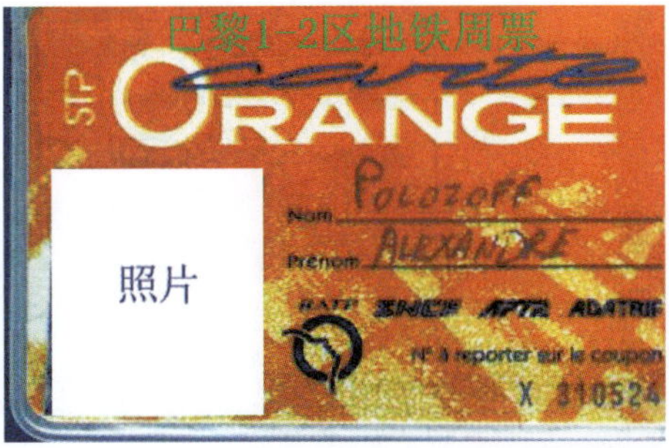

巴黎地铁周票

巴黎博物馆卡

★浪漫巴黎自由行

以浪漫著称的巴黎不仅有宏伟且具历史意义的地标式建筑令人向往，有众多收藏丰富的博物馆可以参观，还有很多充满浪漫情调的知名或不知名的地方可以流连。如在铁塔之上俯瞰巴黎，在塞纳河边看游船上欢乐而过的游客，在郊外的森林古堡漫步，在拉丁区不同情调的咖啡馆流连，找个风景如画的地方静思，看夕阳西下，一条不知名的小巷或许会给你留下深刻的印象。如果跟着旅行团的大巴便很难有这样的机会，但对着世界级超大都市的巴黎，面对密如蛛网却又非方方正正的道路，初到此地的人更易迷失其中。如何才能在巴黎潇洒自如地行走，想去哪儿就去哪儿，使自己收获丰富而又没有疲于奔命的感觉呢？

较好的方法是先将想去的地方在地图上圈出，然后一次走一片地区，这样效率会高一些。要想省钱而又尽兴，那就买一张巴黎博物馆卡

巴黎地铁

巴黎地铁

和一张地铁周票，这样交通和景点门票就没有了次数的限制，不需再为昂贵的门票而犯愁。

巴黎有一个非常密集的地铁网，线路有14条之多，据说在巴黎市区，500米内必有一个地铁入口。市区所有游览地均有地铁到达，至多下车走十几分钟，即使语言不通也完全可以熟练地利用地铁，但要求旅行者能运用法文地图（与用英文地图无异），这也是对自助旅行者最基本的要求。有些人觉得在巴黎只呆三天，买周票不划算，其实一张周票用三天一定值回票价。我在巴黎买了一张周票，每天无限次乘搭，有些地方想拍摄却遇上阴沉天气的话就等有阳光时再去。地铁车次频密，车速也快，这样每天在巴黎的地底转来转去，乐此不疲。

地铁绝对是感受巴黎的最好窗口，在巴黎乘地铁很有国际化的感觉，除了欧裔白人外，车上常有中、日、韩面孔的东亚裔人和黑人、中东裔阿拉伯人、南亚裔人，各类人的人种特征都非常明显，不少人手中都拿着地铁线路图，一看就知道是外地人。巴尔扎克小说《外省人在巴黎》描述巴黎人将巴黎以外的人通称为“外省人”以凸显自己的高雅。时代已经不同了，在巴黎你不需为自己不熟悉进出地闸口或不知道地铁要自己开门而觉得不好意思，每天面对大量初到巴黎的人，巴黎人早已习以为常而善意相待。巴黎人以自己的城市而自豪，更欢迎懂得欣赏巴黎的人。

巴黎地铁车厢上不时有拉手风琴卖艺的人，地下通道更是卖艺人的舞台，有时会遇到五六个人组成的乐队在地铁通道内表演。每当遇到这样的乐队，地铁通道内的气氛都十分高涨。很多路人驻足观看，站满了过道、楼梯。优美的乐曲在地下通道内回响，音响效果特别好。放在地上装钱的帽子，不时有人上去放入几枚硬币。赶路的人欣赏一会儿又匆匆上路，刚路过的人又停下来驻足观看。在这样的氛围中，很容易有一种融入当地社会的感觉，领略到巴黎五彩缤纷的一面。如果只跟着旅行团的大巴，没有感受一下巴黎地铁，那就太可惜了。

只要你乘搭了三两次地铁，你就会爱上为你带来方便的巴黎地铁，感觉“我也是巴黎人”。

巴黎的街头集市

巴黎街头的咖啡馆

★最早的巴黎——西岱岛

当罗马文明已经高度发展时，巴黎这片土地还是蛮荒之地，公元前58年罗马的恺撒带领4个军团占领高卢，罗马人在塞纳河中的小岛上建起堡垒作为罗马帝国北面的要塞，这个小岛就是现在的西岱岛。几百年后西岱岛成了法国的政治中心，最后成为今天的这座国际大都市的中心区域。这里蕴含着丰富的历史故事，并与很多法国历史名人的名字连在一起，游览巴黎也应从这里开始。

西岱岛的外形就像停在塞纳河中的一艘航空母舰，后面还拖着一艘“拖船”——圣路易岛。小小的岛上就有9座桥与两岸相连，岛上还有一个地铁站。作为巴黎的心脏地区，西岱岛具有巴黎最早的城市雏形，如今巴黎的警察总局、法院等还是设在岛上。岛上最著名的便是雨果小说及后来同名电影致众人皆知的巴黎圣母院，虽然欧洲的教堂多如牛毛，但巴黎圣母院以其历史价值和在建筑史上辉煌的地位令其与众不同。这里是各国游客聚集之地，广场上经常排着长长的人龙。巴黎圣母院至今已有800多年的历史，拿破仑一世就在此加冕为法兰西皇帝，如今圣母院并非为供参观的历史遗址，仍为教堂用途，但到巴黎的游客很少不去看一看，这正是令它长盛不衰的原因。

岛上另一著名的地方就是在岛北塞纳河边的古城堡康谢居瑞（Conciergerie），又名巴黎裁判所附属监狱博物馆。它还保留着中世纪城堡风格的圆锥尖顶，凝聚着历史的厚重感。法国大革命时期这里关押过国王路易十六的玛丽王后和“革命三巨头”中的丹东和罗伯斯庇尔，他们都是从这里走上设在当今协和广场上的断头台的。

★★★★★
西岱宫北翼大革命时期巴黎裁判所

这里关押过被革命所打倒的皇亲国戚和旧贵族、被更“革命”的雅各宾党人打为“反革命”的吉伦特派、因“最革命”造成过度恐怖而被逮捕的罗伯斯庇尔及其支持者，一共2600人之多，这些人最终全被送上断头台。至今这里还有玛丽王后的单独囚室，一片阴森森的感觉。

警察局旁还有一座巴黎最古老的夏佩勒教堂，以其彩色玻璃受阳光照射显出的效果而著名，这里也排着长长的参观人龙。西岱岛是巴黎名人和有钱人的住宅区，游客可按设计的路线漫步全岛及后面的圣路易岛，坐在西岱岛“航空母舰”船头的树下，欣赏塞纳河两岸景色并在此发发呆，不失为品味巴黎的方式之一。如果还嫌没看够西岱岛和巴黎圣母院，最好在夕阳西下之际乘塞纳河上的游船，夕阳为巴黎圣母院屋顶抹上金色光辉的景象一定让你难以忘怀。

塞纳河沿岸风光

巴黎圣母院

★★★★★
塞纳河上的亚历山大三世桥

法国

西岱岛上的巴黎圣母院

至今已有800多年的历史

★★★★★

边走边读　波旁王室流传后世的“名言”

波旁王朝度过了路易十四的辉煌时期后，已经预示了它衰败的开始。继位的路易十五在位59年并无建树，法国王室仍然躺在路易十四时期已经过去的业绩上，宫廷挥霍依旧。路易十五在及时行乐时也预感到严重的社会危机，令后世人印象最深的是他的情妇蓬巴杜夫人对他说的：“我们死后哪管它洪水滔天。”

到路易十六继位，法国国内要求改革的力量已经不可遏制，其实路易十六也是想改革的，但积累多年的贫富悬殊和社会不满已经不能用“改革”这样温和的手段来解决了。人民以上街的方式来表达他们的不满。游行的妇女聚集一起前往凡尔赛宫，反复高呼“我们何时会有面包”，消息传入宫中，向来无视民情的玛丽王后竟然漫不经心地说出一句这样流传后世的话：“没有面包，让他们吃蛋糕。”

法国大革命终因积怨已久而爆发，火山积蓄的能量越久，爆发力便越强，路易十六和他的王后没能避免上断头台的命运，革命的暴力也失去了控制，最后酿成了“大恐怖”。

巴黎郊外的凡尔赛宫

法国大革命“三巨头”的结局

法国大革命时期风云人物罗伯斯庇尔像

从1789年开始的法国大革命，是以提倡民主自由、平等博爱为开始的，在推翻波旁王朝后，大革命进入了恐怖时期。对外战争的失败后，其他派别被逐出国民公会，只剩下最激进的雅各宾派。由于内乱及外战的需要，雅各宾派建立起绝对权力的救国委员会，没有了制衡力量，恐怖便由此而生。

在法国大革命中雅各宾派的主要领袖为罗伯斯庇尔、丹东和马拉，当时被人称为法国革命的“三巨头”。他们都实行了恐怖手段对付政敌，最终他们也因恐怖而断送了自己的性命。

罗伯斯庇尔（1758~1794） 1781年获法学学位，革命前为律师，曾任区法院法官。1789年作为三级代表（即议员）进入政界，是议会活动的积极分子，后成为雅各宾派首领。1793年起雅各宾派采取恐怖手段对付不同政见者，除了对国王和贵族等反对革命的人外，对雅各宾派内部也采用同样方式。作为雅各宾派另一领袖丹东在“雅各宾专政”时期担任革命政府司法部长，原来也赞成用恐怖手段对付反对派，但随着恐怖的发展，他开始反对继续采用恐怖手段。结果，罗伯斯庇尔于1794年4月以“通敌罪”将丹东及其支持者送上了断头台，至此，恐怖活动也达到顶峰，仅6周时间内巴黎就有1400人被送上断头台。

雅各宾派另一领袖马拉，原来是一名记者，当政时极力推行以恐怖手段处决政敌，1793年7月，他在洗浴时被一名复仇的女子刺杀于浴室。罗伯斯庇尔的极端做法引起革命阵营内的极大不满，最后，丹东的同情者也将罗伯斯庇尔送上断头台，结束了他的恐怖统治。大革命最后以拿破仑的军事专制而结束。

凯旋门夕照

★凯旋门和铁塔

凯旋门和铁塔都是巴黎的象征，凯旋门由拿破仑一世下令兴建于1806年，当时的拿破仑大军在欧洲所向无敌，如日中天，为了鼓舞士气、炫耀武功便开始兴建凯旋门。直到30年后的1836年，拿破仑大军早已消失，他本人也已经死去15年了，凯旋门才竣工。4年后的1840年，拿破仑的遗体被运回巴黎安葬，灵柩被允许从中间通过他自己下令建造的凯旋门，这代表法国人民认可了拿破仑对法国所作的贡献。此后获得同样殊荣，遗体能从凯旋门中间通过的还有法国大文豪雨果。

现在的凯旋门已经成为巴黎西北面的交通枢纽，环绕凯旋门的环形大道向外放射状般地伸出12条大道连接巴黎各处，这里也是法国国庆日典礼所用的场所。凯旋门向东面伸出的大道就是世界知名的香榭丽舍大道。大道两侧植满法国梧桐树，路边有不少时装皮具的名牌专卖店，人潮日夜川流不息，是游客的必游之地。

从凯旋门可乘地铁直达艾菲尔铁塔。铁塔在塞纳河的南面，与凯旋门一样，也是外国游客来巴黎必游之地。在旅游旺季来到铁塔下，只见

艾菲尔铁塔

香榭丽舍大道夜景

两面的上塔电梯前都排着长长的人龙，从早到晚都是这样，十几欧元的登顶门票一点也不便宜，但世界各地送钱来此的人却乐此不疲，就像一部印钞机似的一天就不知为巴黎增加了多少收入，而此塔却曾经被巴黎人视为废物差点被拆掉。

1887年为庆祝法国大革命一百周年和在巴黎举行的世界博览会而建造起这座铁塔，由工程师艾菲尔负责兴建，两年后竣工，博览会过后，铁塔的使命便告完成，当时还未发明电视，更没有大众旅游的概念。这样一个铁塔任由风吹雨打而没有任何其他用途，要使它安全地耸立在这里每年还要耗费不少维护费用，因此它在巴黎市民眼中成了一个只会吞纳税人的钱而一无用处的废物，于是便有人提出把它拆掉算了。市民要求拆铁塔的呼声越来越高，甚至还包括当时的不少文化名人，但反对的呼声同样存在，于是便拖了下来。直到电视的发明，铁塔又有了新的用途，巴黎的电视中心便设在这里，旅游业的兴起，使铁塔的观光用途还胜于电视转播的用途，铁塔才重新成了巴黎人以至世界各国人的至爱。

铁塔作为巴黎最高的建筑物，登顶一望，整个巴黎尽收眼底，塞纳河就像一条小丝带在巴黎市中心蜿蜒流过，夕阳的光芒给城市抹上了金色的余晖。环视巴黎，基本上没有高楼大厦，更没有摩天大楼，这令不少以为摩天大楼就是等于经济发达的人大失所望。巴黎之所以能够成为巴黎，没有在全球化浪潮冲击之下失去自己的个性，这与法国人民尊重民主与科学的传统有关，对于以为只有新取代旧才是发展的人来说，巴黎就是最好的榜样。

★世界宝藏卢浮宫

星期三是卢浮宫每周关门最晚的一天（21:30），我特意选这天来参观的。卢浮宫是世界四大博物馆之一，其余三个是伦敦大英博物馆、纽约大都会博物馆、俄罗斯圣彼得堡的艾什塔米博物馆。

报上有文章反映旅行团如“赶鸭”般奔走的感受，提到在参观巴黎卢浮宫博物馆跑着前进只为看《维纳斯》、《胜利女神》和《蒙娜丽莎》三样，其他的都不能看，即使你已擦肩而过也不能停留，你一停就拖了他人的时间，打乱了一天的时间安排。这种好像囫囵吞枣式的旅游实际上是收获不大的，不过总胜于无。

上午来到卢浮宫入口，只见早就有长长的人龙了，全世界各人种的人都有，好像是一个人种博览会。这里的宝藏是人类共同遗产，大家当然要来了。这里有中文卢浮宫导游简介，卢浮宫门票9 €（约人民币90元），展馆面积之大，宝物之多，这个价格是相当便宜的了。中午时分出来售票大厅吃自带干粮时，只见宽阔干净的大理石走廊上已经坐满了各国游客，各种语言此起彼伏，人人都席地而坐吃干粮喝自来水，绝无不好意思的表情，相互间谦让有礼，绝不多占地方，也自觉带走垃圾，真是一幅全世界人民大团结的景象。

卢浮宫博物馆名画《蒙娜丽莎》的展厅

今天的卢浮宫只是一个博物馆，很多人便忽略了对建筑本身的欣赏。卢浮宫是真正的法国王宫，位置在巴黎的正中心，最初它是一座中世纪石砌古堡式的城堡，今天我们所看到的卢浮宫是16世纪在原城堡的地基上慢慢建起来的，现

卢浮宫博物馆内《胜利女神》雕塑的展厅

卢浮宫
始建于16世纪
时至今日
其王者气派、庄重典雅
却依然如故
★★★★★

卢浮宫博物馆的展厅

在卢浮宫的底层还可以看到原来城堡的石砌地基。经历了几个世纪的修建，还有拿破仑和后来复辟王朝的扩建，卢浮宫才成为今天的样子。但作为王宫，其实它在路易十四时代已经失去王宫的作用。路易十四厌烦了巴黎的喧嚣，到巴黎郊外建了凡尔赛宫，后来又有枫丹白露宫，此后各朝代宫廷的中心已不在卢浮宫，但卢浮宫的王者气派、庄重典雅却依然如故。

卢浮宫内的展品是按时代和地域来设馆的，有古代埃及、希腊、罗马、伊斯兰等馆，古代东方馆就有展示来自中国的展品。展品能够入选到卢浮宫本身已说明了其身价。卢浮宫除法国自己的展品外，其他国家的不少展品是通过当年法国海外扩张手段带回的，有点不光彩。而从好的一面来说，这些文物还是得到了比在来源国更好的保护，也使世界各国的人更容易看得到。但随着各国文物保护水平的提高，各国要求归还文物的呼声日高，可能有朝一日这些文物也会回到来源国。

★巴黎荣军院和拿破仑墓

登上巴黎铁塔，可以看到位于塞纳河南面亚历山大三世桥正对的一片城区中有一个金色的高大圆顶建筑，在阳光下熠熠生辉，在附近大片五六层高的城区中十分注目，这就是巴黎荣军院。它由路易十四建于1679年，为的是收容在战争中负伤的士兵，现在是法国国家军事博物馆。里面展示法兰西从中世纪开始到第二次世界大战所经历的战争场面，有很多古代盔甲和古代武器，还有两次世界大战的各种武器。这里以1560年前、1560~1914年、1914年后分为三个阶段，1560年可能就是指中世纪与文艺复兴时期的分界线和以冷兵器为主转到以热兵器为主的分界线吧。法国从中世纪起至现代都是世界的军事强国，因此这里的武器展几乎就是世界武器发展史的展览。

法兰西虽然强盛，但它在历史上也曾多次被强邻入侵，多次首都沦陷、多次国王被俘。远的有英法百年战争，法国前期失去大片国土，近的有普法战争和两次世界大战，在不到100年内国土被三次入侵，首都巴黎两次沦入敌手。除了16世纪弗朗索瓦一世被敌军俘虏过外，拿破仑

法国巴黎荣军院

三世在普法战争中也被敌军俘虏。在第二次世界大战中法国曾经屈辱地向德国投降，这些法国历史上的耻辱在博物馆中也没有隐讳。

真正让法国人感到骄傲的是拿破仑，从正门进入，便来到荣军院的大院，尽头处一座巨大的拿破仑雕像，一脸沉思的表情中不失英武。虽然他以专制取代了法国大革命所取得的自由、平等的成果，以穷兵黩武的征战令法国人民付出了无数士兵的生命并消耗了大量的财产，但也正是他结束了法国大革命后恐怖时期的无政府混乱状态，使法国的科学、文化、经济重新走上发展的轨道，也是他带领的军队横扫欧洲各国，摧毁了欧洲各国的封建体制，使法兰西的荣誉重新在欧洲确立。虽然他的结局是悲剧性的军事上的失败、退位和被流放直至在流放中病逝，但当法兰西人民在伤口痊愈后，在他逝世的19年后，1840年，法兰西迎回了拿破仑的灵柩，灵柩经过了炫耀他昔日武功的凯旋门，浩荡的人群在香榭丽舍大道上高呼“皇帝万岁”，灵柩被隆重地安放在荣军院金色的圆拱顶下。后世历史学家对拿破仑的评价各不相同，这样一个复杂的历史人物是处于英雄与暴君之间，只能以“伟人”含糊称之。法兰西人民的感情也是复杂的，但每当想起他为法国带来的荣耀，我想多数人还是为他而感到自豪的。

今天的拿破仑墓，可以说是法国最荣耀的陵墓了，多少历史上的名人都没有他这样独占一个如此耀眼的地方，这也是拿破仑的实至名归。金色拱顶之下，拿破仑巨大的棺木安放在一个大理石高台之上，护卫拿破仑棺木的是众石雕女神，拿破仑最亲近的几个元帅和他的儿子罗马王的灵柩就安放在他的灵柩周围。拿破仑的独生子一生下来就被封为罗马王，后世也有称他为“拿破仑二世”，在他3岁时其父已退位被流放，而他也只活到21岁便因病死去。这里是国外游客很喜欢的地方，拥挤的人群围着这位伟人的棺柩，无不被其天才所折服。

★★★★★

边走边读 拿破仑一世

提到法国几乎无人不知拿破仑，对历史人物的评价很难用大人教小孩那样说这是一个好人或坏人。历史要比这复杂得多，人们已经接受好人也会有负面的一面，而不少暴君也有做出过不少有利于其国家和民族的事。拿破仑就是这样的一个人。

拿破仑（1769~1821年）出生于法国科西嘉岛，自小家贫，虽然他用功好学，但成绩却不尽如人意，在全班58人中只名列第42名。后来入了炮兵学院，虽然他因父亲去世而中止学业，在学校只学了4个月，但他所学到的炮兵技术成了他日后飞黄腾达的一个重要垫脚石。他被称为是一个“精通炮兵技术”的人。首先他开创了在街垒战中运用大炮的先例，击退了叛乱分子对国民公会大厦的攻击，旋即升为巴黎城防司令。后来他的大炮更是在对外战争中大显神通，使他成为了军事强人，直至当上终身执政和法国皇帝。他横扫欧洲，经常以少胜多，他指挥的战役不少成为世界战争史中的著名战例。他先后五次打败反法联军，虽然最后第六、第七次败于反法联军，最后一次的滑铁卢之战成了“失败”的代名词，但丝毫不影响他作为世界军事天才的地位。拿破仑的专制和穷兵黩武才是他失败的根本原因。

他不但是一名军事家，而且还是政治家，他治理法国显现出他的治国才能，使法国的经济文化均得到较好的发展。还有更重要的是他还是一名法律学家，他亲自制定甚至逐条审定的《拿破仑法典》即《法国民法典》，从法律上摧毁了封建主义，确立了现代社会的经济法律关系，直到今天这部法典还在发挥作用，而且还是世界上不少国家民法立法的范本。拿破仑自己说过，能令他自豪的不是打了多少场胜仗，而是这部《法国民法典》。

★巴黎的夜生活

我在巴黎一共住了8晚，每天早出晚归，日出而作，日落而未息。巴黎相当于中国黑龙江的嫩江或内蒙古的海拉尔这样高的纬度，8月的巴黎，晚上9时多才完全天黑，一天可用于游览的时间长达14小时，白天时间一天等于冬季的两天。当然这不能都用足，游览地都不可能这样晚关门，但你可以用于观景或在风景如画的地方静思、看夕阳西下，可以流连忘返，如铁塔之上、塞纳河边、郊外的森林古堡等，到天黑才去吃晚饭。

白天用得这么尽，所谓晚上便只有半个了，因此也没有什么夜生活可言，很多时候，晚饭后回到旅馆已经10时多了，回到旅馆房间就像回到了家，想好好享受一下属于自己的安静空间，不想到处去逛了。虽然时间用得多，但节奏也不是很快，经常在一些喜欢的地方感受够了才走，这样虽然日日外出，却不觉怎样疲劳。

既已来到巴黎也不能不抽时间专门晚上出去走，在拉丁区住，晚饭后到塞纳河边散散步，就像巴黎人一样，倚着河边的栏杆，吹着夜风，看着灯火辉煌的塞纳河夜游船经过。每艘船上的外国游客心情都很兴奋，不管大人小孩，只见桥上有人都兴致勃勃地与你挥手，把你当作巴黎人。与他们挥手自己也很开心，人在旅途心情特别好，很容易就进入兴奋状态。

从凯旋门俯瞰巴黎夜景

巴黎圣母院前的桥边，晚上总是有一群为游客写生的画师坐在那里，来到这里看看人家画画也是很有意思的事。画师中有中国人也有韩国人，与他们聊聊天也挺好，没有生意时他们都很乐意聊天。在巴黎的夜晚，拍拍凯旋门和铁塔的夜景也是游客过巴黎夜生活的方式。

巴黎的红磨坊是外界所知的巴黎夜生活的代表地，我也来这一带逛了一阵。红磨坊是一处巴黎艺术艳舞的表演剧场，在靠近蒙马特高地南面的一条主干路上。它在国外知名度很高，其实除了它之外还有其他同类的歌舞表演，因为知名度不及红磨坊因而价格要稍低。红磨坊的表演每晚有几场，不同时段价格不同，从门口的价目表上可以看到价格为80~180 €，最低价的无饮料，价格高的包晚餐。其实这样的表演只是给外国游客看的，这样昂贵的价格，一般巴黎人都不会去看。我问我所住旅馆30岁左右的老板，他说他从来都未去过，价格也只知道较贵。实际上红磨坊的歌舞并非色情歌舞，在这一带的很多店面才是表演脱衣舞的，一场场计算，里面有小舞台，一杯可乐最低要30 €，这是最低消费。这一带的大街就是人们所说的“红灯区”，大街上霓虹灯闪烁，十分夺目。人们常用“夜巴黎”来形容巴黎晚上的辉煌，其实巴黎晚上的霓虹灯并不多，只有这一带才是霓虹灯最多的。

我不知道法国法律是否禁娼，但看样子是禁的，因为这里没有像荷兰那样的“红灯区”，这里的所谓“红灯区”只是色情表演的地方，并不是娼妓所在的地方。虽然这里没有像不禁娼的国家那样合法营业，娼妓还是存在的。根据当地华人的介绍，我也来此观察一番，要看巴黎的方方面面不应缺少这一面，来资本主义的欧洲也避不开这样的话题。在丹尼斯街（Dennis），主干路旁一条很少汽车通行的马路上，所有店铺都已关了门，就在这里，三步一岗，五步一哨地站着不少打扮性感甚至可说是过分夸张的“站街女郎”，白人、黑人，甚至中国人都有。这里是表现最大胆衣着的地方，但也有穿着19世纪古典式拖地长裙以满足有怀旧需要的顾客的。这些“站街女郎”当地人人知道，更何况警察呢？但她们并没有受到警察驱赶，也不见有警察。路人不算稀疏，但经过此地均熟视无睹，擦肩而过，就像一场街头检阅。

香榭丽舍大道夜景

※巴黎实用指南 ★★★★★

巴黎（Paris）概况

巴黎位于法国北部，曾属罗马帝国高卢行省，罗马人在现今巴黎的中心塞纳河上的西岱岛上建城，城市就只有西岱岛这么大，当时是作为罗马帝国北面的要塞，后来城市逐渐扩大，到公元508年才成为法国的政治中心。到了公元987年卡佩登基成为法兰西国王，巴黎才开始成为法国的首都。之后一圈一圈地往外扩展成今天的规模，面积为105平方公里。人口215万。如果包括郊区在内，人口超过1000万。

现今的巴黎是世界级的超大型都市，享有“花都”之称，它与方方正正讲究中轴线的中国城市完全不同，其道路也并非都以一个中心呈放射状向外。巴黎分成20个区，以塞纳河右岸（北岸）卢浮宫所在地为1区，然后像一个蜗牛壳那样顺时针排列至第20区，塞纳河从中间穿城而过。区号数字越小越靠近中心位置。

巴黎的游览景点多集中在中心区，多数都可方便到达。市内游览主要以西岱岛、塞纳河北面卢浮宫为中心的一片、南面拉丁区、西面艾菲尔铁塔和凯旋门一带、北面蒙马特高地。巴黎市区以4~6层的建筑为主。大街小巷到处都是古典式的建筑，艺术装饰性强，也很有风情味，特别是拉丁区。巴黎还有不少大大小小的博物馆、美术馆、名人故居等，在巴黎十天半月也只属浮光掠影，只能按自己的时间进行取舍。

现今的巴黎是法国的政治、经济、文化和交通中心，也是世界时尚的前沿，因此它每年都有大量游客从世界各地蜂拥而至，成为名副其实的国际大都会。

巴黎景点

西岱岛一片

巴黎圣母院（Notre Dame de Paris）

位于塞纳河西岱岛上，因雨果小说《巴黎圣母院》和同名电影令世人皆知，始建于12世纪，800多年中经历多次修缮，现为巴黎最古老也是最宏伟的教堂，为全盛时期哥特式建筑，内可容9000人。里外均有精美石雕。圣女贞德在此昭雪，拿破仑一世在此加冕，丹东和罗伯斯庇尔在此被送往断头台，这是来巴黎观光必到之处。

门票：教堂免票/教堂南塔6€，18~25岁5€，18岁以下免费。

开放时间：南塔平台4~9月每天10:00~18:30，周六、周日延至23:00关，其余月份10:00~17:30。

一般游览所需时间（即非匆匆而过，比旅行团要长得多，但有特殊兴趣者还可增加时间，此概念全书同）：只看教堂0.5~1小时，旺季上塔常要排队分批上。

交通：地铁4号线Cite站，或可在St.Michel站下步行过桥，住拉丁区近塞纳河可步行前往。

近距离步行可参观之处：紧接下面4个点和北面巴黎市政厅。

巴黎裁判所附属监狱博物馆（Conciergerie，又名西岱宫）

在西岱岛北侧塞纳河边，有两个古老城堡尖顶为标志，14世纪前是法国王宫西岱宫，之后成为朝廷议事厅，后设附属监狱，法国大革命时成为著名监狱，关押过路易十六王后玛丽-安特奈，她就是在此被送上断头台的，现保留有她的单间牢房。这里也关押过大革命的领袖丹东和罗伯斯庇尔，也是经此上了断头台，还关押过拿破仑的内伊元帅及拿破仑王子。1914年列为历史古迹向公众开放。陈设保持当年原貌，参观此处让人了解到法国大革命中的一些负面的地方。更多背景资料介绍见“最早的巴黎——西岱岛”P.70。

门票：7€/11月至次年3月每月第一个周日免费，含圣夏佩勒教堂联票11€。

开放时间：3~10月9:30~18:00/11月至次年2月9:00~17:00，除公众假日每天开放。

一般游览所需时间：约1小时，允许拍照。

交通：离巴黎圣母院2分钟步行，入口在岛上地铁站附近巴黎警察局大门南侧。

边走边读　关于法国大革命

法国在经历了路易十四的辉煌时期后开始走下坡路，贵族和王室的奢侈挥霍和人民的贫困对比越来越鲜明，专制所引起的社会矛盾愈演愈烈。路易十五当政期间，以“我死后哪管它洪水滔天”的态度更积聚着社会矛盾的能量，到路易十六当政时虽然想改革，但社会矛盾的解决已不能用改革这样的温和手段来进行，缺口一开便无法收拾。路易十六召开三级议会打算作出让步时，巴黎的民众已经不能等待这种缓慢的改革，他们走上街头，以暴力行动来向政府显示力量，1789年7月14日民众攻占巴士底狱，正式揭开法国大革命的序幕。

法国大革命是以“平等、自由、民主”的思想为先导的，以民主自由取代专制的思想早在大革命开始的多年前就由当时著名的启蒙思想家伏尔泰、卢梭等人广为传播，深入人心。大革命使封建王权被铲除，取而代之的国民公会由于面对国外的干涉、内部的无法协调最后演变成为雅各宾一派的专政。没有了制衡力量随之便出现“大恐怖”，以罗伯斯庇尔为首的雅各宾党人以恐怖手段对付政敌，无数人未经正式审讯便被送上断头台，这当中有贵族、国王路易十六和王后、国民公会中的吉伦特派议员，后来连反对过分使用恐怖手段的雅各宾党人包括“革命三巨头”之一的司法部长丹东也未能幸免。

罗伯斯庇尔过激的手段终于导致了雅各宾派内部的反对，他也最终被送上了断头台。经历了10年的动荡，法国大革命终于以拿破仑建立的军事专政而告结束，法国开始进入拿破仑时代。

夏佩勒教堂（Sainte- Chapelle）

在西岱岛上警察局南侧，入口面向塞纳河，为巴黎圣母院同时代古老建筑，是圣路易王修建的哥特式教堂。其著名除它的古老历史外，更因绘有《圣经》故事的一组彩色玻璃受阳光照射时显现出夺目的色彩，而被称为“巴黎的宝石”，据统计属巴黎前五位最吸引游客的景点之一。

门票：8 €，含巴黎裁判所附属监狱博物馆的联票11€。

开放时间：同上述监狱博物馆，但中午12:30~14:15休息。

一般游览所需时间：30~40分钟。

交通：同巴黎圣母院，相距仅2分钟路。

近距离步行可参观之处：同巴黎圣母院。

西岱岛（Île de la Cité）**和圣路易岛**（Île St-Louis）**漫步**

位于巴黎市中心塞纳河上的西岱岛和东面以桥相连的圣路易岛是巴黎历史最古老的地方，巴黎作为一个城市就是在这里开始和发展的。这里所有的建筑都有相当的历史，也有很多故事，它一直是巴黎有钱有势的人居住的地方。绕着这两个小岛作一番漫步，看看这里的建筑和塞纳河两岸的风景也是一个不错的选择。更多背景资料介绍见“最早的巴黎——西岱岛”P.70。

一般游览所需时间：约1.5小时。

近距离步行可参观之处：同巴黎圣母院。

塞纳河游船和塞纳河上的桥（《世界遗产名录》——塞纳河沿岸）

乘双层游船游塞纳河，这是来巴黎旅游的经典项目，不可错过。从塞纳河上看两岸建筑和风景比在岸上看别有一番情趣。河两岸建筑几乎幢幢都有来头，塞纳河上的桥也是各有自己的故事，不少桥上有优美的雕塑，其中最美的要数亚历山大三世桥。现在河上共有32座桥，乘游船共穿过24座。

Bateaux parisiens公司有导游解说的塞纳河游船：

路线是从西岱岛起往东，绕圣路易岛后往西，到铁塔后折返到出发点，基本上横穿了巴黎最中心的地带。票价11€，12岁以下5€，3岁以下免费。全程1小时，有中文解说耳机，4~9月10:00~22:30每30分钟发一船（13:30和19:30无船），10月至次年3月10:00~22:00，最长间隔1小时发一船，特定时段30分钟发一船。乘船地点在艾菲尔铁塔和巴黎圣母院码头。

塞纳河水上巴士Batobus：

线路是环形线，基本上横穿了巴黎最中心的地带。停站： 巴黎圣母院、夏佩勒教堂、奥塞尔博物馆、爱丽舍宫、卢浮宫、巴黎市政厅、植物园。同样可作游船乘搭，但无解说服务。

船票：1天票13 €，16岁以下7€；优惠票9€ /2天票17€，16岁以下7€，优惠票9€/5天票20€，16岁以下10€，优惠票14€。无限次乘搭，任意上下船，每个码头设售票处。

营运时间：5~8月旺季10:00~21:30/3~5月和9~10月次旺季10:00~19:00/其余月份10:30~16:30。时间变更并非从当月1日开始，请自行查询。水上巴士公司电话：01-40627510。

一般游览所需时间：环线行程约1小时。

凯旋门至卢浮宫一片

卢浮宫博物馆（Musée du Louvre）**咨询电话：01-40205317**

位于塞纳河北岸巴黎正中心点，建于1190年，当时只是一个城堡，1546年改建成宫殿，至1682年路易十四将王宫迁往凡尔赛前这里是法国的王宫。但扩建则直到拿破仑时才完成。现卢浮宫是博物馆，共有4层达7万多平方米的200多个展厅。

正面进入先经过卡尔塞尔凯旋门至卡尔塞尔广场来到金字塔入口。卢浮宫博物馆是世界四大博物馆之一，展出年代从史前到19世纪中叶。分为9部分：1.中世纪的卢浮宫；2.古代东方文物和伊斯兰艺术；3.古代埃及文物；4.古代希腊、伊特鲁利亚和古罗马文物；5.雕塑；6.工艺品；7.绘画；8.书画刻印艺术；9.亚非美及大洋洲艺术。这里收藏着代表了人类历史上各个曾经辉煌过的各大洲文明的文物和艺术品，以及直到近代世界顶级艺术家的大量代表作，是一个名副其实的人类文明宝库，每一件展品都价值连城。更多背景资料介绍见“世界宝藏卢浮宫”P.78。

门票：9.5 €，18时后6 €，每月第一个周日免费，18岁以下免费；周五18时后26岁以下免费，持当日门票可出馆再入没有限制。金字塔主入口处有免费中文介绍资料。

开放时间：9:00~18:00，周二、元旦、五一、圣诞闭馆；周三、周五闭馆延至22:00。

一般游览所需时间：兴趣大的非艺术职业人士应用一天时间，按散步速度不停下观赏，走遍全部展馆也要近4小时。普通游客参观最好不少于2.5小时才能看到主要精品。

参观注意事项：金字塔为主入口，还有北侧地铁站入口，可携小包入内，大包免费寄存；可拍照和录像，禁用闪光灯和脚架；仅金字塔下大厅可进食，内设几处餐厅和咖啡厅。用信用卡购票排队的人较少，为免排队也可在指定商店购票。

交通：地铁1、7号线Palais Royal-Musée du Louvre站下，不用上地面直接从地下商场通道到达。

近距离步行可参观之处：紧接下面2处。

边走边读　巴黎卢浮宫美术名作欣赏

卢浮宫收藏的文物和艺术品不是某一个国家的，它是属于全人类的，它包括了世界不同文明不同时期的精品和最高艺术成就。为了不致错过其中最有名的作品，卢浮宫博物馆特意选出少量作品特别介绍给非艺术专业的人士了解，以下列出展品名称，括号为作者名，最后为所在位置。

地下一层（展厅入口）

马利的骏马（库斯图）马利中庭/米隆·德·克洛多纳（皮热）皮热中庭/圣路易斯的洗礼堂，又称盆器，伊斯兰艺术5厅/圣女玛丽·玛德莱娜，意大利11世纪C厅/女子像，古埃及A厅/西克拉德偶像，前古希腊1厅/耶稣基督与梅纳修士，埃及科普特时期C厅/中世纪卢浮宫城壕，叙利亚馆入口直入

一楼（Rez-de-chaussée）

菲利浦·波之墓，法国雕塑10厅/汉谟拉比法典，美索不达米亚馆3厅/萨艮二世王朝的人首翼牛像，同上4厅/阿巴达纳的宫殿柱头，古代伊朗12厅/艾因加扎勒的雕像，古代伊朗D厅/拉美西斯二世坐像，埃及12厅/米洛斯的维纳斯，古希腊16厅/夫妻合葬棺，古罗马18厅/垂死的奴隶（米开朗基罗）意大利雕塑4厅/丘比特与普赛克（卡诺瓦）意大利塑像4厅/楚毕库阿罗像（墨西哥），亚非大洋洲7厅

二楼（1 étage）

苏杰之鹰，装饰艺术2厅/拿破仑三世套房，装饰艺术87厅/骑蜗牛的侏儒，装饰艺术25厅/跛脚（朱西普德里贝拉），西班牙绘画26厅/蒙娜丽莎（达·芬奇），意大利绘画6厅/伽罗的婚礼（维罗耐斯），意大利绘画6厅/胜利女神，南侧楼梯口/六天使护圣母圣婴图，意大利绘画3厅/书吏坐像，埃及22厅/阿梅诺菲斯四世像，埃及25厅

三楼（2 étage）

编织女工（维米尔），荷兰绘画17世纪38厅/罗兰圣母玛利亚（艾克），尼德兰绘画15世纪5厅/丢勒自画像，德国15~16世纪8厅/作弊者（拉图尔），法国绘画24厅/小丑吉乐（华托），法国绘画36厅/玛丽·玛德莱娜-吉玛尔肖像（弗拉戈纳尔），法国绘画48厅/土耳其浴室（安格尔），法国绘画60厅/莫特方丹的回忆（柯罗），法国绘画73厅

杜伊勒里公园（Jardin des Tuileries）**和协和广场**（Place de la Concorde）

位于卢浮宫前的塞纳河北岸，在卢浮宫前卡尔塞尔广场以西的首先是杜伊勒里公园。这只是一个没有围墙的有树木和草坪的公园，但它在法国大革命时是杜伊勒里宫的所在地，这就是当年路易十六被送上断头台之前的囚禁之地。杜伊勒里宫于1871年毁于火灾。

穿过杜伊勒里花园往西就来到协和广场，穿过广场再往西就正对着著名的香榭丽舍大道了。协和广场中耸立有一座埃及方尖碑，这里是法国大革命当年设立断头台的地方。路易十六和他的王后都是在此被送上断头台的。

交通：地铁1、8、12号线Concorde站。

近距离步行可参观之处：同上一景点。

奥尔良王宫（Palais-Royal）

位于卢浮宫北侧马路对面，本是当时宰相送给路易十三的府邸，后为路易十四之弟奥尔良公爵所居住，实际上这里没有作过王宫。现在建筑所环绕的是一个长方形大花园，首层的房间已作商铺之用。花园可供参观，不需门票。

交通：同卢浮宫的地铁站，与卢浮宫隔一条马路。

近距离步行可参观之处：同上一景点。

奥塞尔美术馆（Musée d' Orsay）

位于塞纳河南岸与卢浮宫隔河相望，原是一个火车站，是巴黎一个较大型的艺术博物馆。展览内容与卢浮宫基本相同，是油画、雕塑、艺术品，但年代上却是卢浮宫展品的继续，被称为“卢浮宫第二”，年代从1848~1914年，有大量名家作品展品，主要按时间顺序排列。

门票：8 €，优惠价5.5€，每月第一个周日免费，18岁以下免费。电话：01-40494814。

开放时间：9:30~18:00，周四晚21:45闭馆，周一、元旦、五一、圣诞闭馆。

交通：地铁12号线Solferino站或RER快线C线Musée d' Orsay站下车。

近距离步行可参观之处：过桥杜伊勒里公园、卢浮宫博物馆、协和广场。

香榭丽舍大街（Avenue des Champs-Élysées）

巴黎闻名于世的商业大街，从凯旋门往东至协和广场，全长约2公里，宽约120米。商业区主要是靠近凯旋门的一段，这里有很多国际名牌专卖店、银行、航空公司、餐厅、商店等。每年7月14日的法国国庆，从凯旋门到这条大街是国庆游行的必经之地。这条大街代表了法国的现代风貌。

交通：可从凯旋门起漫步这条街，地铁1号线Ch.de Gaulle Etoile站或往东向的连续两个站，或9号线Franklin D. Roosevelt站下。

近距离步行可参观之处：西端凯旋门，东段爱丽舍宫、协和广场。

凯旋门（Arc de Triomphe）

位于巴黎市区西北面，由拿破仑一世建于1806年，1836年完工，是目前世界上最大的一座圆拱门，是拿破仑为了纪念1805年击溃俄奥联军而建，现在是巴黎和法国的标志性建筑，成为世界名胜。从顶上可远眺西北面巴黎新城区拉德芒斯的新凯旋门。更多背景资料介绍见“凯旋门和铁塔”P.76。

门票：到凯旋门下无须门票，上门顶平台门票9 €，优惠价5.5€，10月至次年3月每月第一个周日免费。18岁以下免费。从地下隧道购票及登顶。

开放时间：门顶平台4~9月10:00~23:00/10月至次年3月10:00~22:30，7月14日国庆日关闭。

摄影注意：凯旋门两面分别向东及西，上下午拍均可，上平台顶可拍香榭丽舍大街和附近建筑；入黑可拍巴黎夜景，但没有可依托的地方，也不准用三脚架（也许可用单脚架）。

交通：地铁1号线到Ch. de Gaulle Etoile站，东侧一个地下通道连接马路圆岛中的凯旋门，不要穿过马路，车多无斑马线。

近距离步行可参观之处：香榭丽舍大街。

艾菲尔铁塔至荣军院一片

艾菲尔铁塔（La Tour Eiffel）

位于巴黎市区西面塞纳河边，是巴黎和法国的标志性建筑，高320米，为世界名胜。建于1887年，原是为巴黎的世界博览会而建，现在是巴黎电视发射塔和游客登高俯瞰巴黎之处。铁塔南面长长的草坪和塞纳河对岸的夏约宫平台也是观赏的好地方。更多背景资料介绍见“凯旋门和铁塔”P.76。

乘电梯上二楼门票（second floor，是高57米最低层平台）：8 €/12~24岁6.4€/优惠票4€；走楼梯上二楼门票：4.5 €/12~24岁3.5€/优惠票3€/；二楼平台很宽阔，有餐厅；

乘电梯上顶层门票（top floor）：13 €/12~24岁9.9 €/优惠票7.5 €。这里高324米。顶层门票包括高115米的三楼平台和二楼平台，持二楼门票不能再上。三楼至顶层楼梯不开放。

开放时间：全年每天开放/6月13日~8月23日9:00~24:45，上顶层末班电梯23:00，其他层24:00，行楼梯9:00~24:45，最晚入门时间24:00/全年其余时间9:30~23:45，末班上塔10:30，顶层末班电梯22:30，行楼梯9:30~18:30，最晚入门时间18:00。

拍摄注意：除从塔顶拍摄巴黎外，从塞纳河对岸夏约宫平台和铁塔南面草坪，以及在游船上都可以取不错的景。晚上天近黑全塔亮灯，拍夜景可在塞纳河北岸近铁路桥处。

参观注意事项：铁塔下有两个电梯口均可买票进入，到达二楼平台要换电梯上第三层。顶层风很大，夏季黄昏时也很冷，停留时间长则应准备衣服。

交通：地铁6号线Bir Hakeim站下，如从凯旋门过来有6号线。

近距离步行可参观之处：夏约宫。

夏约宫（Palais de Chaillot）

位于凯旋门南面不远，这里是隔河看铁塔和拍摄的好地点，面对铁塔有一个宽阔的平台，很多游客聚集于此。夏约宫主体建筑是一座剧院，还是一个博物馆聚集的地方，共有3个博物馆：

海事博物馆（Musée national de la Marine） 门票6.5€/开放时间10:00~18:00/周二闭馆。

人类博物馆（Musée de l' Homme）展示人类自15万年前起的历史，装修后于2012年开放。

文化遗产之城（Cité de l'Architecture et du Patrimoine）门票8€/开放时间11:00~19:00/周二闭馆。

交通：地铁6号线Trocanero站下。

近距离步行可参观之处：凯旋门。

荣军院和拿破仑墓（Les Invalides）

位于艾菲尔铁塔东面、塞纳河南面，是以金色圆顶的拿破仑墓为中心的一组建筑群，外围有大片草坪。荣军院建于1679年，是法王路易十四为安置退伍残疾军人而建的，现在这里包括有拿破仑一世墓、法国国家军事博物馆、模型地图博物馆、圣路易教堂。拿破仑墓位于巨大圆顶之下，棺柩放置中央高台之上，周围有他儿子罗马王和几个最得力的元帅的棺柩。军事博物馆内容非常丰富，从法国中世纪时期的盔甲、武器、军服到二次大战时的武器军服都有，二楼长廊上展示各国各年代的大炮。顶层是模型地图博物馆，展示法国各地要塞城堡的模型，很有观赏和建筑美学价值。荣军院大院中有拿破仑高大的雕塑，非常具有个性。这里是巴黎最值得参观的地方之一。更多背景资料介绍见P. 83“荣军院和拿破仑墓”。

门票：8.5 €，优惠票6.5€，18岁以下免费。电话：01-44423772。

开放时间：4~9月10:00~18:00，10月至次年3月10:00~17:00。闭馆时间：每月第一个周一，1、5、11月第一天，圣诞。周日延长半小时闭馆。

一般游览所需时间：对军事感兴趣者要2~3小时。

交通：地铁8号线Latour Maubourg站（最近点）、Invalides站（8、13号合站，北面正面）、13号线Varenne站（东侧）。

近距离步行可参观之处：北面亚历山大三世桥、罗丹美术馆。

亚历山大三世桥（Pont Alexandre III）

是塞纳河上最美的一座桥，桥上雕有许多大型的雕塑，桥边的纪念碑上也有雕塑，都涂成了金色，雕塑造型优美，游船从桥下经过也可看得很清楚。

交通：这条桥南面正对荣军院，北面是作展览馆用的古典式建筑大皇宫（Grand Palais）和小皇宫（Petit Palais），穿过这两个建筑（也是艺术类博物馆）转左就是香榭丽舍大道。

近距离步行可参观之处：荣军院、经香榭丽舍大街过爱丽舍宫。

拉丁区一片

先贤祠（Panthéon）

位于巴黎拉丁区南面的小坡上，为路易十五将原来的圣女教堂改建而成，建筑位于坡顶的广场上，高大的圆顶使其成为巴黎的标志性建筑之一。法国大革命后，制宪会议决定将此处改为安放“法兰西自由时代的伟人”墓葬的地方。这里葬有启蒙思想家伏尔泰、卢梭，大革命先驱者之一的米波拉，法国大革命“三巨头”之一马拉，著名作家雨果、左拉，科学家居里夫妇等。室内有大型的雕塑群和大幅油画，地下层是墓葬。

门票：8€，优惠票6.5€，18岁以下免费。电话：01-44321800。

开放时间：4~9月10:00~18:30/10月至次年3月10:00~18:00，元旦、五一、圣诞闭馆。

一般游览所需时间：30分钟。

交通：地铁10号线Cardinal站，7号线Monge站。

近距离步行可参观之处：西北面巴黎大学、索邦大学、克鲁尼美术馆，西面卢森堡公园，西南面国立自然历史博物馆。

卢森堡公园（Jardin du Luxembourg）

位于巴黎南面拉丁区的免费公园，是巴黎市区内一片较大的绿洲，内有意大利风格优美的古建筑卢森堡宫。该宫始建于1615年，原为法王亨利四世的遗孀美第奇王后的寝宫，里面装饰非常华丽，现为法国议会所用。公园内树木繁茂，雕塑不少，在此可见到巴黎人的晨练。

交通：地铁4号线、10号线的Odéon站或RER的Luxembourg站。

近距离步行可参观之处：先贤祠、巴黎大学、索邦大学、克鲁尼美术馆。

拉丁区漫步（Latin）

巴黎的拉丁区是一个最有巴黎旧日风情的地区，这里有很多小餐馆、小咖啡馆、小旅馆，也是便宜旅馆较集中的地区，不少背包客喜欢在此下榻。由于这里聚集有8所大学，过去这里一直是具有自由思想的巴黎学生和思想界人物交流活跃之地，小咖啡馆就是他们经常去的地方。在这里漫步可以感受巴黎的拉丁风情。更多背景资料介绍见P.64“初入巴黎落脚拉丁区”。

蒙马特一片

蒙马特圣心大教堂（Basilique du Sacré-Cœur de Montmartre）

位于巴黎北面的蒙马特高地，面向巴黎市区。该教堂原是巴黎市政当局为1870年巴黎公社起义的58000名死难者而建的，落成于1914年，为拜占庭风格建筑，通体呈白色。高达100米的教堂耸立在山坡顶上，高高的圆形尖顶，在蓝天白云衬托下显得非常壮丽，成为巴黎一处标志性建筑。

开放时间：6:00~22:45，地下和拱顶9:00~17:45。

交通：地铁2号线Anvers站步行或乘左侧的缆车上山，也可乘12路Abbesses站步行上山。

近距离步行可参观之处：人像写生集市。

蒙马特高地人像写生集市

位于蒙马特高地的顶部，在圣心大教堂之侧，这里是山顶平坦之处形成的一个画家村般的地方，有很多给游客写生的小摊、咖啡座、旅游工艺品商店，就像一个写生市集。旅游旺季时山上人流不断，一些名家成名前亦常住此地，成为巴黎旅游的一道风景。

交通：同圣心大教堂。

近距离步行可参观之处：圣心大教堂。

巴黎蜡像馆（Musée Grévin）

又称格雷万博物馆，位于巴黎2区北面与9区相接的地方，在蒙马特地区以南的蒙马特大道10号，已有100多年的历史，由19世纪法国著名画家格雷万于1882年创立。里面场地较大，展馆布置配合灯光和场景，人物栩栩如生，连头发和汗毛亦很逼真。蜡像人物包括历史上各时代的人、近现代各行业的人，以及各类明星和现任各国领导人等。

门票：19.5 €，学生16.5 €，6~14岁11.5 €，优惠票9.5€，6岁以下免费。电话：01-47708505。

开放时间：周一至周五10:00~18:30，周六、周日学校假期和公众假期延至19:00。

一般游览所需时间：1~2小时

交通：地铁8号线、9号线的Grands Boulevards站下往西走，在大道的北侧。

圣丹尼大教堂（Basilique Cathédrale de Saint-Denis）

位于巴黎北郊属法兰西岛的圣丹尼镇。圣丹尼是一位早期天主教徒，因传教而殉难，人们为纪念他而建了这座大教堂。更重要的是这里是从公元5世纪克洛维一世到19世纪的路易十八都葬在这里，是法国的皇家陵园。圣丹尼教堂建于公元1136年，比巴黎圣母院还早20年，这里的国王陵墓是由一个个大理石基座砌成，死者葬在基座下，基座上是死者的躺卧雕像，不像中国的帝王那样以山冈为墓园。教堂集中了这么多的帝王，相当于中国的十三陵或清东、西陵，因此这里的历史沉淀十分丰富。

门票：入教堂不用门票，入陵墓区门票7€，优惠票4.5€，18岁以下免费。

开放时间：4~9月10:00~18:15，周日12:00~18:15，其余月份早1小时闭馆。电话：01-48098354。

交通：地铁13号线到Basillique de St-Denis站下，可作为市内景点看待。交通属3区，乘地铁仍可用1-2区的票。

蓬皮杜文化中心（Centre Georges Pompidou）

位于塞纳河北面巴黎市政厅以北，是建成于1977年的现代建筑，外形像一座炼油厂，其宗旨是帮助大众认识文化艺术。这里主要展示现代艺术，年代是在1914年以后。巴黎大型艺术博物馆从历史年代排起，奥尔塞艺术博物馆是承接卢浮宫，而蓬皮杜中心则是承接奥尔塞艺术博物馆。它是巴黎市民的文化活动场所，里面有国立现代美术馆、工业成就中心、公共图书馆、声乐及现代音乐研究所、电影院等。

门票：按淡旺季8~12€，18岁以下免费，每月第一个周日免费。

开放时间：11:00~21:00，周二和公众假期闭馆。

一般游览所需时间：浏览一下2~3小时。

交通：地铁1号线或11号线的Hôtel de Ville站，或11号线的Rambuteau站。

近距离步行可参观之处：南面巴黎市政厅，北面国立工艺美术馆。

巴黎唐人街（China Town）

在巴黎华人聚集的地方其实有多处，这里所说的唐人街是指位于巴黎东南面13区的唐人街，作为巴黎华人成群聚居的地点它应该是最早的。这里的华人主要是20世纪70~80年代从越南、柬埔寨和老挝迁移至此的，主要是广东潮州人、香港人。而20世纪90年代起大批迁入的浙江温州人现已在巴黎其他地区发展出几个聚居社区，包括蒙马特高地一带的社区。因已有较长的历史，这里有很多华人的餐馆、公司、商店和旅行社，到处都可碰到中国人，可以近距离地看看海外华侨的生活和工作场景。

交通：地铁7号线Porte de Choisy站下。

蒙帕那斯大楼（Tour Montparnasse）

位于巴黎蒙帕那斯火车站附近，高59层。由于几十年前巴黎就已立法不准在市内建超过10层的高楼以保持城市的原貌，因此现代化的商业大楼便建到了拉德芳斯，巴黎只剩下一座59层高的蒙帕那斯大楼可以登高望远，从这里拍摄巴黎景色也是不错的。

门票：上第56层360°全景观景台10.5€，16~20岁和学生7.5€，7~15岁4.5€。

开放时间：4~9月9:30~23:30/10月至次年3月的周日至周四9:30~22:30，周五、周六和公众假期延长半小时。

交通：同下面火车部分中蒙帕那斯火车站。

拉德芳斯（La Défense）

是位于巴黎西北郊的卫星城，东距凯旋门只有5公里，行政区属法兰西岛。到巴黎旅游的人，发现法国这么发达，会奇怪为何没有见到现代化的摩天大楼。拉德芳斯就是一个现代化大楼集中的地方，被称为“巴黎的曼哈顿”。因巴黎已立法不准市内建高楼，现代化商业大楼都建到了这里，这里现有约50多座大楼，最高的约四十几层。这里集中了几百家世界大公司，来这里便可以见到法国现代商业的另一面。高110米的新凯旋门（Grand Arche观景台门票9€/每天10:00~19:00开放）也在这里。

交通：RER快线A线La Défense站下。交通区域属于3区，但地铁1号线到西面终点站La Défense站就到，可用1-2区票。可列入市内游览计划。

巴黎双层敞篷观光巴士

行走市区内主要景点，有以下两家公司：一家是Les Cars Rouges。此公司价格为成人1天29 €，儿童15 €（4~11岁），有4条线路。地址为Quai de Grenelle路17号，电话01-53953953。另一家是S.L.T.-Paris L’Open Tour公司。地址为Rue Auber路13号；电话01-42665656。另还有6家观光巴士公司，请从旅游咨询处获取资料。

气球旅行（Ballon）

在巴黎市区西南面的塞纳河边、艾菲尔铁塔以南有一个Le Parc André-Citroën公园，有热气球升空旅行项目。每天9:30开始。票价成人每次10 €，周末和假日12€/12~17岁10 €，周末和假日9 €/3~11岁5 €，周末6 €/3岁以下免费。咨询电话：01-44262000。网址：www.aerophile.com。

交通：地铁10号线Javel André-Citroën站，或8号线Balard站下。

巴黎其他博物馆和美术馆

法国历史博物馆（Musée de l’ histoire de France） 门票3€/10:00~17:30/周二闭馆/地铁1号线Hôtel de Ville站或11号线Rambuteau站（P.131地图中的25）。

吉美国立亚洲艺术博物馆（Musée National des Arts Asiatiques-Guimet） 门票1小时4.2€/1.5小时6.3€/2小时8.4€/10:00~18:00/周二闭馆/地铁6号线 Boissière 站、9号线léna站。有大量19世纪起被运往欧洲的中国古典艺术品，此类艺术品比卢浮宫还丰富（P.131地图中的13）。

布朗利码头博物馆（亚洲非洲美洲文明博物馆Musée du Quai Branly）门票8.5€/介绍欧洲以外的文明发展和展示文物。现可能分成几个博物馆/地铁9号线léna站或Alma Marceau站（P.131地图中的16）。

巴黎现代艺术博物馆（Musée d'Art Moderne de la Ville de Paris） 门票5€/10:00~18:00/周一闭馆，很多现代艺术大师作品/地铁9号线Arrêts Alma-Marceau或léna下车（P. 131地图中的15）。

香水博物馆（Fragonard Musée du Parfum）：免门票/每天9:00~17:30/地铁3、8、7号线Opera站下（P.131地图中的21）。

罗丹博物馆（Musée Rodin） 门票6€/9:30~17:45/周一闭馆/地铁13号线Varenne站下（P.129地图中的8）。

毕加索博物馆（Musée Picasso） 门票8.5€/9:30~18:00/周二闭馆/地铁1号线St.Paul站下（P.131地图中的28）。

达利美术馆（Espace Dalí ）门票10€/每天10:00~18:00/地铁2号线Anvers站和12号线Abbesses站下车，均需乘上山电车或步行上山（P.131地图中的24）。

莫奈美术馆（Musée Marmottan Monet） 门票8€/11:00~18:00/

周一闭馆/地铁9号线La Muette站下。

中世纪博物馆（克鲁尼美术馆Musée de Cluny）门票8.5€/9:15~18:00/周二闭馆/地铁10号线Cluny-La Sorbonne站下。

巴黎历史博物馆（Musée Carnavalet） 免费/10:00~18:00/周一闭馆/地铁1号线St.Paul站下。

葡萄酒博物馆（Musée du vin）门票8.9€/10:00~18:00/周一闭馆/地铁6号线Passy站下。

国立自然历史博物馆（Musée National d’ Histoire Naturelle）门票9€/10:00~18:00/周二闭馆/地铁7、10号线Jussieu et站下（P.129地图中的10）。

贵族寓所博物馆（Musée Nissim-de-Camondo）门票6€ /10:00~17:30/周一、二闭馆/地铁2、3号线Villiers站下（P.131地图中的19）。

巴黎时装博物馆（Musée de la Mode de la Ville de Paris） 展示1735年起至今的巴黎时装/门票6€ /10:00~17:30/周一闭馆/地铁9号线léna站下（P.131地图中的14）。

国立民间艺术和传统博物馆（Musée National des Arts et Traditions Populaires）展示各时代法国人生活。门票4€ /9:45~17:15/周二闭馆/地铁1号线Les Sablon站下。

阿拉伯世界博物馆（Institut du Monde Arabe）门票5€ /10:00~18:00/周一闭馆/地铁7、10号线Jussieu et站下（P.129地图中的9）。

西岱工业科学城（Cité des Science set de l' Industrie）世界最大的科技博物馆，参观者可亲身参与尝试、体验现代科技和多媒体的活动。门票8€ /10:00~18:00/周一闭馆/地铁7号线Port de la Villette站下（P.130地图中的10）。

犹太历史及艺术博物馆（Musée d'Art et d'Histoire du Judaïsme） 门票6.8€ /11:00~18:00/周六闭馆/地铁11号线Rambuteau站、1号线Hôtel de Ville下（P.131地图中的26）。

名人故居

巴尔扎克故居（Maison de Balzac） 门票3.5€ /10:00~18:00/周一闭馆/地铁6号线Passy站或9号线La Muette站下。

雨果故居（Maison de Victor Hugo） 免费/10:00~18:00/周一闭馆/地铁1号线Bastille或St. Paul站下。

周恩来故居（Hôtel Neptune） 现为营业中的二星旅馆Hôtel Neptune，位于13区意大利广场附近的Rue Godefroy路15号，门前有绿色大理石碑和周恩来纪念铜像，据说当年周恩来住的是三楼16号房，现在你也可前往住宿。单人间价格62 €，双人间价格较便宜，为70 €，地铁5号、6号、7号线Place d' Italie站下（P.130地图中的6）。

其他

巴黎市政厅（Hôtel de Ville） 著名建筑/地铁1号线、11号线Hôtel de Ville站下（P.131地图中的27）。

巴黎歌剧院（Opéra de Paris） 参观剧院及博物馆门票6€ /每天10:00~17:00/地铁3号线、8号线、7号线Opéra站下。

爱丽舍宫（Palais de l' Élysée） 著名建筑，现为法国总统府，只在9月份免费开放，非开放时间可在门口看看外观/地铁1号线、13号线Champs-Élysées-Clemenceau站下（P.131地图中的20）。

巴士底广场（Place de la Bastille） 著名历史事件发生地，巴士底狱早已拆除/地铁1号线、5号线、8号线Bastille站下。

旺多姆广场（Place Vendôme） 著名历史事件发生地/地铁3号线、8号线、7号线Opera站下。

拉雪兹神父公墓（Cimetière du Père-Lachaise）多位世界级名人的墓地，免费/每天9:00~18:00/地铁2号线、3号线Père-Lachaise站下（P.130地图中的9）。

巴黎旅游综合信息

旅游信息咨询处（Office du Tourisme de Paris）

旅游信息咨询处是法国国家旅游局设立的为游客提供咨询和帮助的机构。巴黎旅游信息咨询处总部位于卢浮宫附近，另设6个分处。内有大量法国各地旅游资料可免费索取，包括中文巴黎旅游交通地图（地铁站也会有）。这里整天各国游客都很多，请注意按秩序排队咨询。节假日缩短开放时间。

©卢浮宫附近中心接待处地址：Rue des Pyramides路25号/10:00~19:00开放/RER：A线Auber站，地铁7~14号线Pyramides站下。

©蒙马特分处地址：Place du Tertre21号/10:00~19:00开放/地铁12号线Abbesses站，2号线Anvers站。

©火车北站分处地址：rue de Dunkerque路18号/8:00~18:00开放/RER：B和D线Gare du Nord站，地铁4号和5号线Gare du Nord站。

©Anvers 分处地址：Bd. Rochechouart路 72号/10:00~18:00开放/地铁2号线 Anvers站。

©火车东站分处地址：Place du 11 novembre 1918，在TGV到达站 Cour d’ Alsace出口/8:00~19:00开放/地铁4号线和5号线Gare de l'Est站。

©里昂火车站分处地址：Bd. Diderot路20号/8:00~18:00开放/ RER： A和D线 Gare de Lyon。地铁1号线和14号线Gare de Lyon站。

©凡尔赛分处地址： Place de la Porte de Versailles：1号/11:00~19:00开放/地铁12号线Porte de Versailles站，巴士39、80路Porte de Versailles。

小贴士：怎样利用旅游咨询处

一到达在机场旅游咨询处柜台就取资料，建议拿巴黎详细市区地图，因为任何导游书的地图都没有它的详细和准确，再拿主要介绍巴黎外围法兰西岛交通景点的地图（上印大字Touristes和有3个分别用○圈住的M，RER，T）。另外准备要去的法国其他地方写好一张清单让咨询员帮你收集资料，机场没拿够有空再到市内上述分处找，实在没有的才去当地旅游咨询处拿，免得每个地方都要跑旅游咨询处。手握各地详细地图你便如鱼得水。有空时便将自己要去的地方标在图上，没有一本导游书能有这么多详细地图。这是经验之谈。

小贴士：景点选择方法

巴黎景点选择按自己所知和上述景点介绍，结合门票价考虑。下面博物馆卡所列清单和全年免费参观清单中部分是上面没有介绍的，不少景点有免费日，多为每月第一个周日，请细看该景点介绍有关的信息，巴黎旅游局所列最多游客到达的景点前五位为：凯旋门、圣夏佩勒教堂、艾菲尔铁塔、巴黎圣母院、蒙马特圣心大教堂。

巴黎博物馆卡（Paris Musée Pass）

分为2日卡（32€）、4日卡（48€）、6日卡（64€）三种， 18岁以下免费，18~25岁有优惠。持卡可在巴黎及环巴黎法兰西岛区共60多个博物馆和纪念地免费无限制次数进入且不用排队（热点旺季经常排长队），最主要的景点和博物馆多已包括在内。如要去的景点基本在清单上则建议购买此卡。为方便读者作决定，已将清单译成中文并附正常门票价，大致按吸引力程度排列。用此卡每天只需10.7~16€，一天入两三个地方即值回票价。

该卡出售点在机场（戴高乐机场Terminal：1/2C/2D/2E/2F和奥利机场的旅游咨询柜台）、所有旅游咨询处、部分大的博物馆和纪念地。用卡当天起计算日期，在第一个用卡点写上当天日期和你的姓名并带上护照以备查验。清单如下（仅限常年展）。

巴黎博物馆卡在巴黎市区内的免费参观的景点

交通都在Zones 1-2区，门票后所跟☆号为本书景点中有介绍。

Tours de Notre-Dame巴黎圣母院南塔平台和钟楼8€☆

Crypte archéologique de Notre-Dame巴黎圣母院地下室3.3€☆

Conciergerie巴黎裁判所附属监狱博物馆（又名西岱宫）7€☆

Sainte-Chapelle夏佩勒教堂8€☆

Musée du Louvre卢浮宫博物馆9€☆

Musée d'Orsay奥塞尔博物馆8€☆

Arc de Triomphe凯旋门上顶门票9€☆

Musée de l'Armée-Tombeau de Napoléon荣军院和拿破仑墓8.5€☆

Musée national d'art moderne-Centre Pompidou蓬皮杜中心12€/现代艺术博物馆5€☆

Panthéon先贤祠8€☆

Musée du Quai Branly亚非美洲文明博物馆（布朗利码头博物馆）8.5€☆

Musée Rodin罗丹博物馆6€☆

Musée national des Arts asiatiques-Guimet吉美国立亚洲艺术博物馆8.4€☆

Musée national Picasso毕加索博物馆8.5€☆

Musée des Plans et Reliefs法国模型地图（城堡模型）博物馆（在荣军院）8.5€☆

Cité de l'Architecture et du Patrimoine文化遗产之城（巴黎古代建筑，在夏约宫）8€

Musée de la Mode de la Ville de Paris巴黎时装博物馆6€☆

Musée national du Moyen Âge中世纪博物馆8.5€☆

Institut du Monde Arabe阿拉伯世界博物馆5€☆

Musée national de la Marine国立海事博物馆（在夏约宫）6.5€☆

Musée de la Mode et du Textile法国纺织时装博物馆

Musée des Égouts de Paris巴黎下水道博物馆3.8€

Musée de l'Ordre de la Libération（二战时戴高乐领导的）自由法国运动博物馆7€

Musée des Arts Décoratifs装饰艺术博物馆8€

Musée des Arts et Métiers工艺品博物馆

Musée national de l'Orangerie国立橘园博物馆7.5€

Musée de l'Assistance Publique-Hôpitaux de Paris公共医疗博物馆

Chapelle expiatoire赎罪教堂

Musée du Cinéma电影博物馆5€

Cité des Sciences et de l'Industrie西岱工业科学城8€☆

Musée national Eugène Delacroix国立Delacroix故居博物馆

Aquarium tropical de la Porte Dorée热带水族博物馆4.5€

Musée national Ernest Hebert巴黎Ernest Hebert故居博物馆

Musée national Jean-Jacques Henner巴黎Jean-Jacques Henner故居博物馆

Musée de la Monnaie货币博物馆

Musée national Gustave-Moreau画家Gustave Moreau博物馆3€

Musée de la Musique音乐博物馆

Musée Nissim de Camondo卡蒙德博物馆6€

Musée de la Poste邮政博物馆

Musée de la Publicité法国广告博物馆

巴黎博物馆卡在巴黎郊外法兰西岛地区免费参观景点

景点介绍在下一章，门票后所跟☆号为本书景点中有介绍：

Musée national des châteaux de Versailles et du Trianon凡尔赛宫15€☆

Musée national du Château de Fontainebleau枫丹白露宫6.5€☆

Basilique royale de Saint-Denis法国皇家墓地圣丹尼大教堂7€☆

Musée Condé - Château de Chantilly尚蒂依城堡9€☆

Musée d'Archéologie nationale de Saint-Germain-en-Laye法国国家考古博物馆（位于圣日尔曼安雷城堡内）6€☆

Musée national des châteaux de Malmaison et Bois-Préau玛尔梅森城堡6€☆

Château de Vincennes万塞讷城堡8€☆

Château de Maisons-Laffitte法国古典建筑艺术Maisons-Laffitte城堡7€☆

Château de Rambouillet/ Rambouillet城堡5€☆

Château de Pierrefonds皮耶尔枫城堡7€☆

Musée et domaine nationaux du château de Compiègne国立贡比涅领土博物馆6.5€☆

Musée national de la Renaissance国立文艺复兴博物馆，位于Château d'Ecouen城堡6.5€☆

Maison d'Auguste Rodin à Meudon罗丹故居

Château de Champs-sur-Marne香波-休-马恩城堡☆

Musée de l'Air et de l'Espace法国航空航天博物馆（位于Bourget机场）

Musée national de Céramique国立陶瓷博物馆（位于Sèvres镇） 4€

Abbaye royale de Chaalis-Musée Jacquemart André皇家修道院的Jacquemart André博物馆，位于Chaalis

Musée national de la Coopération franco-américaine国立法国美国合作博物馆，位于Château de Blérancourt城堡

Musée départemental Maurice Denis莫里斯-丹尼斯博物馆

Musée national de Port-Royal des Champs国立皇家Champs博物馆

Villa Savoye/国家纪念地Villa Savoye萨伏伊别墅

巴黎旅行优惠卡（Paris Visite）

持该卡巴黎市内交通工具可通用（价格见P.114巴黎交通），持卡景点优惠清单如下，全部景点本书中有介绍：

巴黎旅行优惠卡

凯旋门上顶：20%折扣/正常票价9€

达利美术馆：6€/正常票价10€

亚非美洲文明博物馆6€（布朗利码头博物馆）/正常票价8.5€

先贤祠：20%折扣/正常票价8€

巴黎歌剧院：5€/正常票价8€

Bateaux parisiens一小时有导游解说的塞纳河游船：25%折扣/正常票价11€

巴黎双层敞篷观光巴士：25€/正常票价29€

Castle of Auvers sur-Oise奥文-休-奥瓦兹城堡：10€/正常票价11€

枫丹白露宫：比正常票价减2€/正常票价6.5€

Vincennes Castle万塞讷城堡：25%折扣/正常票价8€

巴黎迪士尼乐园：25%折扣/正常票价45~65 €

巴黎蜡像馆：30%折扣/正常票价19.5€

西岱工业科学城：6€/正常票价8€

France Miniature微缩法国：30%折扣

普罗万中世纪集镇世界遗产中心：5€/正常票价9.5€

蒙帕那斯大楼顶观景台：35%折扣/正常票价10.5€

老佛爷商场购物可获10%折扣，请查询限制条件www.galerieslafayette.com

丽都夜总会Champagne-Revue shows表演：50%折扣，正常票价最低90€

巴黎全年免费参观点（带☆号为本书景点中有介绍）

Musée d'Art Moderne de la Ville de Paris巴黎现代艺术博物馆☆

Maison de Balzac巴尔扎克故居☆

Maison Bourdelle20世纪法国雕塑家布尔代勒故居

Musée Carnavalet巴黎历史博物馆☆

Musée Cernuschi亚洲艺术收藏家Cernuschi收藏博物馆

Musée Cognacq-Jay18世纪艺术收藏家Cognacq-Jay收藏博物馆

Mémorial du Maréchal Leclerc de Hauteclocque et de la Libération de Paris - Musée Jean Moulin法国二战时期巴黎抵抗运动重要人物Marshal Leclerc和Jean Moulin纪念馆

Petit Palais， Musée des Beaux Arts巴黎小皇宫艺术博物馆

Maison de Victor Hugo雨果故居☆

Musée de la Vie Romantique浪漫生活博物馆（19世纪画家Ary Scheffer的家）

Musée Zadkine俄罗斯雕塑家Zadkine的故居博物馆

Musée national Jean-Jacques Henner巴黎Jean-Jacques Henner故居博物馆

Musée national de la Légion d'honneur et des ordres de chevalerie国立装饰历史博物馆（展示从路易十一时期起的装饰艺术，位于圣日耳曼安雷镇）

Musée Bible et Terre Sainte圣经和圣地博物馆

Musée-Librairie du Compagnonnage 手工业行会博物馆与图书馆

Musée Curie （Institut du radium）居里夫人博物馆

Musée du Parfum-Fragonard香水博物馆☆

Théâtre musée des Capucines-Fragonard第二香水博物馆☆

Musée de la Préfecture de Police警察博物馆

Arènes de Lutèce巴黎仅存的古罗马遗址

Atelier Brancusi（Centre Pompidou）蓬皮杜中心国立现代艺术博物馆☆

Le Plateau-Centre d’ art contemporain当代艺术中心

日程计划和最低费用预算

◆如果你只有1天时间

选择巴黎圣母院—西岱岛漫步—塞纳河游船11€—凯旋门—香榭丽舍大道—荣军院8.5€—艾菲尔铁塔13€。最好能抽时间入一下卢浮宫博物馆9€。（数字为门票价格）

最低预算费用（此概念是适用于学生和“苦行僧”类旅游者的，能吃干粮当饭、能经常步行、能与陌生人同住，不是一般旅行者的预算，以下全书同）：住廉价Hostel约20€，中午吃面包，晚上Hostel厨房煮饭4€，地铁1天票5.9€，不算门票共30€。

◆如果你只有2天时间

选择往郊外凡尔赛宫15€和枫丹白露宫6.5€（见法兰西岛部分介绍）。巴黎市内能安排2天的话第一天在西岱岛增加巴黎裁判所附属监狱博物馆8€，将上面的时间拉开，有些景点放到第二天，第二天参观3小时的卢浮宫9€，和去蒙马特高地看一下圣心大教堂和写生集市（数字为门票价格）。住40€/食8€/2天地铁日票11.8€/2天博物馆卡32€/艾菲尔铁塔13€，合计104€。如1天郊外减1日票加郊外车票，或另买覆盖该区的1日票。

◆如果你能安排市内3天的话

上面两天的安排实际上非常紧，卢浮宫和荣军院也只是匆匆而过，应将上面两天拉开，再增加拉丁区和塞纳河畔漫步、参观奥尔塞艺术博物馆和圣丹尼皇家墓地。住60€/食12€/2天地铁日票11.8€/2天博物馆卡32€/艾菲尔铁塔13€，合计128€。如1天郊外减1日票加郊外车票，或另买覆盖该区的1日票。

◆如果你能在市内安排第4天或以上的话（不算郊外法兰西岛部分）

在上述介绍的各博物馆、名人故居等地选择一些来参观，增加蓬皮杜文化中心和唐人街。如果时间充裕，不是匆匆而过的话，不将时间定死，在游览过程中不时遇到有趣的场面可停下驻足观赏，在风景优美之处的咖啡馆流连一下，欣赏够了才走；走走巴黎的大街小巷，看看当地人的市场；以悠闲的心情参观无数大大小小博物馆和与历史名人、事件有关的场所，那样的话在巴黎市内呆上大半个月也不会无处可去。制定巴黎的计划应同时考虑法兰西岛即巴黎的远近郊游览地，请参考下一章法兰西岛来制定计划，按本书价格资料计出预算。

巴黎周边可联游景点

此处指大巴黎（含法兰西岛）的周边，请参看下一章“法兰西岛”，稍远的有东南面的第戎、西南面的图尔、西面的圣米歇尔山、东面的斯特拉斯堡、北面的比利时布鲁塞尔。

特色菜和饮食

巴黎集中了法国各地的特色菜，法国美食是世界饮食文化中的西方代表，而巴黎则是集法国饮食文化特色之大全，了解巴黎的饮食实际上就是了解法国的饮食。为免重复，饮食部分请参考P.330“如何在法国就餐”。

购　物

巴黎被称为购物天堂，什么样的时尚物品都有，旅游者在巴黎购物有几处地方。

一流的名牌：引领西方服装时尚潮流的城市主要是法国巴黎和意大利米兰，巴黎可以说是世界时尚潮流的前沿，在巴黎找女士时装首推的是蒙田大道（Avenue Montaigne，地铁1号线和9号线Franklin D. Roosevelt站），这里是女士服装名牌汇聚之处，全世界的顶尖名牌都可以在这里找到。在蒙田大道转左或右就是香榭丽舍大道，这里也是世界名牌集中的地区，圣翁诺赫路（Rue du Faubourg St. Honoré，地铁9号线Saint-Philippe du Roule站）则是超级时髦精品的地方，如古董、香水、皮毛、水晶等。上述三个地方相互都在一站的步行距离。

这里最知名的品牌产品，其价格很多都不是中产阶级能够问津的，旅游者在此至少可以饱饱眼福，或可买些非一流品牌的服装皮具等，这是要比国内同等货品要便宜不少的。在7~8月份来正好遇上大减价，这是真正的减价而不是像国内很多商家的假减价。

巴黎的大百货公司：这是全世界向往到巴黎购物的人都想来的地方，相比于一流名牌店，这些百货公司的货品并非可望不可即，而且规模较大种类齐全，对不少商品的最新款式、新产品的了解就等于了解了世界同类商品的最新动向。下列几个主要的百货公司开放时间9:30~19:00，周四延至21:00，周日关闭。

市府百货公司（Bazar de l' Hôtel de Ville）位于Rue de Rivoli路，地铁1号线和11号线Hôtel de Ville站；

左岸百货商店（Bon Marché Rive Gauche）位于Rue de Sèvres路，地铁10号线和12号线Sèvres-Babylone站；

老佛爷商场（Galeries Lafayette）位于Bd Haussmann路，地铁3号线和9号线Havre-Caumartin站（P.131地图中的22）；

奥斯曼春天商场（Printemps Haussmann）位于Bd Haussmann路，交通同老佛爷。

跳蚤市场：位于Porte de Clignancourt（地铁4号线终点站）附近的圣多昂（St.Ouen）跳蚤市场是巴黎最悠久的跳蚤市场，每个周一、周六、周日从早到晚开放，这里什么旧货都有，衣服、家具、日用品、工艺品应有尽有。即使不买，也是一个观光的好去处。此外巴黎市内还有几个跳蚤市场。

娱 乐

各类表演：巴黎的夜生活较为著名的是附带晚餐的歌舞表演，这主要是为游客准备的，大都价格不菲。著名的有：

红磨坊夜总会（Moulin Rouge） 蒙马特大道附近，地铁2号线Blanche站下（P.131地图中的23）。

巴黎癫马夜总会（Crazy Horse Paris）地铁9号线Alma Marceau站下（P.131地图中的17）。

巴黎丽都夜总会（Lido de Paris）位于香榭丽舍大道，地铁1号线George V站下（P.131地图中的18）。

规模较大的就有10家，这些表演称为“艳舞”，但并非色情表演，附带晚餐价格更高，一晚会有几场，根据时间不同而价格不同，中国人知道较多的红磨坊夜总会价格如下。

晚餐加表演：19:00晚餐，21:00表演，按不同菜单每位150~180 €（有半杯香槟）；不含晚餐表演21:00开始每位102 €（有半杯香槟），23:00开始每位92 €（有半杯香槟）；不含饮料的表演21:00开始每位90 €，23:00开始每位80 €。场内严禁拍照和录像。6岁以下谢绝入场，12岁以下半价（仅限看表演）。红磨坊电话：01-53098282。

丽都夜总会价格：

日场含午餐和半瓶香槟酒的表演（午餐13:00，表演15:00）周三115€，周日125€。

夜场含晚餐和半瓶香槟酒的表演（晚餐19:30，表演21:30），按不同节目价不同，幸福之夜195€，精彩之夜160€，欢欣之夜140€，仅半瓶香槟21:30开场的情感之夜100€和仅半瓶香槟23:30开场的美妙夜色90€。

蒙马特区红磨坊所在的Clichy路是巴黎所谓的“红灯区”，有不少脱衣舞店，里面有小舞台表演，无须门票，最低消费一杯可乐就要30~35 €。你也可以一场只要一杯可乐。一场大约一个小时。

巴黎有不少歌剧院在不同时候上演歌剧与芭蕾舞表演，也有各种音乐会的演出，其艺术水平是一流的，来到巴黎的旅游者如果感兴趣的话可以在晚间欣赏一回真正的法国芭蕾舞或歌剧。要了解当时有什么歌剧或音乐会在上演可以到旅游咨询处了解。

夜生活：巴黎的夜生活与世界上很多地方差不多，除了上述表演性的节目外，还有就是市内各处的夜总会、歌舞厅、街头咖啡馆、酒吧等场所。旅游者最好是到塞纳河边或巴黎铁塔上看夜景，到一些广场散步，看看巴黎人晚上消闲的方式。巴黎市内有些景点，晚上会用射灯映照，衬托出美丽的夜景，特别是凯旋门和艾菲尔铁塔晚上一定亮灯。

巴黎月平均气温（摄氏度）

月份	1	2	3	4	5	6	7	8	9	10	11	12
温度	7	7	10	15	16	23	25	25	21	16	11	8

巴黎全年日出日落时间

月份	1	2	3	4	5	6	7	8	9	10	11	12
日出	8: 43	8: 20	7: 32	6: 27	5: 29	4: 50	4: 50	5: 22	6: 06	6: 49	7: 36	8: 21
日落	5: 03	5: 47	6: 32	7: 20	8: 05	8: 44	8: 56	8: 28	7: 32	6: 29	5: 29	4: 55

注：此表以每月第一日计，从表中可看出夏季和冬季差别很大，有助于确定去法国的月份。法国南部因纬度低一些，时间上有所偏差，但变化规律一样。

打电话、巴黎有用电话、银行邮局服务时间

从国外打电话到法国，先拨0033然后拨打对方的9位数电话号码（第1个数是区号，后8个数字是号码）。在法国打法国电话，要拨打所有10位数字，即区号前加0。法国打国外电话：须拨号码00+受话方国家代号+地区代号+受话方电话号码。您可以在邮局、烟草零售店和纪念品商店买到各种电话卡。

巴黎有用电话：医疗救护车15，报警17，火警18，巴黎警察总局01-55762000，急救医疗热线01-47077777， 英语紧急求助热线01-47238080，中国驻法使馆联系电话01-49521950。银行服务时间：周一至周五9:00~17:00，中午和公众假期休息。邮局服务时间：周一至周五8:00~18:00，周六9:00~12:00，总局24小时服务。如果寄明信片，可以在路边小杂货店买邮票然后投入马路边黄色的邮箱内即可。

巴黎交通

飞机

本书第四章已详列有关出入境国际航班的信息，此处仅涉及法国国内航空和廉价航空。巴黎是连接法国各地的航空枢纽，但机票价格昂贵，如要在法国乘国内航班，请参考P.248“比火车还便宜的廉价航空”。

火车

火车是法国主要地面长途交通工具，由法国国营铁路公司（SNCF）经营，巴黎是法国铁路中心枢纽，全国铁路网设计是以巴黎为中心呈放射状伸往全国并延伸至邻国的。横向虽有铁路线沟通，但直达车不多，TGV快车也不多。如果走放射状线经巴黎转车有时是绕了远路，但因车次密和快，可能比走横向更快，当然票价就贵很多了。乘火车知识见P.198“在法国乘火车”。

环巴黎有6个国营铁路火车终点站，没有一个叫“巴黎站”的，即没有像很多西欧城市那样的中央火车站。它们在市区的位置基本上代表它们的火车行车方向，前往不同的目的地会是不同的出发站。它们分别是：

1. 东南面的里昂火车站（Gare de Lyon）主要发往里昂、意大利方向的车。前往交通是乘地铁1号线、14号线Gare de Lyon站下，RER快线A、D线同名站下。

2. 南面的奥斯特里茨站（Gare d' Austerlitz）主要发往南面奥尔良和西班牙方向的车。前往交通是乘地铁5号线、10号线同名站下，RER快线C线同名站下。

3. 南面偏西的蒙帕那斯站（Gare Montparnasse）主要发往西南图尔方向的车。前往交通是乘地铁4号线、6号线、12号线、13号线同名站下。

4. 东北面的东站（Gare de l' Est）主要发往德国、奥地利、瑞士方向的车。前往交通是乘地铁4号线、5号线、7号线同名站下。

5. 北面偏东的北站（Gare du Nord）主要发往比利时、荷兰方向的车。前往交通是乘地铁4号线、5号线同名站下，RER快线B、D线同名站下。

6. 西北面的圣-拉扎尔站（Gare St-Lazare）主要发往英吉利海峡方向的车。前往交通是乘地铁3号线、12号线、13号线同名站下，RER快线E线同名站下。

巴黎各火车站的服务

有火车咨询窗口、自动售票机、自动密码行李保管箱、免费自取各线火车时刻表。

火车种类和从巴黎到法国主要旅游目的地参考票价

法国火车主要分为TGV快车和地区列车TER两大类。要注意同一城市TGV快车所停的站有可能与普通列车的站不同，站名后有TGV字样TGV车肯定停。这里提供法国国营铁路公司（SNCF）的网站以利读者查询点对点火车票价，以此考虑是否采用法国火车通票。www.tgv-europe.com/en/（只显示TGV快车的英文界面），www.voyages-sncf.com（显示包括普通列车，只有法文界面，如何使用见下面小贴士），www.raileurope.cn/中文欧洲铁路网（经比较这个网卖票贵），www.ter-sncf.com地区列车网站。

几年前TGV快车比TER地区列车要快和贵，近年来两者的票价已难分高下，TER行车时间也有与TGV差不远的，现在想选择便宜票价不是看车的种类而是看时间段。选择下列从巴黎到法国主要旅游目的地的最新票价（2010年）是给不熟悉英文和网络查询的读者参考。下列是二等票价，不分车类（主要是TGV快车），选择不可退票的便宜票种，其价格主要是因时间段不同而不同，少量特别促销价会低于下面所列最低价。怎样选择买便宜票见P.198“在法国乘火车”的介绍：从巴黎出发至下列城市二等车票价。

第戎28.6~44 €/尼斯72.9~116 €/里昂54~67 €/图尔30~56€/马赛55.7~88 €/斯特拉斯堡49~74 €/波尔多39~61 €/比利时布鲁塞尔53~64 €/前往法兰西岛各景区价格见所在景点部分中的交通。

小贴士： 查询上述法文界面火车网页

进入首页，左侧的Réservez votre voyage第一栏是火车Train，有两行可填空格就是出发站Départ和到达站Arrivée，与英文基本相同，再下一栏Aller le是选取出发日期，其右侧是可选择出发时间段，下一栏是返回日期无须填。页面设定是二等车，按红色的Rechercher键进入查询。出现一个表格，从上至下是：发车时间（还可在表下两个箭头选更早或更晚）、票价、行车时间、车类。有TGV或TER或其他城际列车。如果想更详细可用网页翻译或单词翻译。

巴黎市内交通

巴黎市内交通网有地铁、市内巴士、RER地下快线列车，它们共用巴黎交通票（习惯上称为地铁票）。它们遍布巴黎各个角落，基本上不用乘的士。到较远的郊外则有轻轨铁路与地铁站衔接。到几十公里外的景区游览，连乘车往返时间用半天也是可以的。

1. 地铁（法语为METRO）

用○圈住的M做标志，从1900年起投入使用。有14条线，总长度达400多公里，应该是世界上最密的地铁网之一。线路用数字标明，各有自己的颜色，车厢不分等级。每天早上5:20至半夜1:20运行，线路图在车站可以免费索取。巴黎地铁没有英文指示牌，要记住法文这几个词：入口（ENTREE）、出口（SORTIE）、转车（CORRESPONDANCE，通常用橙色灯箱显示，并注明衔接线路号码）、方向（Direction是指列车前进方向的终点站名）。不懂这几个词，在巴黎地铁密如蛛网的通道内就转不出来。

地铁入口处要用车票打卡才可通过，单次车票应保留至出站，有时会有查票员在出口处查票。地铁车厢门要自己用手开（注意其他乘客怎样做），上地面通道出口是弹簧门，巴黎人都会为后面紧跟的人拉住弹簧门不放手（要切记）；如果前面的人为你拉住门要道谢（Merci），否则显得很没有礼貌。地铁车票不要搞得皱巴巴的，以防自动剪票机不认，门就不会打开。各车站都有售票窗口，大站还有自动售票机，英文页面多有法文，比较麻烦，因此最好是一次买多张或用周票。

巴黎地铁转车标志，显示连接1号线和12号线，下面蓝底白字是出口

◎ 不懂外语自助游法国锦囊5

怎样乘普通地铁和RER快线地铁

如你在国内乘地铁无问题，乘巴黎地铁也不难，除上面所提的之外，其实全世界的地铁搭乘方法基本一样:

1. 将自己要前往的目的地在地图上找出来，然后找出附近最近的地铁站名称（景点介绍中都有），再看哪一路线停此站。

2. 将自己所在的地铁站行经的线路号在线路地图对应起来，看清楚在什么车站能够与目的站的线路连接，要转车的记住这个转车点的站名。

3. 顺着地铁线路图将自己要乘坐的列车所行方向的终点站找出并记住这个终点站名称。

4. 进入地铁站后寻找前往这个终点站方向的入口，会有路标提示。进入月台要看一下在月台上挂有前进方向终点站名的标志Direction，看这个词下面所列的站名是否与自己所行方向的终点站一致，否则便会去了相反的方向。

5. 上车后看车厢上线路表寻找自己要下车转车的站名，数一下有几站，留意沿途站名。每个车站月台上都有多个较大的蓝底白字的站名牌，确认到达后下车。

6. 在转车站下车后在月台上先看一下转车通道，通常是用橙色灯箱标有“转车”（Correspondance）这个法文单词和所连接的线路号码。如果不用转车，就寻找出口的法文标志Sortie。

7. 转车的按指引走入转车通道，这时要留意下一趟车所行方向的线路号码和终点站名。地下通道中经常会遇到三岔路口甚至十字路口，继续留意自己要走的通道，之后便是重复上面的程序，转多少次车都一样，乘RER也一样。

巴黎RER列车标志

2. RER地下快线列车

以○圈住的RER字母为标志的更深层运行的地铁，由于巴黎的普通地铁停站多而慢，于是在主干线上另成系统RER快线网络。它速度快，停站少，到郊外就出地面行驶，覆盖法兰西岛地区，成了穿过城市的快速通道。它在市内是连接普通地铁的枢纽大站。

RER有5条线，以英语字母A~E排列。有些线路有支线如B1、B2线等，要看自己的目的地是否要乘支线，在同一月台等车时，要看来的车车头所示号码是否自己所选的支线号，不是则继续等。运行时间每天从早上5:30至午夜。

在市区内地铁票乘RER是通用的（要根据你持的票的区域范围），一超出范围就应该下到站台买RER的票。不过作为在市内游览的游客如果因不熟悉而怕麻烦去了解怎样乘搭RER的话，完全可以不利用RER快线，地铁的车速已经够快，而且RER停站少也是一种不方便。但当你要快速穿过市区时，RER是最好的。欧洲铁路通票可以通用丁RER快线，不需再另买票，但需到票房换票。

3. 公共汽车

巴黎的公共汽车网络有400条线路，比地铁要密，分为日巴士（6:30~20:30，部分至凌晨1:30）和夜巴士（凌晨1:00~6:00），车站牌也有标明线路站名与票价，车票与地铁车票通用，使用方法一样也是按区域的距离计算，1-2区内用1张单次票，远的用2~3张，也可不用地铁票，直接向司机买一张超出1-2区范围的巴士票。站牌上都标有各站所属区，如果在市区外围，如从5区到4区，它就会比地铁便宜。上车自觉到车上打卡机打票，日票和周票使用者向司机出示。在车站等车要挥手车才停，到站前按铃下车，自己按开门按钮。

初到的游客并不熟悉要去的地方，不知何时下车，显得没有像地铁那样不用问人即可自己乘坐，所以还是乘地铁较好，也不用担心堵车。但如果要在巴黎呆的时间长，也熟悉了，巴士也有它的优势。

4. 有轨电车（tramways）

有T1、T2和T4线，地铁票通用，运行地区看巴黎交通图。

车票区域划分与票价

巴黎以区域划分确定交通票价，了解区域划分能合理地省钱。市区中心部分小巴黎20个区范围即交通的1-2区（Zone 1-2）范围，就是城市的圆心部分。半径再扩大，扩大了的部分就是3区（Zone 3），一共扩大至6区，概念与北京的一、二、三环差不多，越远价越高。区域的划分并不是圆形的，大致以此方式扩大，区域划分界线在交通地图上标明。

上述各种交通工具在相同区域内其车票通用，要决定的是买什么范围即买到哪个区（即哪一环）内的票，离市中心越远越贵。车票有次票、日票、周票和月票，车票可在每个站的售票窗口和自动售票机上购买。

地铁单次票（Billets à l'unité，也称为Ticket t+）：票价1.6 €，一次买10张（称为Carnets de billets）11.6 €（优惠票10张5.8，优惠票条件主要是关于年龄和残疾方面的）。单次票有效范围在1-2区内按数字排的14条地铁线，不分线路一次有效，不上地面出站，90分钟内怎样转都只算一次；乘1-2区内RER有效，超出区域要再买票；地面上巴士之间和有轨电车之间及两者之间90分钟内怎样转都有效。日票则是在该票限区内无限次乘搭上述各种交通工具，到零时后失效。

巴黎地铁票和RER车票

RER单次票：当你前往超出1-2区的目的地时就要买RER单次票，它大致以区计价，距离越长越贵。买票时说明站名。下面法兰西岛部分有交通价格介绍可作参考，如果你买的日票或周票范围覆盖这些区就不用另买单次票了。

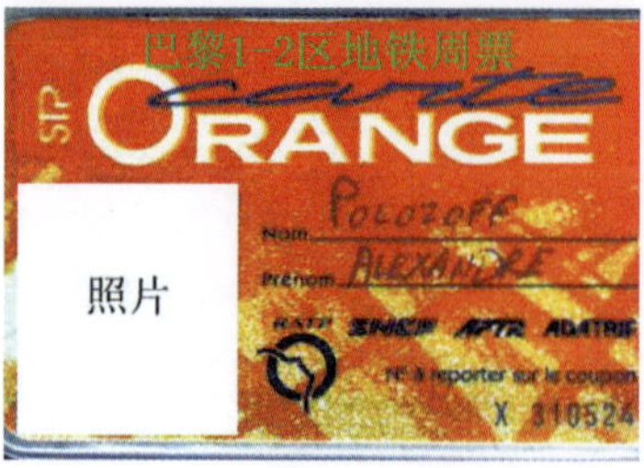

青年周末票（Ticket Jeunes）：周六和周日26岁以下青年优惠日票。

日票（Mobilis）：当天内无限次乘坐的票。

周票（Orange，通常就称橙卡）：按不同区价格不同周票只在周一至周日零时内有效。要用小一寸照片，在地铁站可以买到，在所买的区间不限次乘坐，周四起不卖本周周票，周五开始卖下周周票，遗失不退不补。

日票和周票的区域价格如下：

范围	1-2区	1-3区	1-4区	1-5区	1-6区
日票价 €	5.9	7.9	9.8	13.2	16.7
青年周末票€		3.3		6.6	8.2
周票价 €	17.20	22.70	27.90	33.40	37.60

巴黎旅行优惠卡（Paris Visite），全部交通工具通用，部分景点有20%折扣，清单见P.109。

区域范围	1天有效	2天有效	3天有效	5天有效
1-3区 €	9	14.7	20	28.9
1-6区 €	18.9	28.9	40.5	49.4

在巴黎如果只呆三天也是买周票最合算（也可考虑买巴黎观光套票）。买1-2区范围即可，上述巴黎景点全部在1-2区范围。如果要去法兰西岛的凡尔赛宫等地，或要到机场的可单独买要前往地点的票，具体价格参考景点资料。

5. 的士

巴黎的士分A、B、C三类票价

A.（白灯）：0.82 €/公里 巴黎市区即1-2区范围内10:00~17:00时段；

B.（橙灯）：1.10 €/公里 市区范围内17:00-次日10:00、周日、公众假期7:00~00:00、从市区到郊区7:00~19:00；

C.（蓝灯）：1.33 €/公里 市区范围00:00~周日7:00，从市区到郊区19:00~次日7:00，从市区到郊区周日和公众假日全天，从郊区到郊区任何时间。

巴黎的士起表2.2€，最低单程收费5.6€，等候和慢驶计费表会按每小时26~30€收费（按不同收费时段），前来接载收2.1 €，有第4个乘客加收2.7€ 。

6. 自行车出租

请登录www.velib.paris.fr/，这是巴黎市政府推荐的公共自行车租赁服务，价格便宜但需使用信用卡，考虑读者中有此需求的不多，为节省篇幅只提供查询网站。

7. 租车自驾

西欧的自驾车出租十分普遍，多数是跨国可异地还车的，已经形成了一种行业规范和制度，在此不作介绍。这里只提供戴高乐机场推荐的几家较具规模的租车公司，它们在机场都有营业点，其网站均有英文网页：www.avis.com，www.budgetrentacar.com，www.europcar.fr，www.hertz.fr。

8. 长途巴士

汽车总站在地铁3号线东边终点站Gallieni（无须上地面直接从地下通道可过），欧洲Euroline的跨国线路在此发车。也有部分巴士经停西北部新城区拉德芳斯（La Defense）地铁1号线西面终点站。

9. 郊线火车

除RER快线车之外，超出第6区范围的地方就只有乘法国国铁火车。这些列车也是短途和发车密集及车速不低的，从巴黎6个火车站都有这类列车，只要你到火车站售票处说明你要去的地点，就可以买到票。

巴黎住宿

巴黎是国际旅游城市，各种中高档酒店数量较大，被称为中高档旅馆的标准双人间价格在100~250 €的范围。最低级别的是无星小旅馆。在巴黎被称作是便宜的小型旅馆价格，对中国自助旅游者来说都不便宜，只是相对于当地其他旅馆而言。

考虑到本书主要针对节约型的中国自助旅游者，着眼点多在便宜旅馆，因此每晚房价在相当于人民币800元以上的基本不在介绍之列。巴黎的便宜旅馆价格是由其房间设施而定，有时一星不一定比二星便宜。淡旺季不同价，5~7月最高。最便宜的为露营地（见P.226的专门介绍），其次为青年旅馆（见P.224的专门介绍）和简易旅馆（Hostel），再到小型旅馆。

巴黎中低档小型旅馆房价约在70~150 €，此处只列出最低价部分，不少是包含中档房间的。在巴黎找另外的中档旅馆不难，不再单独列出。前往交通只列最易掌握的地铁，步行路段请看旅馆位置图。价格全部是旺季非周末价（要注意周末价会高一些），有厨房则列出。为节省篇幅，省略巴黎电话区号，有些通过网站预订的不提供电话和邮箱。更详细资料请登录同步列出的预订网站查询。

七八年前巴黎最便宜的是青年旅馆和小型旅馆，近年来多了不少背包客聚集的简易旅馆（Hostel），价格比前者要低，约20欧元，多提供厨房，免费上网或WIFI及各种背包客所需的服务，比小型旅馆更适合背包客。近几年也出现一批华人旅馆，虽然它有不少令人不如意的地方，但对于语言沟通感觉困难者还是有一定帮助，具体介绍见本节最后部分。本人认为自助旅游者住Hostel更易找到旅行的感觉。

巴黎的青年旅馆

有4家，离市中心虽较远，但因地铁方便，比其他城市更值得去住。旺季最好提前预订。也可不预订而去碰运气，因为每天都会有人退房。只要不是太晚去便行，反正乘地铁很快，也不用另付钱（买了日票或周票的话）。

● Paris Auberge “Jules Ferry” 青年旅馆（P.130地图中的1）

地址：Bd. Jules Ferry路8号，电话：43575560。

邮箱：paris.julesferry@fuaj.org。预订网址：www.hihostels.com

位置：距巴黎火车东站及火车北站南偏西方向5公里。

房价：多人间每床含早餐旺季价23 €。全年开放，24小时接待；地铁3号线、5号线、8号线、9号线、11号线République站下往东北方向走入bd Jules Ferry路约走200米。

● “Cité des Sciences” Auberge de Jeunesse青年旅馆

地址：Rue des Sept Arpents路24号，电话：48432411。

邮箱：paris.cite-des-sciences@fuaj.org，预订网址同上。

位置：在巴黎东北角，所属城镇名称为Le Pré Saint Gervais，旅馆在一所现代大楼内，提供所需全部必要的服务。全年开放，24小时接待，有客人厨房。

房价：多人间每床含早餐22 €。地铁5路线HOCHE站下步行200米。

● “Clichy” Auberge “Léo Lagrange” 青年旅馆（P.130地图中的2）

地址：Rue Martre路107号，电话：41272690。

邮箱：paris.clichy@fuaj.org，预订网址同上。

位置：位于巴黎西北部，所属城镇名称Clichy，在圣拉扎尔（Saint Lazare）火车站北偏西4公里。

房价：多人间每床含早餐22.7 €，全年开放，24小时接待，有客人厨房。地铁13号线在Mairie de Clichy站下往西北部方向走入rue Martre路约100米。

●Auberge “Le d'Artagnan” 青年旅馆（P .130地图中的3）

地址：Rue Vitruve路80号。

电话：33-1-40323456；传真：33-1-40323455。

邮箱：paris.le-dartagnan@fuaj.org，预订网址同上。

位置：位于巴黎市区东面，距欧洲连线汽车（EUROLINES）Bagnolet站5 分钟路程。

房价：多人间每床含早餐23.5 €，全年开放。接待时间：8:00~次日1:00。地铁3号线Port de Bagnolet站下，转往Vitruve路，步行约300米。

巴黎的便宜旅馆

只要你会去找，不住青年旅馆住简易旅馆也贵不了多少，位置选择是很重要的。这里介绍最多背包客选择的拉丁区（第5区），属市中心位置，晚上散步到塞纳河边和巴黎圣母院一带很近。这里小餐馆也很多，吃饭方便。巴黎的小旅馆没有聚成一片，而是分布相距不太远的一片中，一家不合适可步行往另一家，不会太远。有些旅馆是单人间便宜，有些是双人间或三人四人间便宜。周恩来故居也可以去住，请看下面介绍。

第5区（拉丁区）便宜旅馆

●Aloha Hostel旅馆 （P.130地图中的4）

地址：Rue Borromée路1号。预订网址：www.hostelworld.com

房价：多人间（6人）每床25 €。房价含早餐，有客人厨房。地铁12号线Volontaires 站。

●The 3 Ducks旅馆 （P.130地图中的5）

地址：Place Étienne Pernet 6号。

预订网址：www.hostelbookers.com

房价：多人间（8人）每床24 €， 多人间（4人）每床26 €。房价含早餐，有客人厨房。

地铁8号线félix faure或commerce站下车步行1分钟。

●Young and Happy Hostel旅馆（P.129地图中的1）

地址：Rue Mouffetard路80号。

预订网址：www.hostelbookers.com

房价：双人间67 €，4人间100 €，6人间138 €。

价格含早餐，床单另付2.5€ ，有厨房，24小时接待。地铁7号线place Monge站步行4分钟到。

●Le Central 一星旅馆 （P.129地图中的2）

地址：Rue Descartes路6号，电话：01-46335793。

房价：单人间35 € 起/双人间44 € 起。这家单双人间都便宜。这家是不能网上预订的。

地铁10号线Maubert Mutualité站下步行前往，位于餐馆的二楼。

●Marignan 无星旅馆（P.129地图中的3）

地址：Rue du Sommerard路13号。

电话：43546381 。

预订网址：www.hotel-marignan.com

房间设施/欧元 €	单人间	双人间	3人间	4人间	5人间
公共淋浴厕所	49/52	65/68	80		110
房间有厕所无淋浴	60/65	75/80	90/95	110/115	120/125
房间有淋浴厕所		85/95	110/115	125/135	145155

这家旅馆在市中心拉丁区，位置好，3人间、4人间、5人间特别便宜，有客人厨房。房价含早餐和WIFI（自带电脑免费无线上网），价格低的时段为8月1日~10月20日，价格高的时段为4月1日~7月31日。乘地铁10号线Maubert Mutualite站下。

●Grand Hôtel du Progrès 无星旅馆（P.129地图中的4）

地址：Rue Gay Lussac路50号。

电话：43545318。这家不能在网上预订。

拥有26间客房，单人间和宽敞的老式双人间窗外景观极好，可以欣赏到日出美景。房价包含早餐，公用淋浴设施免费使用。

房价：单人间46 €，不带卫生间35 €；双人间54 €，不带卫生间42 €；三人间不带卫生间55 €。

RER-B线Luxembourg站下。

●Gay Lussac 一星旅馆（P.129地图中的5）
地址：Rue Gay Lussac路29号，电话：43542396。
预订网址：www.paris-hotel-gay-lussac.com
这家双人间、3人间、4人间都便宜。

房间设施/欧元 €	单人间	双人间	3人间	4人间
房间有厕所无淋浴	50起	60起		
房间有淋浴无厕所	60起	65~70		
房间有淋浴厕所	65起	75~80	100	120

RER-B线Luxembourg站下步行5分钟，与上面那家同一条路。

●Esmeralda 一星旅馆 （P.129地图中的6）
地址：Rue Saint Julien Le Pauvre路4号，电话：43541920。
预订网址：www.eurocheapo.com
房价：单人间70 €，双人间85 €。
地铁4号线Saint Michel站下，或RER-B线Saint Michel Nortre Dame站下。

●Excelsior 一星旅馆 （P.129地图中的7）
地址：Rue Cujas路20号，电话：46347950。
预订网址：www.excelsior-paris-hotel.com
房价：单人间70 €，双人间98 €。
地铁10号线Cluny la Sorbonne站下，或乘RER-B线Luxembourg站下。

第1区（市中心卢浮宫所在区）便宜旅馆

●De Rouen无星旅馆 （P.131地图中的2）
地址：Rue Croix des Petits Chamos路42号，电话：42613821。
预订网址：www.hotelderouen.net
房价：单双人间无卫生间45 €，双人间60 €，有浴室无厕所55€。
这家各种房间都便宜。3人间、4人间较少，要事先联系。
地铁1号线Palais Royal-Musée du Luvre站下，或乘RER-A线Charles les Halles站下。

●Henri IV 无星旅馆 （P.131地图中的3）
地址：Place Dauphine广场25号，电话：43544453。

网址：www.henri4hotel.fr
房价：单人间无卫生间47 €、带淋浴59€、带淋浴和厕所69€；
双人间无卫生间52 €、带淋浴59€、带淋浴和厕所74€。
这家各种房间都便宜，地铁4号线Cite站下。

●De la Vallee 一星旅馆 （P.131地图中的4）
地址：Rue Saint-Denis路84-86号，电话：42364699。
预订网址：www.paris-hotel-lavallee.com
邮箱：hotel.de.lavallee@orange.fr
房价：单人间43 €，双人间49 €。
这家双人间、3人间便宜，地铁4号线Les Halles站下或乘RER-A线Charles les Halles站下。

第2区（市中心）便宜旅馆
●Tiquetonne 一星旅馆（P.131地图中的5）
地址：Rue Tiquetonne路6号，电话：42369458。
房价：单人间35 ~55 €，双人间55 €。这家较便宜。
地铁4号线Etienne Marcel站下。

●La Marmotte 一星旅馆 （P.131地图中的6）
地址：Rue Léopold Bellan路6号，电话：40262651。
预订网址：www.hotelmarmotte.fr
房价：单人间55 €，双人间65 €。这家双人间便宜。
地铁3号线Sentier站下或乘RER-A线Charles les Halles站下。

●Neptune 二星旅馆（周恩来故居） （P.130地图中的6）
地址：Rue Godfroy路15号，电话：42168729。
预订网址www.123france.co.uk
房价：单人间62 €，双人间70 €，3人间80 €，4人间89 €。这家双人间和3人间便宜。
巴黎东南13区意大利广场附近，乘地铁5号线、6号线、7号线Place d' Italie站下。

市中心塞纳河北第8区便宜旅馆
●Friend's Hostel旅馆 （P.131地图中的7）
地址： Boulevard de la Chapelle路122号。
预订网址：www.hostelbookers.com
房价：多人间（5人）每床16.5 €。未含税，无早餐，有客人厨房，24小时接待。

地铁2号线和4号线Barbes-Rochechouart站，从巴黎火车北站上，仅一站地铁。

●Le Montclair Montmartre旅馆 （P.131地图中的8）

地址：Rue Ramey路62号。

预订网址：www.hostelworld.com

房价：多人间（6人）每床20 €。房价含早餐，有客人厨房，24小时接待。

地铁12号线Jules Joffrin站下。

●Le Village旅馆 （P.131地图中的9）

地址：Rue d'Orsel路20号。

预订网址：www.hostelworld.com

房价：多人间（8人）每床20 €。房价含早餐，有客人厨房，24小时接待。

地铁2号线Anvers站下，从巴黎北站来可步行不远到达。

●Regent Hostel旅馆 （P.131地图中的10）

地址：Boulevard Rochechouart路37号。

预订网址：www.hostelworld.com

房价：多人间（8人）每床21 €。房价含早餐，有客人厨房，24小时接待。

地铁2号线Anvers站，从巴黎北站来可步行不远到达。

●Woodstock Hostel旅馆 （P.131地图中的11）

地址： Rue Rodier路48号。

预订网址：www.hostelworld.com

房价：多人间（5人）每床19.9 €。房价含早餐，有客人厨房。

地铁2号线Anvers站出站沿着小公园走到旅馆所在的Rodier街，旅馆在右边。

●Vintage Hostel旅馆 （P.131地图中的12）

地址：Rue de Dunkerque路73号。

预订网址：www.hostelworld.com

房价：多人间（5人）每床19.95 €。房价含早餐，有客人厨房，24小时接待。

从巴黎火车北站出与旅馆同名路的出口往右边走不远就到。

巴黎华人旅馆

近年出现的巴黎华人旅馆房价每人在20~40欧元，房价多是包早餐和晚餐的，基本上都是多人住一间厅或房，价格便宜，对英语水平较低者有一定帮助。遇上有人情味的房东可能令你觉得还是同胞亲切，甚至还会为你提供其他信息方面的帮助。

但由于华人旅馆多了，良莠不齐，也可能给你的旅行留下坏印象，所以不能期望过高。他们都是无牌经营的，未建立行业信誉，也没有网上支付的预订，旺季晚到不一定能保证已预订的床位，除非提早全额汇款（有些有此要求，建议不要接受，因为亦有电邮预订后不来的），位置多不在中心区，离地铁站也会不太近。不太懂英语者可考虑进行电邮预订。下面穷游网上这个地址链接了大部分巴黎华人旅馆的网页。

http：//bbs.revefrance.com/thread-532472-1-1.html

巴黎市区边缘的露营地（P.130地图中的7）

CAMPING DU BOIS DE BOULOGNE

地址：Allée du Bord de l'Eau 75016 – PARIS 。

电话：01-45243000。预订网址：www.campingparis.fr

位置：这是位于市区正西面较近的露营地。如果带有帐篷睡袋的话，每人价格低至5~10 €，适合于喜欢露营的背包客。

交通：地铁1号线到Porte Maillot站转乘224路巴士到达。

巴黎南部景点示意图

1. Young and Happy Hostel 旅馆
2. Le Central 一星旅馆
3. Marignan 无星旅馆
4. Grand Hôtel du Progrès 无星旅馆
5. Gay Lussac 一星旅馆
6. Esmeralda 一星旅馆
7. Excelsior 一星旅馆
8. 罗丹博物馆
9. 阿拉伯世界博物馆
10. 国立自然历史博物馆
11. 里昂火车站和旅游咨询处

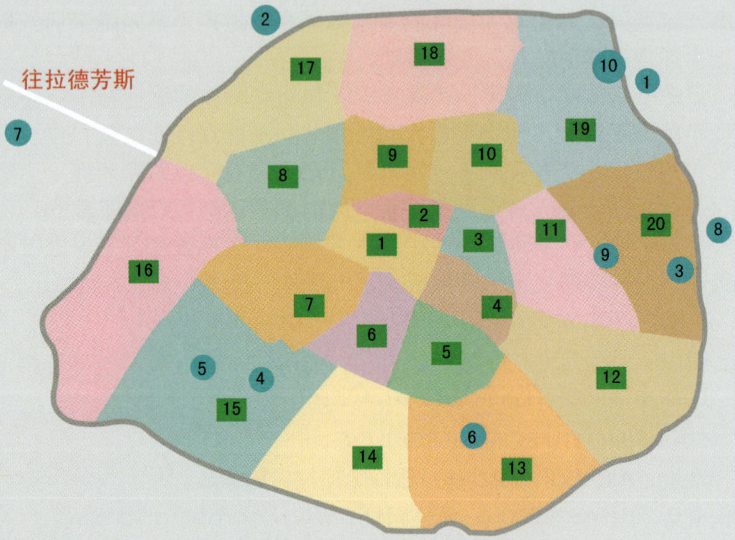

巴黎景点示意图

■ 这是巴黎20个区的代号，20个区范围就是巴黎交通1-2区范围。

1. Paris Auberge"Jules Ferry"青年旅馆
2. Clichy"AubergeLeo Lagrange"青年旅馆
3. Auberge Le d'Artagnan 青年旅馆
4. Aloha Hostel 旅馆
5. The 3 Ducks 旅馆
6. Neptune 旅馆（周恩来故居）
7. Camping du Bois de Boulogne 露营地
8. 巴黎Gallioni 国际线长途车站，Euroline站点
9. 拉雪兹神父公墓
10. 西岱工业科学城

巴黎北部景点示意图

i 旅游咨询处

1. Paris Auberge “Jules Ferry”青年旅馆
2. De Rouen无星旅馆
3. Henri IV 无星旅馆
4. De la Vallee 一星旅馆
5. Tiquetonne 一星旅馆
6. La Marmotte 一星旅馆
7. Friend's Hostel旅馆
8. Le Montclair Montmartre旅馆
9. Le Village旅馆
10. Regent Hostel旅馆
11. Woodstock Hostel旅馆
12. Vintage Hostel旅馆
13. 吉美国立亚洲艺术博物馆
14. 巴黎时装博物馆
15. 巴黎现代艺术博物馆
16. 布朗利码头博物馆
17. 瘋马夜总会
18. 丽都夜总会
19. 贵族寓所博物馆
20. 爱丽舍宫
21. 香水博物馆
22. 老佛爷商场和奥斯曼春天商场
23. 红磨坊夜总会
24. 达利美术馆
25. 法国历史博物馆
26. 犹太历史及艺术博物馆
27. 巴黎市政厅
28. 毕加索博物馆

◎ 不懂外语自助游法国锦囊6

入住旅馆（学习用法文地图从一地步行往另一地）

1. 乘地铁到达旅馆附近的车站下车出站后，先确定自己在地图上的方位，办法是找标着马路名的路牌，走到路口转弯的地方看两条相交的路各是什么路，再看地图就能确定自己所处的位置。懂得用指南针则更好，如果要问路出示中英对照第10条，不要以为在巴黎只有你语言不通，其实巴黎每天都有大量语言不通的人到达，完全无必要担心。

2. 法国的路名有很多个词，只需记住关键词（有时是两个）就行。路名中 Avenue（大道，缩写Av），Boulevard（大道，缩写Bd），Rue（路），路名中其他如de，La，des，du这些都不需考虑。地图的路名只能用原文，如果遇上不同的译法反而更混乱，因此要适应使用法文地图。

3. 在知道自己位置的情况下步行前往图上的目的地，这是自助游最基本的要求。到达旅馆核对招牌上的词是否与资料上的一致，还有门牌号码也可核对。

4. 到旅馆柜台递上预订单同时出示条子第11条，付清款后入住；如果未订旅馆则出示本书附件6最基本句型中旅馆部分的问句，用笔或计算器谈价钱。如果要了解旅馆情况可出示第12~14条（最好先在网上了解清楚便可少问）。

入住了旅馆，你的旅行已经成功了一半。结合锦囊之5的乘地铁和本条的步行到达目的地，你到达巴黎市内所有景点都不再有困难了。出示第15条是买景点门票的。

第六章

法国的北部：法兰西岛——路易十四时代的皇家森林和城堡

★凡尔赛宫和路易十四

法兰西岛（Ile-de-France）并不是一个岛，它是法国22个行政大区之一，是指以巴黎为中心，半径约100公里的环绕巴黎的郊区。这里有宫殿、森林、河流、大教堂、古堡、小镇，是以路易十四为代表的波旁王朝的繁荣文化造就了这片地区，其中最有代表性的地方首推凡尔赛宫（Palais de Versailles）。

游览法兰西岛一带的景点，其实就是巴黎的郊外游，多数人选择住在巴黎早出晚归，巴黎发达的外围交通网可以使你非常方便地前往法兰西岛的任何地区。乘地铁从巴黎市区到市区边的一个站，在此转RER郊线火车就可往离巴黎约20公里的凡尔赛镇。凡尔赛宫在镇的一侧，下车后步行前往便可。凡尔赛宫及其园林于1980年被列入《世界文化遗产名录》，在旅游旺季这里游人如织，到巴黎的游客大多都要来此一游。

在法国旅游不可能不接触到路易十四，他是法国历史上的一个亮点，是一个超越了他前任的所有国王、并且开创了一个文学艺术繁荣时代的君主，当然他也有很多缺点甚至是罪过。路易十四所生活和在位的年代与中国清朝的康熙皇帝几乎同时，他们之间也有着很多相似之处，如都是年幼即位，在位时间最长，善于征战及使自己的国家强盛，热爱文学艺术，善用人才。而路易十四在奢侈挥霍，耗费国家资财造成他的国家开始衰落，这方面却与乾隆皇帝相似。凡尔赛宫就是由他所建。

凡尔赛宫位于一片森林的前面，后面的森林是它的庭院。这里原来

凡尔赛宫花园风光

凡尔赛宫内景

是路易十三的狩猎城堡，后来路易十四厌倦了巴黎的喧嚣，而且他酷爱来这里的森林狩猎，于是下令要在此建造“有史以来最大最豪华的宫殿”，以象征波旁王朝的强大；还有就是路易十四当时参加财政总监富凯在他新落成的弗子爵堡（Château de Vaux-Le-Vicomte）的宴会，感到富凯的居所比王宫还要富丽，便决意要建一座超过富凯的王宫，后来还以“贪赃枉法”的罪名逮捕了富凯。1668年凡尔赛宫开始兴建，1682年路易十四便把宫廷从卢浮宫迁来此处，从此凡尔赛成了法国的政治中心，开始了它107年的辉煌时代。

路易十四死后继位的路易十五也继承了他挥金如土的传统，国家危机日深，到路易十六时已无法挽回颓势，虽然他也想法改革和试图保住王位，终因大势已去，被法国大革命的浪潮吞没，他被民众挟持离开凡尔赛宫前往巴黎，最后死于断头台上。凡尔赛宫也受到了破坏，从此再

巴黎郊外的凡尔赛宫

没用作王宫。1837年，奥尔良王朝的路易•菲力浦修缮凡尔赛宫，并将其改为法兰西历史博物馆。

在巴黎参观卢浮宫只是参观博物馆，而凡尔赛宫才是以王宫的面貌面向公众。今天的凡尔赛宫保留了波旁王朝时的布置，名闻天下的镜厅是当年国王会见大臣和贵族的地方，并兼作舞厅之用，1919年第一次世界大战结束后著名的《凡尔赛和约》就是在此签署的。

宫内可参观的还有路易十四套房、各王妃王太子套房等，房间布置非常华丽，天花板由巨画装饰，门厅陈设有精美的雕塑，墙上挂有当年各主人的肖像画，当年波旁王朝宫廷的奢侈生活展露无遗。地面首层有法国国家历史博物馆、国会大厅，这是当年路易十六召开“三级会议”即国民大会的地方，法国大革命便是由此而起。虽然现在的凡尔赛宫有很多房间没有对公众开放，但如果事先了解清楚历史背景，来这里参观是会觉得收获良多的。

穿过凡尔赛宫正面的建筑，后面就是世界著名的凡尔赛宫庭院。路易十四为了能坐在宫中看到森林、河流、花圃，亲自参与设计了这个庭院，这在卢浮宫是不可能做到的。庭院非常大，有花圃排成的各种图案，花圃间还有不少精美雕塑。宽广的庭院中间是一条巨大的十字形人工运河，正面是海神尼普顿驾马车的一组雕塑。运河两侧为一大片森林，轻风吹来，河水荡起阵阵浪花，荡舟其上，可尽享大自然的美妙。森林一侧还有凡尔赛宫附属的大翠农宫、小翠农宫。凡尔赛宫奢靡之风一时成了欧洲各国王室的样板，之后欧洲便出现一些称为某某国的凡尔赛宫的宫殿，可见它影响力之巨大。

凡尔赛宫后花园的喷泉

边走边读　路易十四与他的名言“朕即国家”

路易十四是法国中世纪以来最著名的国王，从1643年5岁登基到1715年77岁逝世，在位长达72年，是目前所知世界上在位最长的君主。

路易十四未成年时实际管治国家的首相马萨林在遗嘱中告诉路易十四，不要再设首相，国王应该独揽大权。欧洲的封建制一直以来是以采邑制为主，也就是国王将土地分封给贵族，有点像中国古代周朝的分封制，因此贵族在自己的领地内比较独立自主，相对来说王权便被削弱了。

路易十四相信君权神授，认为他是上帝的代表，因此亲政后他一改过去的传统，要成为专制集权的强力君王，削弱贵族诸侯的权力，他在22岁时就宣称国家主权属于他一人。

他集大权于一身，人们称他为“太阳王”，他事必躬亲、勤于理政，并通过财政改革使国库充盈。他在位期间征战不懈，且胜多输少，使法国成为当时欧洲最强盛的国家，其成就超过了历史上的法国君主，这是法国历史上最鼎盛的时期。

他也善用人才，在他统治时期法国人才辈出，他成为法国艺术家的资助人，这一时期法国的文学、艺术、建筑、绘画、歌剧都进入了最灿烂的时期，从意大利手中接过了欧洲文艺复兴的接力棒成为欧洲的文化中心。但路易十四高度专制、穷兵黩武，并大建宫殿，奢侈挥霍，极大地消耗了法国的国力，使法国开始从顶峰衰落。

他留给后世的名言是“朕即国家”，确实也成为法国的杰出代言人。

拿破仑的皇宫
——枫丹白露宫

枫丹白露宫景色

★拿破仑的皇宫——枫丹白露宫

枫丹白露（Fontainebleau），一个非常浪漫而富有诗意的名字，这是中国20世纪30年代著名诗人徐志摩所译的名字，令人联想起经秋天早晨的霜露，枫叶更红的景象，而在法语中这是“美丽的泉水”的意思。枫丹白露是位于巴黎南面60公里一个安静的小镇，因为有法国王室的枫丹白露宫和大片的森林而著名。从巴黎的里昂火车站乘火车到达枫丹白露镇，再转镇内巴士或步行便可来到枫丹白露宫。

枫丹白露宫也是王宫，它最早在12世纪初由法王路易六世在此修筑城堡，作为狩猎时休息之用。这附近的大片森林在当年确是狩猎的好地方，因此历代法国国王均来此狩猎。从16世纪起，历代国王不断扩建修缮，使之成了一个规模不小的宫殿建筑群，王室不少婚丧大事、仪式大典在此举行，但正式王宫还是在凡尔赛。法国大革命时，枫丹白露宫也受到民众的破坏，并空置起来。拿破仑当政后，他酷爱枫丹白露宫的环境，于是斥巨资维修，将宫殿变得美轮美奂，他就以此宫为自己的皇宫，在他统治时期，帝国的很多重大决定就是出于枫丹白露宫。

与凡尔赛宫终日熙熙攘攘的热闹场面相比，枫丹白露宫即使在旅游旺季也游人不多，真正显出它的宁静、优雅。经过了凡尔赛宫的喧闹之后来到这里，你一定会更喜欢枫丹白露宫。其实枫丹白露宫的排场及豪华程度绝不逊色于凡尔赛宫，铁栏围着的前院，有一大片绿草如茵的草坪，正面有一个马蹄形分成两面上的楼梯，这是枫丹白露宫的特有标志。宫里面有很多房间，也有与凡尔赛宫镜厅差不多的长廊。宫内的大

枫丹白露宫内景

小客厅、套房保留了拿破仑在此居住时的陈设，由天花装饰画、壁炉、雕塑、挂毯、地毯、鎏金家具以及玻璃大柜中的各种艺术品和谐地构成了富丽堂皇的空间，虽然比凡尔赛宫稍显陈旧，但却不失高贵典雅。与凡尔赛宫参观时人推着人走的情景相比，你在此可以从容地看说明，细细地品味宫廷生活的细节，想象一下当年拿破仑在此的情景。

枫丹白露宫正面的楼梯

枫丹白露宫由一排长长的建筑构成，后面就是它的庭院，庭院没有凡尔赛宫那样大的气魄，但却少了很多人工斧凿的痕迹，有一种自然天成的感觉，因为这里有湖泊、面积更大的森林、更高大浓密的古树，空气清新，非常安静，让人感觉轻松。近宫殿处也有一大片的花圃图案庭院，因为这里人少，可以慢慢观赏。

枫丹白露镇附近有一大片森林，为著名的枫丹白露森林。以前这里就是历代国王狩猎的地方，今天森林依旧，树木高大挺拔，浓荫密布，林中有为步行者穿越森林的路，且有路标牌。离开宫殿，穿越一下著名的枫丹白露森林也是一种亲近大自然的健康活动。

★圣日耳曼安雷

在巴黎西面的圣日耳曼安雷城堡是距巴黎最近的城堡，这是路易十四的出生地。从巴黎乘地铁转RER的A线车就到达这里。沿途所经，塞纳河淡绿色的河水缓缓流淌，两岸树荫浓密，车窗外的树林中不时掠过幢幢色彩纷呈、造型优美的房子，给人一种超凡脱俗和安闲宁静的感觉。圣日耳曼安雷是一个郊外小镇，下了火车上到地面就可以看到古城堡就在车站对面。城堡建于16世纪，是弗朗索瓦一世所建，今天的城堡是根据原样复原的，与当年完全一样，也依然保存着城墙和已干涸的护城河。

城堡为方形四层建筑，中间围成院落，四面均有很多窗户。现在这里被辟为法国国家考古学博物馆，里面展厅面积不小，陈列了法国从原始时代起的考古挖掘成果。从这里可以看到法兰西艺术的原始时代，这是完全不同于东方的另一文化源头，现在到处看到的美轮美奂的雕塑其实经过了很长的历史发展过程。挖掘出来早年的石雕工艺很粗糙，随着年代的后移不断精细，从中可看到古希腊、古罗马时代的影子，从天主教统治时代开始，雕塑方面有了更高的艺术水平，在文艺复兴时代达到了至高的境界，从中可以看到宗教对艺术发展的重要作用。这里游人很少，在静静的博物馆中探寻法国的历史和艺术发展史是一种意味无穷的体验。

走出城堡，是一大片欧式花圃草坪围成图案的庭院，这里一年四季均有不同的鲜花。庭院边上是一个宽阔的高台，静静的塞纳河在高台下不远处流过。圣日耳曼安雷城堡是扼守巴黎西面的要塞，从这高处的观景平台上可望到远处巴黎市区的建筑。沿平台往前就是森林的入口，如果时间充足，不妨走走这里的森林，森林中潮湿的空气是一种自然的美餐。这里是巴黎人喜爱的郊游之地，假日有不少巴黎人拖家带口来这里更近地享受大自然，而平时则清幽宁静。

巴黎郊外尚蒂依古堡

★巴黎郊外的尚蒂依古堡

到法国如果没有时间去卢瓦尔河谷看古堡，巴黎北面的尚蒂依古堡可以补偿您的遗憾。从巴黎火车北站乘车约40分钟便来到尚蒂依镇，这是一个安闲宁静的小镇。火车站离古堡有2.5公里，没有公交车，但这正是步行法国乡村的好时机，沿着大路不久便来到赛马场，穿过宽广的赛马场青草地，很快便来到古堡。

尚蒂依城堡建于1560年，法国大革命时期城堡受到了破坏，1875年到1885年，当时法王路易•菲力浦之子对城堡进行了增建和重修，增建的部分与古老的城堡和谐地结合在一起，看不出有风格上的区别。现在城堡内设有孔德博物馆，展示当年城堡主人孔德公爵收藏的绘画作品，其中有不少名家作品。城堡内部还展示着当年城堡主人的生活起居环境，还有一个收藏有3000多册11世纪图书的图书馆，这些都是价值不菲的珍品。

尚蒂依镇赛马博物馆

尚蒂依古堡

尚蒂依古堡

远远看见古堡，便被它华丽的气度所吸引，只见一座精致典雅、文艺复兴式的城堡被森林和湖水所环绕，城堡顶堡为蓝灰色，由造型不同的圆拱尖顶、尖塔组成，主体是用石砌的两层建筑，一条石桥使它与湖岸相连，既显威严也不失风雅。古堡前的庭院，有规整的草坪、花圃和喷泉，旁边还有古树、草地和大片的森林。蓝天白云和古堡、森林、湖水构成完美的风景，衬出一种法国古典风情。但它也是现代的，古堡是当地人举行结婚典礼的地方，不时见到漂亮的新娘子穿着古典式的拖地婚纱，而新郎除穿礼服的外，还有穿挂有金色花边和绶带的漂亮法国军服，腰挎长剑的，非常威武。新人们以微笑向拍摄他们的游客打招呼，幸福就写在脸上。在一群亲友的簇拥下，新人们都在湖边以风景如画的古堡为背景拍摄。坐在森林边的草坪大树下，面对像浮在湖上的漂亮古堡，你会忘掉时间和归程。

在法兰西岛地区，除上述所介绍的之外还有不少可去的地方，如弗子爵堡、夏洛特尔大教堂、贡比涅城堡、皮耶尔枫城堡、奥瓦兹村天才画家梵高最后的居所、吉维尼镇著名画家莫奈故居等等。如果都要去的话可能还需三四天的时间，在有限的时间内只能选择自己最喜爱的地方，其他的就只能忍痛割爱了。

我在法兰西岛游览期间一直住在巴黎，每天早出晚归与巴黎上下班的人挤在一起乘地铁，心中不时想到，如果我是巴黎人那该多好，这么优雅、这么浓的历史文化和艺术气息的城市，我是还会再来的。

法兰西岛实用指南

法兰西岛概况

法兰西岛(Ile de France)，它是法国的22个大行政区之一，是以巴黎为中心，半径约100公里的环绕巴黎的郊区。包括8个省，面积约1.2万平方公里，人口约1100万，通常称为大巴黎，正式名称叫法兰西岛。之所以称为岛，是因为它是被河流所环绕的平原，另外，这是王室的领地，习惯上便称为法兰西岛。自从巴黎于1961年有了建筑限高立法后，高楼的兴建便移往拉德芳斯区，很多企业都在巴黎外围的法兰西岛发展，因此这里除了很多古迹和森林外，还是现代法国的重要商业基地。

法兰西岛景点

巴黎西南方向（以巴黎为中心按方向排列景点）

凡尔赛宫（Palais de Versailles）世界遗产

位于巴黎西郊约20公里，是世界著名名胜，建于1668年，从1682年路易十四将宫廷迁此正式作为王宫起到1793年法王路易十六被送上断头台止有100多年作为王宫的历史。凡尔赛宫的镜厅在1871年普法战争期间曾被入侵的德意志开国皇帝威廉一世作加冕之用，1919年第一次世界大战之后的《和约》也在凡尔赛宫的镜厅签订。

凡尔赛宫建筑面积达11万平方米，包括镜厅、歌剧厅、礼拜堂、战神厅、战事厅、王妃厅等。宫内御花园面积达670公顷，内有一条十字形的人工运河，花园内有喷泉、雕塑、砌成各种图案的花圃；另外还有大小翠农宫两座小型宫殿。大翠农宫（Grand Trianon）是路易十四作为度假别墅之用，小翠农宫（Petit Trianon）是路易十五送给其情人巴利夫人的。还有在法国大革命中被送上断头台的路易十六王后玛丽的庄园。

门票：花园免费（除有音乐会的日子），11月~次年3月每月首个周日全宫免费，其余时间分四种门票，价格均含自动语音解说器（有中文）。

1.全包价18€，包括宫内全部开放房间（路易十四套房、镜厅、王后套房、王太子及妃子套房、法国国家历史博物馆，博物馆内含十字军东征厅、17世纪厅、战争厅、1830年大厅）、大小翠农宫和玛丽王后庄园。如果碰上有音乐会，全包价为25€。

2.主要部分参观价15€，比全包价少了大小翠农宫和玛丽王后庄园。

3. 大小翠农宫和玛丽王后庄园参观价10€。

4.双人票19€。只在周四和有些周二出售，入场时间限于10:00~12:00，11:30起停售。

开放时间：旺季4~10月9:00~18:30，周一闭馆（花园开放），花园每天8:00~20:30；11月至次年3月次旺季17:30闭馆，花园8:00~18:00开放，周一闭馆（含花园）。每年圣诞、元旦、五一、4月5日、5月24日、11月1日闭馆。

一般游览所需时间：如从巴黎来，往返不少于半天，旅游旺季要早到，大批游客到达后要排队一两个小时才能进入。如用博物馆卡则不需排队。

参观注意：凡尔赛宫广场左侧的旅游信息咨询处有免费中文参观介绍资料。室内允许摄影和录像，不需另收费。

交通：从巴黎来乘RER快线C5线到终点站Versailles-Rive Gauche站。交通属第4区，如只持1-2区票可在Issy-Val de Seine站下车再买票，票价2.95€。可买往返票免得回程再买。车次密，不需看时刻表。下车出站往右边走，到路口往左不远便到。

圣日尔曼安雷城堡（Château de Saint-Germain-en-laye）

位于巴黎西郊，距巴黎23公里，是一座文艺复兴式的城堡，坐落在小镇边上，建于16世纪，是历代国王行宫，也是路易十四出生地。城堡现已辟为法国考古博物馆，馆藏丰富，可以看到西方艺术的起源和发展过程。城堡外面是一个很大的西式花园，旁边有大片的森林，建在山边的花园观景台可以观赏塞纳河风光，还可以远眺巴黎市区，见到艾菲尔铁塔。

门票：入庭院不需门票，入城堡看博物馆6€，优惠票4.5€。

开放时间：10:00~17:15，周二闭馆。

一般游览所需时间：城堡和花园2小时。

交通：从巴黎来乘RER快线A1线到终点站圣日尔曼安雷镇，出站台上到地面就是城堡。交通属4区，持1-2区地铁票的需在艾菲尔铁塔的地铁站转RER线。车票3.7€。

玛尔梅森城堡（Château de Malmaison）

位于巴黎西郊，距巴黎16公里，原是一处带花园的贵族官邸，1799年拿破仑的妻子约瑟芬把它买下，时任第一执政的拿破仑在此与约瑟芬度过了不少美好的时光。后来拿破仑三世买下了这座宅邸，现在是拿破仑纪念馆，此中有很多拿破仑用过的物品，参观此处可以想象拿破仑当年的生活情景。建筑面向塞纳河，带有花园，环境优美。

门票：6€，优惠票4.5€。

开放时间：4~9月10:00~12:30，13:30~17:45，其他月份早半小时闭馆，周二闭馆，每月第一个周日免费。电话：01-41290555。

一般游览所需时间：城堡和花园约2小时。

交通：从巴黎来可乘RER快线A线到Grande Arche de la Défense站下。乘巴士285号到Le Château站下，单程车票2.95€。这里交通区域属3区。

Château de Maisons-Laffitte城堡

位于巴黎西北郊，被称为路易十四时代古典风格建筑艺术的典范。有开放式楼梯、国王套房、镜厅、装饰华丽的饭厅等。

门票: 7€。

开放时间：5月16日~9月15日10:00~12:30，14:00~18:00，其他月份早1小时闭馆，周二、元旦、五一、圣诞和11月11日闭馆。

交通：RER A5线Maisons-Laffitte站，单程车票3.7€。交通属4区。

Château de Rambouillet城堡

位于巴黎西南郊Rambouillet镇，这是建于路易十五时代的城堡，从1886年起成为法兰西共和国总统正式住地，列入国家纪念地清单。

门票: 5€。

开放时间：4~9月10:00~12:00，14:00~18:00，其他月份早1小时闭馆，周二和公众休息日闭馆。

交通：从巴黎北站乘火车到Rambouillet站下，车票7.25€。交通属6区。

沙特尔主教座堂（Cathédrale Notre-Dame de Chartres）世界遗产

位于巴黎西南郊75公里的沙特尔市（Chartres），是一座建于13世纪的哥特式大教堂，它是留传至今的哥特式教堂中最伟大的典范。平原之中高耸的大教堂尖顶显得十分壮观，高达105米的钟楼是现存最高的罗马式钟楼，几百年来这里一直成为朝圣者的圣地。教堂内部也令人惊叹，漂亮的彩色玻璃窗上记载了大量的《圣经》故事，无数的雕像使这里成为了一座艺术的宝库。

门票：免费。

开放时间： 每天8:30~19:30，入门和上塔至17:30截止。

拍摄：可用闪光灯和脚架。

交通：从巴黎蒙帕那斯火车站乘往雷恩方向的火车到达夏洛特尔镇，单程7.55€。此地已超出巴黎大区1-6区交通范围。

巴黎东南和东方向

枫丹白露宫（Château de Fontainebleau）世界遗产

位于巴黎东南郊60公里塞纳河左岸枫丹白露小镇旁，旁边就是著名的枫丹白露森林。枫丹白露宫因为经历了不同时代的建设和修缮，保留了不同时代的建筑风格。宫内装饰富丽豪华，并不逊色于凡尔赛宫，这里包括舞厅、长廊、会议厅、卫队厅、拿破仑卧室、办公室和无数房间。宫后是枫丹白露宫庭院，有湖泊、茂密的森林、鲜花砌成的广阔法式花园。枫丹白露镇值得一看的还有国立监狱博物馆（National Museum of Prisons门票8€）和在小镇的西北部著名的枫丹白露森林。

门票：主体部分（含文艺复兴房间、君主套房、皇帝套房）全票6.5€，优惠票4.5€，18岁以下免费。附属部分（拿破仑一世博物馆、拿破仑三世展览）3€，优惠票2€，每月首个周日免费。电话：01-60749999。

开放时间：6~9月6:30~18:00，其余月份早1小时关闭。周二、元旦、五一、圣诞闭馆。花园5~9月9:00~18:00免费开放，其余月份早1小时关闭。

一般游览所需时间：含从巴黎往返，包括宫殿和花园最好不少于半天。这里比凡尔赛宫游人少得多，参观游览非常舒服，也不会出现排队等候进入的情况。

拍摄注意：室内允许摄影和录像，不需另收费。

交通：从巴黎里昂火车站乘往Fontainebleau-Avon站，车程约50分钟，交通属6区，车票7.9€。下车后在火车站前乘入枫丹白露镇的AB线巴士前往，车票1.7€，如步行往西入镇约30分钟。宫殿在镇的南面。旅游咨询处在镇上的rue Royale路4号，有免费小镇地图。

住宿：有兴趣在郊外小镇住的，见下面住宿部分。

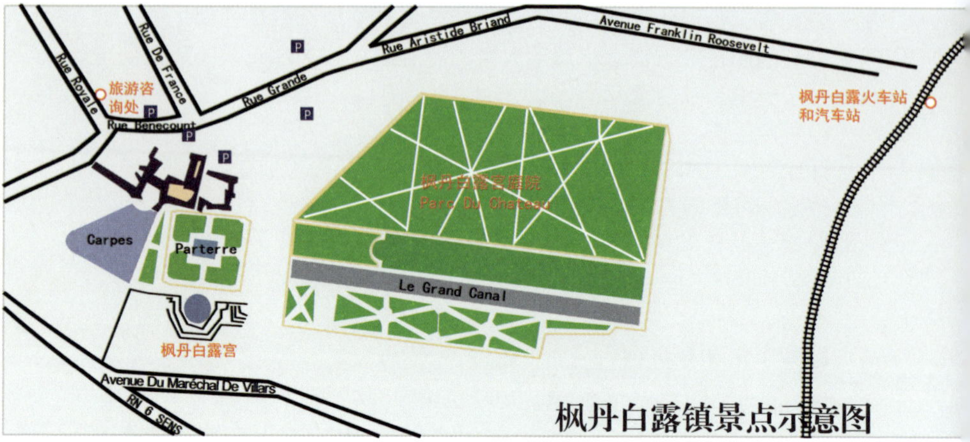

枫丹白露镇景点示意图

弗子爵堡（Château de Vaux-Le-Vicomte）

又称沃勒维康特宫，位于巴黎东南郊枫丹白露镇北面，是一座由路易十四的大臣富凯所建的城堡式宫殿。当年富凯建了这座作为自己私宅的城堡，在1661年落成时大宴宾客，且邀请国王路易十四到场。弗子爵堡的富丽豪华超过了王宫，令路易十四产生不满和怀疑，后来，富凯即以侵吞国库的罪名被逮捕，弗子爵堡被没收充公（后又发还给其后人）。

这是一座极其辉煌的城堡，室内极尽豪华，装饰艺术非同凡响。城堡外有一个非常大的法式花园，到处鲜花盛放，整个建筑和花园气势磅礴。路易十四来过此处后发誓要建一座超过这里的“有史以来最壮丽辉煌的王宫”，这便催生了后来的凡尔赛宫。这里夏季的烛光之夜可体验当年贵族生活的情调。

门票：城堡和花园白天14€，晚上（烛光之夜）17€，仅花园8€，家庭日票（两大两小）44€。

开放时间：从3月27日~11月7日11:00~23:00，17:45停售票，其余月份不开放；7~8月每天开放，其余开放月份周三闭馆。电话：01-64144190。

一般游览所需时间：城堡和花园2~3小时。

交通：乘RER快线D2线到Melun站下（时间比直达火车长），从巴黎里昂火车站乘直达火车到Melun站（仅需25分钟并衔接下面的穿梭巴士），车票7.25€，交通属6区。车站距城堡6公里，可乘的士或乘城堡穿梭巴士。穿梭巴士仅在4月4日~11月8日期间的周六、周日和国家假日运行。单程票价3.5€，上车点在Melun火车站avenue Gallieni路的café de la gare（车站咖啡馆）前。

香波•休•马恩城堡（Champs-sur-Marne）

这是一座位于巴黎东郊有着古典风格外表、建于18世纪初的城堡，最早由路易十四的财务大臣拥有，后转为Conti公主拥有。城堡内有丰富的18世纪油画、家具等收藏品展示，城堡由85公顷的树林和草地环绕，包含有英式和法式庭院、假山庭院和中国式亭子。是法国最好的城堡之一，过去这里曾是访问法国的外国元首的下榻之处，被列入法国国家纪念地名单。

门票：城堡的庭院免费。

庭院开放时间：5月20日~9月21日9:45~18:30，其余月份提早1小时关闭。周二、元旦、五一、11月11日和圣诞关闭。

交通：交通属5区，RER的A4线到Noisiel站下车，车费4.3€，再步行20分钟，或在市政厅乘220号巴士。

文森城堡（Château de Vincennes）

位于巴黎东郊由中世纪城墙环绕的文森城堡在14世纪由查理斯五世兴建，17世纪的路易八世在此长大，路易十四也在此居住过。城堡一半维持了原来中世纪风格，另一半是古典式宫殿，建筑造型优美，构成一个和谐的整体。14世纪的小礼拜堂最值得一看。

门票：8€。

开放时间：4~9月10 :00~18 :15，其余月份提早1小时闭馆。

交通：地铁1号线和RER的A线Château de Vincennes站，可用1-2区地铁票。

欧洲迪士尼乐园（Euro Disney）

位于巴黎东郊，迪士尼乐园是发明于美国众所周知的世界性游乐项目，巴黎迪士尼乐园是继美国洛杉矶、佛罗里达和日本东京之后的世界第四个迪士尼乐园。里面的迪士尼影城（Walt Disney Studios Park）是一个独立部分，要买1票2园的才可进入。

门票：按淡旺季又分1天1园票、1天2园票，票价为45~65€，儿童（3~11岁）38~57€，巴黎旅行优惠卡（Paris Visite）有20%的折扣。电话：01-60306030，08-25306030。

开放时间：周一至周五10:00~20:00，周六10:00~22:00，周日10:00~21:00。

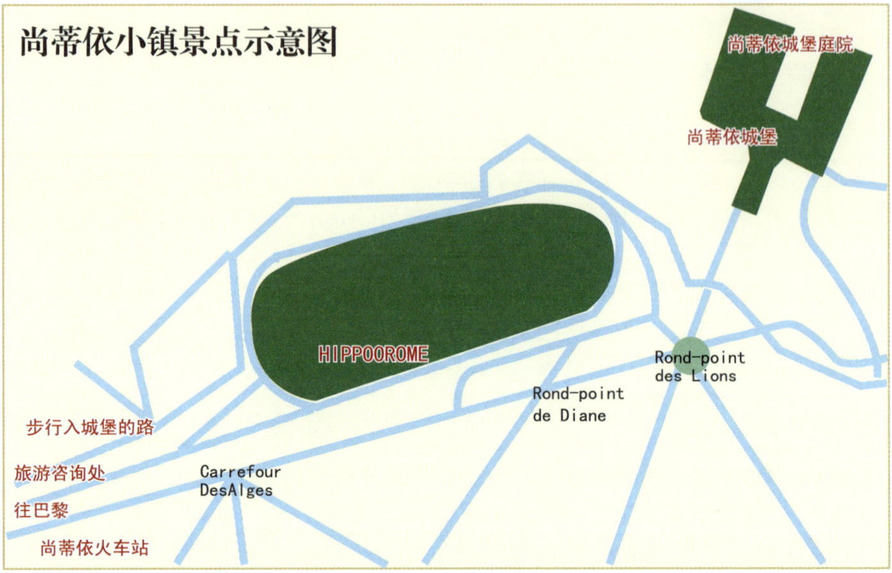

交通：乘RER的A4线到终点站Marne-La-Vallée Chessy约35分钟，车票6.55€。交通属5区。

普罗万中世纪集镇（Provins-Town of Medieval Fairs）世界遗产

位于巴黎东南77公里的塞纳•马恩省市镇普罗万在中世纪是一座属于香槟伯爵的防御城镇。因交通便利，普罗万在12~13世纪成为香槟地区乃至整个欧洲的重要市集，曾一度发展成为仅次于巴黎和里昂的法国第三大城市。2001年普罗万古城和中世纪集市入选《世界文化遗产名录》。位于小山丘上的古城仍保存多处中世纪建筑的参观点，如教堂和钟楼等。每年6月13~14日举行古装中世纪庆典，7~8月有古装庆丰收活动，具体咨询当地旅游咨询处。

门票：一票参观全部景点9.5€。

交通：从巴黎蒙帕那斯火车站乘国铁火车到Provins镇10.3€，交通已超出6区范围。

巴黎东北和北方向

尚蒂依城堡（Château de Chantilly）

位于巴黎北面约40公里，属于瓦兹省南部，已超出大巴黎区域，但紧贴法兰西岛地区。城堡为文艺复兴风格，始建于1560年，法国大革命时期城堡受到了破坏，1875~1885年，当时法王路易•菲力浦之子对城堡进行了增建和重修，现在城堡内设有孔德博物馆，展示当年城堡主人孔德公爵收藏的绘画作品。城堡是一座与环境非常和谐地结合在一起的美丽建筑，环绕城堡三面有小湖，一个面积很大的法式花园，后面还有森林草地。

门票：庭院和城堡是9€，只参观花园3€。电话：03-44273180。

开放时间:4~10月10:00~18:00，花园延至20:00，其余月份10:30~17:30，公园18:00关闭，周二闭馆。

一般游览所需时间：城堡和花园2小时，从巴黎来含往返约半天时间。

交通：从巴黎北站乘国铁火车到尚蒂依（Chantilly Gouvieux）站，车票7.4€，车程约25分钟。从火车站去城堡约2.5公里，无公共交通，可在火车站附近旅游信息咨询处取得地图，按地图走，回程可走沿公路边的林间小路。交通超出1-6区。

贡比涅森林城堡（Château de Compiègne）和停战博物馆（Musée de l'Armistice）

位于巴黎北面偏东，已出了法兰西岛行政区的范围，但习惯上仍把它看成是法兰西岛各景区之一。贡比涅镇位于皇家森林的边缘，1754年路易十五在此兴建王宫，路易十六王后也曾在此精心布置自己的居所，但未来得及入住已被送上断头台。拿破仑一世时将在大革命中被破坏的部分重新修建，拿破仑三世经常在此举行宴会。

除了城堡及庭院外，可参观的还有镇东面6公里处31国道北侧森林中的停战博物馆，陈列了很多第一次世界大战的实物和照片，这里是第一次世界大战停战协定签订地，其中有一节与两次世界大战有关的车厢非常有历史意义。贡比涅市政厅也很值得一看。

门票：城堡门票6.5€，优惠票4.5€，花园免费，停战博物馆4€。

开放时间：4月中至9月中，城堡10:00~18:00，花园8:00~19:00；其余月份10:30~18:00；周二、元旦、五一、圣诞闭馆。停战博物馆4月1日~10月14日9:00~12:30、14:00~18:00，其余月份早关半小时。

交通：巴黎北站乘国铁列车到贡比涅镇（Compiègne）火车站约1小时，车票13.1€。交通超出1-6区范围。下车后步行约10分钟到镇东南的城堡。从镇上到停战博物馆有6公里。

边走边读 ★★★★★
贡比涅森林投降协定签订的车厢

1914年开始的第一次世界大战，德军对法军是先胜后败，经凡尔登大决战一役后德军已经元气大伤，经历了四年惨烈的厮杀后，德军终于在1918年向协约国投降，法德双方于11月11日在贡比涅森林签订停战协定。当时法军统帅福煦元帅乘一节火车来到贡比涅森林这里，德军全权代表上了福煦元帅的车厢签订了投降协定，结束了第一次世界大战，这一天也就是法国每年都要庆祝的第一次世界大战停战日。

事隔不到22年，第二次世界大战又起，1940年德军占领巴黎，这次轮到法国人签订投降条约。历史感极强的希特勒要求签订协定的地点就在第一次世界大战时法德双方签订停战协定的同一地点，而且要求用原来德国投降时的那节车厢，德军将本已陈列在博物馆的车厢专门拉到了贡比涅森林中原来的地点。德国方面要求一切按1918年时的原样进行，连双方签约的座位和摆设也是原来的位置。1940年6月22日，这一幕历史在贡比涅森林上演，但这次胜者与败者颠倒过来了，希特勒亲自前来嘲讽“1918年战胜者的失败”，还把设在空地上纪念1918年停战的石平台和这节车厢运回柏林，表示德国“雪了耻”。后来车厢在空袭中被炸毁，现在这节车厢是按原样由原厂制造，还是按原样摆回原来的位置供后人参观，以记取战争的教训。

皮埃尔枫中世纪城堡（Château de Pierrefonds）

皮埃尔枫位于巴黎北面，离上面提到的贡比涅镇东南15公里。这里有一座位于小山丘上完全保留着中世纪时期式样的古堡，多个高低错落的圆锥尖顶和复杂的山墙构成令人震撼的一个建筑整体，当年拿破仑一世将它买下来，后来由拿破仑三世将它按原风格复原，衬托着前面的湖泊，风光非常优美，值得一游。最好将它列入与贡比涅一起作从巴黎来的一天游景点项目。

门票：7€，优惠票4.5€，18岁以下免费。

开放时间：5~8月9:30~18:30，其余月份10:00~13:00、14:00~17:30，周一、元旦、五一、圣诞关闭。

交通：超出巴黎1-6区范围，先到贡比涅，再乘27路巴士15公里到皮埃尔枫，每天上午8:35、11:30、16:05经贡比涅火车站，行车23分钟到皮埃尔枫，单程2€，往返3.5€。返回班次有14:06、16:53（周六为16:40）、17:35。巴士在周日和节假日停开，请在贡比涅旅游咨询处再确认当天的班次。

奥文•休•奥瓦兹城堡（Château d' Auvers sur Oise）

城堡坐落在巴黎北郊小山上，可以俯瞰河流和附近村庄，是由17世纪意大利设计师建造的。3个世纪之后它被荒废了，之后经重建重新焕发出光彩。这里是奥瓦兹河谷的心脏地带，风景如画。奥瓦兹村是梵高最后生活的地方，他在这里自杀。梵高最后的画就是在这里完成的，《麦田群鸦》、《奥文的教堂》等画作都是描绘这里的风景，可参观梵高最后的居所。

门票：城堡11€，优惠票7€，6岁以下免费。

开放时间：4~9月10:30~18:00，其余月份提早1.5小时闭馆。周末延长1小时闭馆。

交通：从巴黎北站乘国铁火车至Auvers sur Oise站下，车票5.05€。交通属5区。

边走边读 ★★★★★
荷兰大画家梵高在奥瓦兹

文森特•梵高(Vincent van Gogh, 1853.3.30-1890.7.29)出生于荷兰南部一个乡村牧师家庭。13岁时喜欢上画画，成年后曾到巴黎与后来成为印象派的画家们有接触，他先后在海牙和布鲁塞尔画店工作。1873年迁往伦敦分店，他爱上了房东的女儿厄休拉•洛耶，求婚的失败对生性敏感的梵高影响不小。

梵高后来又当过教师、助理牧师，他在阿姆斯特丹的学习、生活和工作并不稳定。向新寡表姊凯•沃斯求婚不成，再加上贫困和失望，他对生活失去了信心，但在艺术探索方面却仍在继续。他开始画素描，并继续与艺术界接触，他的作品数次参与展出。

梵高生性善良，同情穷人，有崇高愿望和信念。可是冷酷和污浊的现实终于使这个敏感而热情的艺术家患了间歇性精神错乱，病发之时陷入狂乱状态，病过之后则更加痛苦。1888年底，他出现间歇性精神失常，割下了自己的一只耳朵。1890年7月他在法兰西岛奥瓦兹居住时精神病再次复发，他开枪自杀，死时年仅37岁。

梵高是后期印象派的三大巨匠之一，他最为人所知的画作是《向日葵》、《麦田群鸦》等。其实，很多名家在他们生前并不受到关注，只是在死后的一长段时间内才被社会所追捧，当年占据主流地位的学院派对初生的印象派艺术非常冷落，梵高在事业上并不得志。现在梵高的爱好者在世界各地非常多，他的画也是当今拍卖价格最高的作品之一，曾有一幅作品成交价达3000多万美元，可是梵高终其一生仅在去世前几个月以400法郎的价格卖出过一幅《红色的葡萄园》（现存莫斯科普希金艺术馆）。今昔对比，真是令人叹息不已。

Château d'Ecouen城堡国立文艺复兴博物馆（Musée national de la Renaissance）

这是位于巴黎北郊，建于16世纪法国最重要的文艺复兴式建筑，它展现了欧洲全景式装饰艺术。法国大革命期间曾被当作监狱和军医院使用，后又成为女子学校和餐厅。1977年后成为国立文艺复兴博物馆。除了建筑本身的价值，这里还收藏大量15~16世纪文艺复兴风格艺术品。

门票：6.5€，优惠票5€，13岁以下免费。

开放时间：9:45~12:30，14:00~17:15，其他月份早1小时闭馆，周二和公众假日闭馆。

交通：RER的D1线到Garges Sarcelles站下，或从巴黎北站乘火车到Gare d'Ecouen-Ezanville站下，车票2.95€，或乘巴士269路。交通属4区。

法兰西岛其他景点

法兰西岛景点众多，不易选择，在此推荐凡尔赛宫、枫丹白露宫和尚蒂依城堡为必看之处。如有时间，其他景点按兴趣选择。除上述介绍之外，还可考虑对外开放参观的景点，因篇幅所限不能一一列出详细资料，有兴趣者可凭本书所列法文名称到旅游咨询处了解详情。

巴黎东南巴比松（Barbizon）镇有著名画家米勒故居和卢梭故居，西北远郊吉维尼（Giverny）镇有著名画家莫奈故居，皇家修道院（Abbaye royale de Chaalis - Musée Jacquemart André），雕塑家罗丹故居（Maison d'Auguste Rodin à Meudon），萨伏伊别墅（Villa Savoye），Château de Chamarande，Domaine de Sceaux，Château du Meau，Château de Grosbois，微缩法国（France Miniature），Abbaye De Maubuisson，Parc et Château de Thoiry，Chateau de Breteuil-jardins et contes de Perrault。

日程计划和最低费用预算

◆如果你只有1天时间

争取一早赶往凡尔赛宫参观它的宫殿和花园，如果时间来得及的话下午往枫丹白露参观。最低费用预算：住宿20€，伙食6€，交通32€，门票18€。不含市内交通共计76€。

◆如果你有2天时间

争取一早赶往凡尔赛宫参观它的宫殿和花园，下午往尚蒂依城堡参观。第二天上午往枫丹白露宫，下午看附近的弗子爵堡。最低费用预算：住宿40€，伙食12€，交通54€，门票45€。不含市内交通共计151€。

◆如果你有3天时间

第三天上午先赶往玛尔梅森城堡，之后再去圣日耳曼安雷或其他城堡。如果时间紧凑点是不成问题的。

◆如果你还有4天以上时间

前3天按前面的安排，从第4天起可浏览夏洛特尔大教堂、迪士尼乐园、贡比涅森林城堡、皮埃尔枫城堡等。

法兰西岛周边可联游景点

稍远的有东南面的第戎、西南面的图尔、东面的圣米歇尔山、北面的比利时布鲁塞尔。

综合信息

旅游信息咨询处

法兰西岛各景区的旅游信息咨询处，都以“i”为标志，位置均标

法兰西岛景点示意图

在各处地图上。

巴黎博物馆卡、巴黎旅游优惠卡（Paris Visite）在法兰西岛的应用参见P.109的清单。

法兰西岛交通

请参考巴黎交通部分和各景点所属交通部分，注意要去景点所属的交通区是第几区，是否为你所持的日票或周票所覆盖的范围。

法兰西岛住宿

大多数人选择住在巴黎，每天往返于市区与郊外景区。如果你想到郊外住的话，请到旅游咨询处联系，各镇没有巴黎那样便宜的旅馆，以下是位于镇上属于价格最低类型的旅馆，如果不是为了在郊外度假，建议住在巴黎，当天往返。

凡尔赛便宜旅馆 Royal Hôtel 二星旅馆

地址:凡尔赛镇23 rue Royal；电话：01-39506731；双人间80€。

枫丹白露镇便宜旅馆 Hôtel Victoria 二星旅馆

地址：枫丹白露镇112 rue de France；单人间88€。

贡比涅便宜旅馆 Campanile Hôtel Compiègne旅馆 二星旅馆

地址: 贡比涅镇70 Av. de Huy；双人间75€。

第七章

法国的中部：中央大区卢瓦尔河谷——法兰西的花园

卢瓦尔河流域风光

★图尔——古堡区的中心

走出巴黎往南，乘普通列车只需两个多小时便来到卢瓦尔河谷。这一带是法国古堡最多的地方。卢瓦尔河是法国最长的河流，从法国东南部中央高原发源，穿过法国中部流入大西洋，中部的卢瓦尔河流域，被称为“法兰西花园”。大西洋的海风吹入卢瓦尔河谷地，使这里气候温和，树木茂盛。平和的小河流过青翠的树林，低矮的丘陵上葡萄园密布，青绿的坡地上、原野中一片片的树林簇拥着宁静的村庄，尖尖的教堂耸立在村庄低矮的房屋之中，不时传来悠扬的钟声。这里风景优美，是体验最地道法国风情的地方。

卢瓦尔河谷的古堡最早建成于9世纪，当时多为君王打猎的行宫或地方领主的住宅。15世纪初，法军在英法百年战争中败北，法国北部大片领土被英军占领，巴黎亦沦陷。法国王室被迫南迁到卢瓦尔河谷一带，于是在这里大兴土木建起很多古堡。文艺复兴之后，法国的王公贵族们又陆续在这里建起了更多的古堡。这里城堡之多和密集为法国之冠，规模较大的就有80多座，大多仍为私人所拥有。

虽然古城堡是中世纪旧势力的象征，但由于其建筑艺术千姿百态，不似教堂和寺庙那样千篇一律，且座座古堡均有引人入胜的故事，因此这里是除巴黎外看法国历史文化的最好去处。现开放给游客参观的约有十几座古堡，由于有些城堡所处的位置没有公共交通，所以游人一般只能参观主要的七八座。这里是法国旅游的重点地区，决不能走马观花匆匆而过，在此值得多呆几天。

图尔市是这片地区的中心，各古堡所在的城镇环绕在四周，游卢瓦尔河谷住在图尔是最佳选择。图尔在法国是个中小城市，虽然游客亦不少，但物价却几乎是法国最便宜的，在这里吃法国餐也比其他地方便宜。住下后先走一下图尔小小的古城区，图尔市内也有很漂亮的广场、壮观的大教堂、布满街头咖啡馆的石板路小巷、古色古香的百年老屋和城边小河旁安静的林荫道。

图尔市大教堂

★最具浪漫情调的舍农索古堡

在卢瓦尔河谷古堡群中，最值得看的首推舍农索古堡（Château de Chenonceau，又译“雪侬梭”），古堡建在图尔东面34公里的卢瓦尔河支流的希尔河（Cher）上，远离繁华闹市，位于路边的一大片树林当中。舍农索古堡建于16世纪，原是马尔克家族城堡的所在地。建筑由两部分构成，一是塔楼和前院，二是跨在希尔河上的舍农索宫，还有广阔的庭院。

舍农索宫是一座建在桥上的三层建筑，文艺复兴风格，蓝顶白身石建筑造型优美，弯弯的希尔河两岸浓荫密布，河水在宫下穿桥孔而过。泛舟河上，轻风吹来，青绿的河水泛起阵阵微波。森林、河流、蓝天、白云与优美的古典建筑和鲜花盛放的庭院浑然一体，是人类文明与大自然和谐的结合。除了外在美之外，这个古堡还深藏有很多故事。

法国瓦卢瓦王朝的亨利二世在1533年与意大利佛罗伦萨美第奇家族的凯瑟琳结婚后，两人性格不合，亨利二世转而钟情于温柔美丽的迪亚娜。迪亚娜虽然比亨利二世大20岁，但风华绝代，姿色不减当年。他们就在此地频频幽会，最后国王亨利二世还把这座美丽的古堡赠与这位情人。最后，亨利二世应了预言家诺查丹马斯的预言，在与卫队长玩比武时被刺眼而死。国王死后，王后凯瑟琳便将迪亚娜逐出舍农索宫，此后这里便成了凯瑟琳夜夜笙歌的地方。情敌迪亚娜和凯瑟琳都在舍农索宫建了自己的庭院，即现在前院左右两边遥遥相对的迪亚娜庭院和凯瑟琳庭院，仿佛在几百年后的今天，她们仍在藐视对方。

进入城堡，便可以亲身感受到当年法国王室和贵族的生活场景，壁炉上雕塑的人体栩栩如生，深色发亮的橡木地板衬着古老的木雕花家具，墙壁上挂着主人的肖像油画，仿佛主人仍在此居住，给房间增添了

卢瓦尔河谷古堡群之舍农索古堡

生气。三层的建筑内有侍卫室、小教堂、图书馆、舞厅、位于底层的厨房、亨利二世的情人迪亚娜的卧室、王后凯瑟琳的卧室和工作室，王后凯瑟琳在亨利二世死后成为法国的摄政者，就在这里统治法国；还有法王弗朗索瓦一世的卧室、路易十四客厅，这是太阳王路易十四曾来访时所用的客厅，这里还接待过很多法国名人，如伏尔泰、卢梭、孟德斯鸠、狄德罗等。

参观舍农索古堡是一次收获丰富的旅行，既使人了解到法国古代宫廷的生活环境，欣赏到法国古典建筑的瑰丽，又使人感受到自然环境的优美。漫步古堡附近的小村落和山坡上的葡萄园，一步一景，都极具法国风情。

舍农索古堡

舍农索古堡

★风流韵事之地——香波城堡

卢瓦尔河谷其实并非山谷或河床的地形，她只不过是一片有小小丘陵的平原流域，到处都是小河、森林和原野。香波（Chambord，又译“香博”，或“尚博尔”）城堡是卢瓦尔河谷一处宏大的艺术建筑，位于图尔城东面偏北81公里，是距离图尔最远的一座古堡，离奥尔良市反而更近，附近都是森林，没有什么居民点。

香波城堡没有火车到达，多数游客选择参加从巴黎出发的旅行团。乘车在森林中前行，不经意间，眼前豁然开朗，出现了一片森林环绕、绿草如茵的旷野，当中是一座宏伟而又优雅的古堡。古堡造型优美，看上去虽复杂却又和谐，极富装饰效果，给人一种华丽而脱俗、端庄而又深远的感觉，达到无可挑剔的完美状态。它是法国最著名的世界遗产之一，有极高的历史价值和建筑美学价值。

香波城堡是卢瓦尔河谷地区古堡群中规模最大的一座，也是这片地区最辉煌的王宫城堡，由法国瓦卢瓦王朝的弗朗索瓦一世于16世纪初开始修建。这座城堡几乎花费了他一生的时间，其间由于弗朗索瓦一世在对德国（神圣罗马帝国）的战争中被俘而中断过一段时间，后来城堡又由他的儿子亨利二世扩建了两翼，整座城堡最后由路易十四在1685年完成。这个城堡也深藏有许多故事，弗朗索瓦一世建这座城堡的动机最初是想取悦于一个漂亮的姑娘，路易十三与情人在此寻欢，路易十四十分

卢瓦尔河谷古堡群之香波城堡

香波城堡

钟爱这座城堡，经常在附近的森林狩猎，并与美女法利埃尔在此幽会。法国著名剧作家莫里哀得路易十四的庇护，在此完成著名剧作《商人贵族》等作品。这里的故事多与王室美女的风流韵事有关，使城堡增添了许多诱人的魅力。

★以室内陈设闻名的舍弗尼城堡

舍弗尼（Cheverny）城堡位于图尔东面布卢瓦镇以东13公里的舍弗尼镇，没有铁路通到这里，最方便的是乘火车到布卢瓦镇再跟旅行团前往。城堡就在舍弗尼小镇边，位于森林边缘的一大片青草地上，建于1634年，是一座长方形的三层古典式建筑，设计上倾向于优雅华贵的风格，虽然外形不太特别，但仍感觉恢宏。城堡现仍为舍弗尼公爵家族所拥有和居住。

卢瓦尔河谷古堡群之舍弗尼城堡

舍弗尼城堡内景

与其外观的平淡相反，现在的舍弗尼城堡以其室内的陈设豪华而著名。进入首层大厅，先沿走廊逐个房间参观，房间内陈列着这个家族当年的武器、盔甲和打猎用品，琳琅满目。墙上还挂有很多大大小小的鹿头、野猪头和其他的野兽头，战利品之丰富令人觉得这是一个狩猎世家。

二楼是这个家族的居所之处，沿着铺在米色大理石地板上的红地毯进入各个房间，精美的鎏金雕花木门令人想到王宫亦不过如此，里面的家具陈设、灯饰布置都极尽豪华高雅但却脱俗而和谐，丝毫没有当今暴富一族过分炫耀的俗气，可以看出每一件家具、饰品的摆设、色彩的分布和处理都经过了精心的设计。一个个房间，书房、卧室、饭厅、大小客厅都美轮美奂，让人感受到主人的高品位。房间内还有主人的生活用品，壁炉上还有主人的照片，使这里充满了生气而没有参观博物馆的感觉。其雅致程度甚至超过了王宫。

来此参观的游客基本上都是欧裔白人，兴致勃勃的游客鱼贯而入，不少人对这里的房间陈设不时发出啧啧赞美之声。要想静静地欣赏这里的物件和感受主人在此生活的意境，必须在一拨拨游客之间的空当时间。窗外，耀眼的阳光映照着远处的森林和近处青绿的草坪，令人感到世上竟然有人这般命好，如果可以住在这里的话，世间万事已别无所求，贵族的品位确实要比资产阶级更为高雅。

★充满历史故事的布卢瓦古堡

布卢瓦（Blois）古堡位于图尔市东北面布卢瓦镇，离图尔和奥尔良各60公里，外形有点像城堡的古堡建于小镇中央的小山坡上，建于12~13世纪。外围的房间构成高大的城墙，经历代修建，混杂了哥特式、文艺复兴式、古典式三种风格。进入大门是一个由四面建筑构成的开阔大院，主体建筑外有一座弗朗索瓦一世楼梯，为意大利式的旋转楼梯，经此进入各层。古堡内分为弗朗索瓦一世馆、奥尔良馆、路易十二馆，共同构成了古堡中数量极多的房间，现均辟为历史博物馆。馆内陈列了很多当年历史的原物和艺术品，有家具、雕塑、绘画、武器、服饰等，光是绘画就占了一个馆。这里发生过很多历史上著名的事件，其中最有名的是吉斯公爵被诱杀事件。

1574年，当亨利三世登基法兰西王位时，便感受到了当时势力日渐强大的吉斯家族对王位的威胁。吉斯公爵名为亨利，脸上有疤痕，被人称为“疤面公爵”。公爵属天主教派，早有谋夺王位的意图，而且他深受天主教占大多数的巴黎公众的欢迎。由于亨利三世无嗣，王位日后将会由胡格诺教派的波旁家族的亨利继承。1588年5月吉斯公爵以反对由新教胡格诺派的人作王位继承人为由，派兵包围卢浮宫，国王亨利三世只好逃离巴黎。历史上称之为“三亨利之战”。

同年12月，亨利三世在布卢瓦城堡设计引吉斯公爵上门，埋伏于此的45名侍卫一拥而上，就在弗朗索瓦一世楼梯后面的房间里将吉斯公爵杀死。次日吉斯公爵的弟弟天主教红衣主教路易也被杀，之后吉斯家族兄弟的尸体被焚毁，投入附近的卢瓦尔河。虽然亨利三世保住了王位，但次年即被一天主教的狂热信徒刺杀。

卢瓦尔河谷古堡群之布卢瓦古堡

布卢瓦古堡外景

★因圣女贞德扬名的希农城堡

希农城堡正面

希农（Chinon）城堡位于图尔市的西南面卢瓦尔河支流维恩河畔的希农小镇上，离图尔50公里，城堡就像一座要塞耸立在临近河边的小山上。从火车站出来先来到镇中心市场，热闹的小镇市场上，沿街摆满了卖海鲜、肉食、蔬菜、水果的摊档，还有一片露天的售卖衣服和鞋子的地摊。以前以为法国不会有摆地摊的，来到这里才感到真正地深入了法国的小村镇。这里虽不靠海，但市场上的海鲜品种却很多，价格也比其他地方便宜。食品摊前刚煮好了一大锅橙黄色的海鲜饭，其中有很多大虾、贝类、鲜鱿鱼和土豆，色彩夺目，卖相讨好，扑鼻的香气吸引了一群人。满满的一个饭盒才5€，在法国这已是很便宜的价钱了。

穿过市场找到上山路，爬上不太高的上山石级路便来到希农城堡。这是一个巨大的依山而建的城堡，整个城堡坐落在一处岩石的悬壁上，古时是作防御之用的。城堡前有一条一夫当关、万夫莫开的石桥和城门。进入

希农城堡全景

希农城堡

城堡便是山顶，这里树木葱茏，芳草萋萋，环境清幽，四周均依地形修筑有坚固的石砌城墙和堡垒。与其他城堡相比，希农城堡显得较为简朴，至今仍保留着中世纪的面貌。城堡由圣乔治堡、米利厄城堡、库德雷城堡三部分组成。靠近镇上和维恩河那一面的悬崖上的古堡是城堡的主体部分，有三层高，里面有很多房间，现辟为历史博物馆，陈列有古色古香的家具、绣有反映当年战争场景的大幅挂毯画以及其他一些文物。

这个建在悬崖上的城堡地势极为险要，城堡顶部凉风习习。登上城堡顶部平台，视野豁然开朗，只见维恩河从天边蜿蜒而来直到城堡脚下。极目远眺维恩河沿岸和远处起伏的丘陵，只见明媚阳光之下河岸树木茂密，丘陵中森林和绿草山坡相间，少量村庄点缀其间，呈现出一派自然纯朴之美。

希农城堡城门之上的三层石砌古堡现在是圣女贞德博物馆。圣女贞德是法国抗英民族英雄，在英法百年战争末期，英国占领法国北部，准备继续南侵。在此危急时刻，年仅17岁的女孩请缨上阵杀敌，她就是在这个希农城堡与法王查理七世会面，据说这城堡就是她将神给她的启示和告诫转告给查理七世的地方。最后她带领法军打败英军，解了奥尔良之围，为法国立了大功，成了民族英雄。

希农城堡因圣女贞德而扬名，希农镇内也有圣女贞德广场、圣女贞德河岸、圣女贞德大街等。在此追寻圣女贞德的足迹，追思她的伟业，可以使人的精神境界得到升华。在安静的圣女贞德博物馆内，我们可以看到不少她的遗物。睹物思人，一个花样年华的姑娘，竟然能做出如此惊天动地、流芳百世的大事，而她的生命竟是如此的短促，结局竟是如此残酷，真是令人不胜唏嘘。

边走边读　圣女贞德与英法百年战争

贞德(Jeanne d'Arc)，1412年生于法国东部孚日省的一个普通农家，在她所生活的年代，正是英法两国百年战争（1337~1453年）期间，两国的战争因法国王位继承人问题的争执和英、法的封建领地而起，双方互有胜负地断断续续打了近百年。战争到这个阶段因法国封建领主的内讧英军取胜。英军占领了法国北部全部领土，法国社会动荡不安，人民生活困苦。据说在贞德13岁那年，她在梦中受到神的启示，要她去拯救法国。

1429年，英军围攻奥尔良，这是通往卢瓦尔河谷法国王室所在地的重要枢纽地带。眼看奥尔良就要落入敌手，法国处于危急之中，当时年仅17岁的少女贞德来到沃库利尔要塞司令面前，要求领兵杀敌。精诚所至，金石为开，被感动的众人为她准备了盔甲和战马。当年3月，查理七世在希农城迎接贞德，在战争中屡遭失败的查理七世原本已打算放弃，到西班牙去过隐居生活。贞德的出现，使士气大振，他决定再继续抗战，派给贞德6000人马。贞德果然不负众望，在5月8日重创了英军，解了奥尔良之围，7月又收复了教会首都兰斯，扭转了战局。自此她名声大振，被称为“奥尔良姑娘”，成了法国人民抗英斗争的一面旗帜。

后来贞德被法国封建领主出卖，在1430年的一次战斗中被俘，并被交给了英国人，最后于1431年被处以火刑，死时年仅19岁。后人称她为“圣女贞德”，以纪念她为法国作出的贡献。英法百年战争因英国贵族的内讧，最后于1453年以法国的胜利而告终，法国收回了除加莱外大陆上的全部领土，为法国的政治统一和后来的经济发展打下了基础。

安杰雷城堡

★童话世界般的安杰雷城堡

多姿多彩的卢瓦尔河古堡群，处处都令人难以割舍，但时间有限，有些不能不忍痛错过了。然而一看安杰雷（Azay le Rideau，有译“亚瑟•利德”）城堡的照片，我便确定这是非去不可的。安杰雷城堡位于图尔市西南28公里的卢瓦尔河支流安德尔河畔的小城安杰雷镇边，下了火车还要步行近3公里来到镇上才能到达安杰雷城堡。

安德尔河在镇边流过，城堡位于河中一个岛上，在森林的环抱之中。来到安杰雷城堡不需急着进入，先绕着城堡和池塘，来到隔池塘与城堡相对的大片草坪上，隔水观看才真正看到城堡最美的一面。城堡并不大，金字塔顶的城堡四角各有一个圆柱体尖顶的塔楼拱卫，造型异常优雅浪漫，三面被水环绕，远看城堡仿佛浮于水中，环绕的大片森林衬托着城堡建筑，水中倒映着其妩媚的身影和蓝天、白云、森林，这一切都让人感觉处于如梦如幻的童话世界般。

坐在草坪上细细欣赏这人类建筑与自然环境天作之合的结晶，不由联想起小时候砌童话式建筑的积木，眼前这建筑超过了一切想象中的童话建筑，简直就是一件无比珍贵的放在大自然中的艺术品，怪不得它被称为“卢瓦尔的珍珠”。

“卢瓦尔的珍珠”——安杰雷城堡

欣赏够了它的外在美我才进入古堡内参观。城堡建于1518~1529年，为文艺复兴时期的建筑，只有两层，原来是作为住宅的，现辟为博物馆。入门后先上楼梯，楼梯间就有优美的雕塑，进入大厅，里面陈列着城堡原来的摆设，仿佛回到几百年前的时代，古老的橡木地板上铺着红色的地毯，墙上挂着主人肖像的油画和一些反映当年生活的挂毯画，客厅中摆着乌黑发亮的古典木家具和早年的沙发，镶嵌有雕塑的壁炉前还有木柴；窗外吹入阵阵轻风，满眼所及都是湖水、绿树、青草地。亲临现场看当年法国贵族的家居生活场景，带有一种安静平和、优雅高贵、温情脉脉的氛围，比看巴尔扎克小说中的描写更为鲜活和生动。

★发生“密谋事件”的安博瓦茨城堡

卢瓦尔河谷古堡群之安博瓦茨城堡

安博瓦茨（Amboise，又译“安博瓦斯”，或“昂布瓦斯”）城堡位于图尔与布卢瓦镇之间的安博瓦茨镇上，去布卢瓦的火车经过安博瓦茨镇，下火车后往南走，很快就见到位于镇上卢瓦尔河畔高大的城堡，跨过卢瓦尔河上的两座桥便来到城堡脚下，城堡下面是热闹的市镇。

安博瓦茨城堡是一座中世纪式的城堡，历史源远流长，在古罗马时代就作为城防的要塞使用。15世纪末，国王查理八世请意大利设计师负责改建。16世纪时，国王弗朗索瓦一世邀请意大利巨匠达•芬奇到此，达•芬奇在建筑、绘画、雕塑方面推动了法国文艺复兴运动的发展。后来达•芬奇居住于安博瓦茨直到辞世，这小镇也因达•芬奇而声名鹊起。

城堡依山而筑，环绕城堡的高大石壁和入口处石砌的城门令人想起其原来的军事要塞功能，这里也是一夫当关，万夫莫开的地方。沿着长长的石路登上城堡，山顶上的一片开阔地，四面石砌城垛围绕，绿草如茵，清风徐徐。城堡之上的一座小教堂就是下葬达•芬奇的地方，这座小教堂就是为他而修的。城堡上北面面对卢瓦尔河的部分是主体建筑，有一座大圆塔突出于城墙平面之外，使整座建筑造型生动起来。城堡的

主体建筑现辟为博物馆，里面陈列的是与当年有关的历史文物，相比于其他城堡来说，这里室内有点简陋，藏品也不够丰富。

安博瓦茨城堡中安放达•芬奇骨灰的教堂

登上圆塔顶部平台，卢瓦尔河的远近风光尽收眼底，近处浓密树丛中，幢幢橙红色瓦顶的房屋分布于河流的两岸，青绿的河水缓缓而流，阳光洒在河面上波光粼粼；远处一马平川，尽是绿色的原野。

安博瓦茨城堡也有令人惊心动魄的故事，就是历史上著名的“安博瓦茨密谋”事件。1559年，上述提到被预言遭刺眼的亨利二世死后，由其年仅16岁的长子继位，称为弗朗索瓦二世。当时大权在握属天主教背景的吉斯公爵家族，企图通过控制弱小的国王来排挤具有王室血统的波旁系亲王，同时打击新教胡格诺派，最后谋夺王位。

为了使年轻的国王摆脱吉斯家族的影响，从而击败吉斯家族，孔代亲王和波旁家族的路易等胡格诺派领袖策划在安博瓦茨城堡劫持年青的国王。1560年3月，新教徒在夜间起事，前来绑架国王，半途中被国王的军队发现后事败，吉斯家族便在安博瓦茨城堡残酷地镇压了参与者，1200名新教徒被杀，尸体悬挂在城堡的正面，这也成为法国历史上最残酷的事件之一。弗朗索瓦二世当年便因病去世，吉斯家族控制局面的现象也暂告结束。

安博瓦茨城堡

图尔景点示意图

1. 图尔青年旅馆(A.J. du 'Vieux Tours')
2. Hôtel Val de Loire 无星旅馆
3. Hôtel le Lys d'Or 一星旅馆
4. Hôtel Trianon 旅馆
5. Hôtel Terminus 旅馆

卢瓦尔河谷（Loire Valley）实用指南

图尔及古堡区几个小城概况

图尔（Tours）位于法国中部卢瓦尔河流域，北距巴黎235公里，是卢瓦尔河大区安德尔—卢瓦尔省的省会和该地区的经济和文化中心，是一个只有14万人的中小城市，也是参观这一片古堡的中心落脚点。

环绕图尔附近的几个小城镇有布卢瓦（Blois）、希农（Chinon）、洛什（Loches）、安博瓦茨（Amboise）、安杰雷（Azay le Rideau）等，这些小城镇大多依傍卢瓦尔河或其支流，风光秀丽，游城堡之余逛逛小镇，可以领略一下法国中部小镇风情。它们多有古迹、教堂、博物馆可供参观，其中不少旧街市更有怀古价值，宁静小街巷中不少房屋都有相当的历史，这里没有大都市的喧嚣，游客可以非常直接地体验到法国乡村小镇的生活方式。因篇幅所限，每个镇只是介绍其知名的城堡。这些小镇都是城堡所在地或前往其他城堡必经之地。布卢瓦可作为第二个落脚点，在它的四周均有可参观的古堡。如果喜欢住安静小城的话，在这些镇上的小旅馆住下也是挺不错的，但前往其他城堡的交通就没有图尔方便。图尔也是法国著名作家巴尔扎克的出生地，除以下介绍的各城堡交通外，旅行团交通也是值得考虑的，请参见本节最后的部分“从图尔出发的旅行团”。

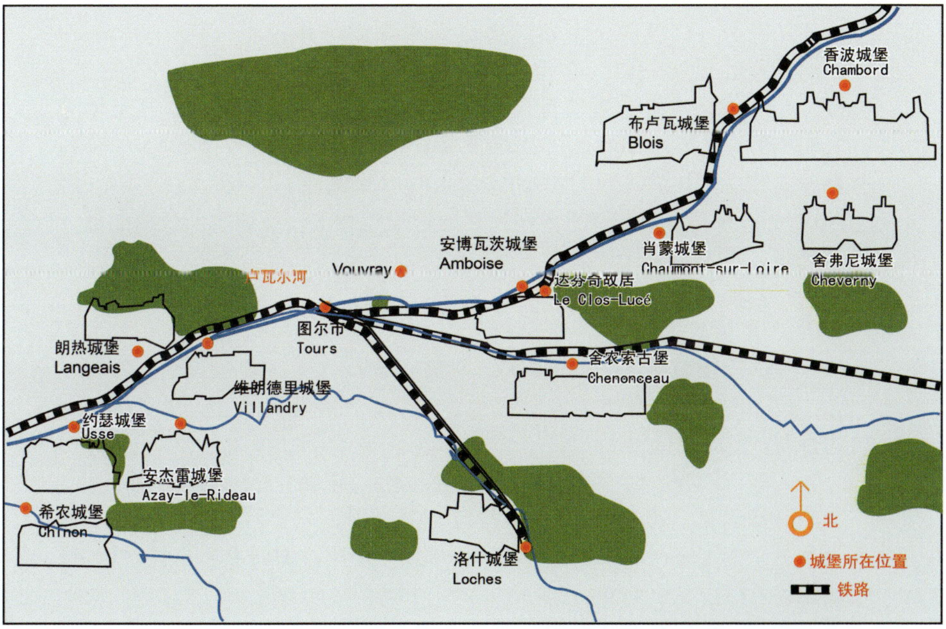

卢瓦尔河谷古堡示意图

卢瓦尔古堡区景点（城堡按方向排列）

图尔以东方向

舍农索古堡（Château de Chenonceau）

距巴黎214公里，位于图尔市东面偏南34公里、安博瓦茨镇南12公里，具有文艺复兴时期的奢华优雅风格，被称为“水上贵妇城堡”。

门票：10.5€，7~15岁和学生8€，蜡像博物馆12.5€。跟旅行团优惠门票8€，参观包括建筑两岸的花园和森林。售票处有中文景点介绍资料，可免费索取。

开放时间：全年每天开放。7~8月9:00~20:00，往前往后闭馆逐月早半小时，1~3月9:30开。

一般游览所需时间：匆忙地看看约1小时，最好不少于2小时。

拍摄注意：照相和录像不受限制，可穿过建筑到对面河边取景。

交通：

1.火车 从图尔站乘当地火车TER到舍农索（Chenonceaux）站约25~30分钟，车票6€，时间合适的只有10:08、12:41、13:31、14:32这几班车。返程合适时间有13:32、16:21、17:58、18:58、20:09这5班车。请到当地再核对。

2.巴士 从图尔火车站前郊区汽车站乘当地巴士（Touraine fil vert）直达城堡门口，车程1小时12分， 3.4€（属2个区，1个区1.7€），行车56分钟到安博瓦茨（Amboise）镇后再到城堡，巴士每天只有2班，分别为9:00（10:12到）和14:10（15:22到）。返回也有两趟，分别为12:28（到Amboise 12:44、到图尔13:48）和17:58（到Amboise18:15、到图尔19:14），返程是过路车，在城堡前公路上等，有站牌，很准时。无论火车汽车只有先返回安博瓦茨（车票1.7€），才可转往其他城堡。

安博瓦茨城堡（Château d' Amboise）

位于图尔市东偏北方向25公里，东北距布卢瓦35公里，处于图尔到布卢瓦的铁路线上。

门票：9.7€，学生8.3€，7~14岁6.3€。电话：02-47570089。

开放时间：全年每天9:00开放，关闭时间7~8月19:00、9~10月18:00、11月2日~15日和3月17:30，此外月份12:30~14:00午休，16:45闭馆。

一般游览所需时间：约1小时。

拍摄注意：室内外均允许拍摄和录像，不需另付费，上下午均适合在河对岸拍摄。

安博瓦茨镇景点示意图

交通：

1. 火车 从图尔乘往布卢瓦方向的车约20分钟到达，每小时一班，票价4.9€。安博瓦茨镇火车站在卢瓦尔河北岸，往南过桥便到镇上和城堡。

2. 汽车 从图尔火车站广场上的巴士站每天往安博瓦茨镇（Amboise）的班车行车约45分钟，合适班次有7:00、8:00、12:20、14:10、16:30、17:30这几趟，车费3.4€，返图尔班次12:14、12:50、13:30、16:20、17:20、18:20，车停镇上几个站，请先在车站核准时间。

克洛•吕塞城堡（Château de Clos Lucé 即达•芬奇故居）

位于图尔以东的卢瓦尔河安博瓦茨镇上，从安博瓦茨城堡步行往东南面不远处。它是旷世奇人达•芬奇最后寓所和他天才的奇思妙想的艺术天地。 这是一幢建于1471年的砖和石灰华石结构的宅第。16世纪时，在弗朗索瓦一世的邀请下，达•芬奇来到这里并在此度过了生命中的最后三年时光。在此期间，他完成了多项发明。1519年5月2日，达•芬奇去世。这里展示了达•芬奇的卧室、厨房、工作间、文艺复兴风格的大厅以及小礼拜堂（其中的壁画由其弟子绘制），全部向游人开放。您可据此了解这位艺术巨匠的内心世界。

门票：12.5€，优惠票9.5€。

开放时间：7~8月9:00~20:00，2~6月和9~10月9:00~19:00，其余时间10:00~18:00，元旦和圣诞闭馆。

一般游览所需时间：40分钟。

交通：同安博瓦茨城堡。

布卢瓦城堡（Château de Blois）

位于图尔东面偏北的布卢瓦镇上，距图尔和奥尔良各60公里，距巴

历史纪念地游览路线

布卢瓦镇商业中心区游览路线

16世纪怀旧生活游览路线

布卢瓦镇景点示意图

黎约180公里。

门票：8€，优惠票6.5€，6~17岁4.5€，城堡声光表演13€。

电话：02-54903332。

开放时间：除元旦和圣诞之外，全年每天9:00开放，闭馆时间7~8月19:00，4~6月和9月18:30、10月18:00，其余月份9:00~17:30，有午休。

一般游览所需时间：1~1.5小时。

摄影注意：室内外均允许拍摄和录像，不需另付费。

交通：从巴黎来布卢瓦镇在巴黎奥斯特里茨火车站乘普通列车约1小时40分至2小时，乘TGV快车（往Vendome方向）约42分钟。位于巴黎至图尔铁路干线上，车次多。图尔一奥尔良（Orleans）间列车平均每小时两趟，快慢车程约30~45分钟。图尔来9.5€。布卢瓦返图尔最晚00:24。从布卢瓦火车站出来沿主要大道往东走5分钟到旅游咨询处，再走2分钟到城堡。

肖蒙城堡（Château de Chaumont）

位于图尔东面，布卢瓦的西南面17公里处的卢瓦尔河畔，是15世纪典型的歌特式防御堡垒城堡，正面有三座高大的尖顶塔楼，大门前有护城河，通过门前的桥入内，具有军事防御性质。城堡于15世纪末和16世纪初由安博瓦茨家族重修，1560年起由亨利二世的王后凯瑟琳•美第奇所拥有，在亨利二世死后，凯瑟琳•美第奇收回了舍农索城堡，将原在城堡中居住的亨利二世的情妇迪亚娜赶出舍农索，迁移至此城堡。在这个城堡凭栏远眺，卢瓦尔河的风光是很美的。

门票:9€，12~18岁6€，6~11岁3.5€，6岁以下免费。

电话：02-54209922。

开放时间：6~8月10:00~19:00，4~6月和9月10:00~18:30，其余月份10:00~17:00，闭馆前45分钟停止入场。元旦、圣诞闭馆。

一般游览所需时间：1~1.5小时。

交通：从图尔乘往布卢瓦方向的火车过安博瓦茨后到Onzain站下，车程约30分钟，42公里，7.5€，车次频密。出站往南过河即到城堡。

香波古堡（Château de Chambord）世界遗产

又译为“香博”或“尚博尔”，位于图尔市东北面81公里，布卢瓦镇(Blois)东北约18公里，东北距奥尔良49公里。自1519年起兴建，是文艺复兴时期作品，为卢瓦尔古堡群中最大的古堡，围墙周长达31公里，城堡坐落在占地5225公顷的森林之中。

门票：4~9月9.5€，优惠价（18~25岁）8€，18岁以下随家长免费；其余月份各降1€，入建筑内部才要门票，城堡外庭院及后面附属建筑区均不需门票。大背包免费寄存。

开放时间：全年每天9:00开放，闭馆时间4月1日~7月10日和8月17日~9月30日18:15，7月11日~8月16日19:30，其余时间17:15。

电话：02-54504000。

一般游览所需时间：约1.5小时

交通：先乘火车到布卢瓦，本地交通TLC公司4~8月开行古堡环线18号巴士从布卢瓦往香波城古堡和下面介绍的舍弗尼城堡。从巴黎乘奥斯特里茨火车站的三班火车到达布卢瓦火车站的时间分别是8:59、10:57、13:34，分别衔接下面头三班巴士：

- 9:10布卢瓦火车站→9:50香波城堡；
- 11:10布卢瓦火车站→11:50香波城堡→12:14舍弗尼城堡；
- 13:42布卢瓦火车站→14:22香波城堡→14:46舍弗尼城堡→15:22布卢瓦城堡→15:26布卢瓦火车站；
- 16:43香波城堡→17:05舍弗尼城堡→17:41布卢瓦城堡→17:45布卢瓦火车站；
- 18:10舍弗尼城堡→18:44布卢瓦城堡→18:48布卢瓦火车站。

单一票价6€，持票乘环线各段旅程不需另外再买。持票在这两城堡买门票有优惠（香波城堡省1.5€，舍弗尼城堡省1€）。

舍弗尼城堡（Château de Cheverny）

位于布卢瓦镇东南面13公里，香波城正南面，与布卢瓦镇和香波城约呈品字形。城堡兴建于1634年，现仍为舍弗尼公爵子孙住所，法国“漫画英雄丁丁”所住的神秘屋原型就是在这里。

门票：城堡和花园7€，优惠票6€，7~14岁3.4€，7岁以下免费。全票加参观Secrets of Marlinspike 11.8€。电话：02-47206363。

开放时间：7~8月9:15~18:45，4~6月和9月9:15~18:15，10月9:45~17:30，其余月份9:45~17:00。

一般游览所需时间：约1小时。

摄影注意：室内外均允许拍摄和录像，不需另付费。

交通：参见上面香波城古堡部分。

洛什城堡（Château de Loches）

位于图尔市东南面约47公里的安德鲁河畔，城堡上高耸的尖塔就是它的标志，登上城堡的阳台，可以远眺卢瓦尔地区的田园景色。城堡对面是具有双尖塔顶的圣奥尔斯教堂。

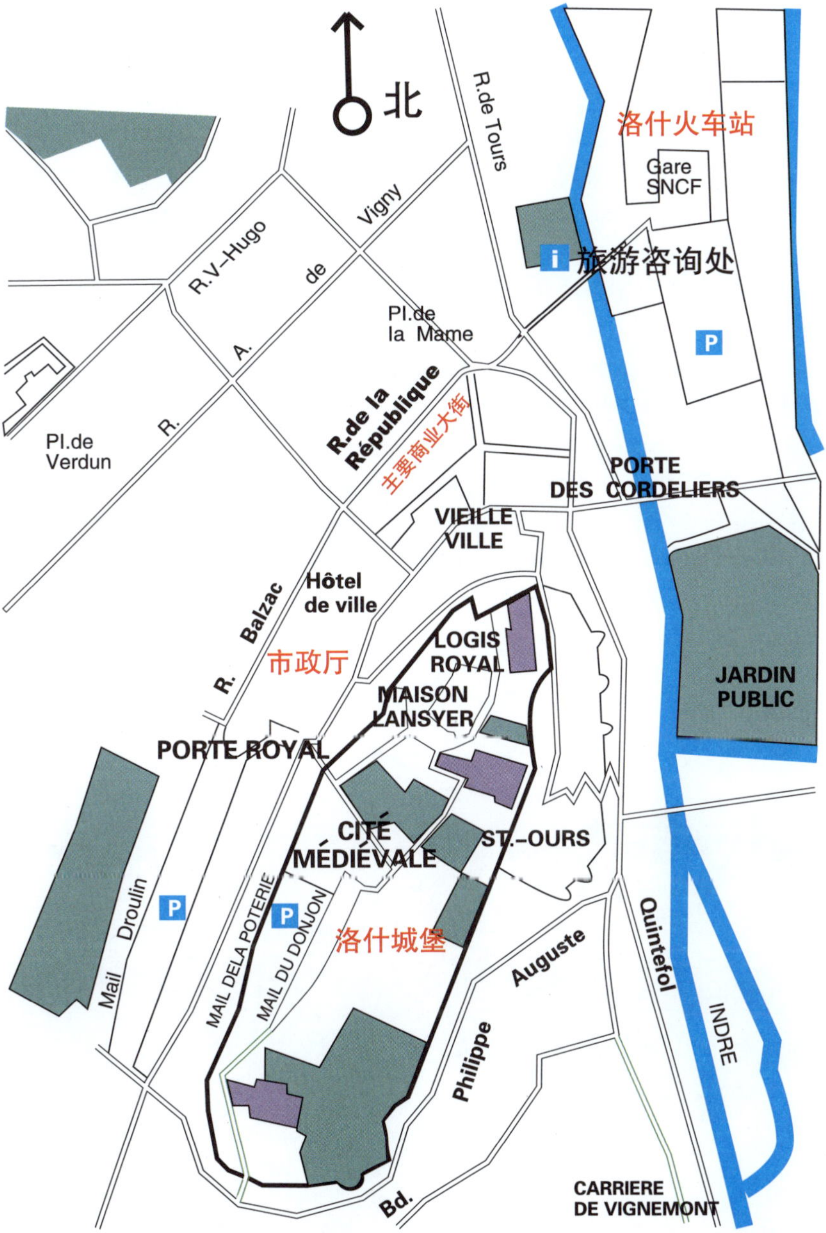
北
R.de Tours
洛什火车站
Gare SNCF
旅游咨询处
R.V-Hugo
R. A. de Vigny
Pl.de la Mame
Pl.de Verdun
R.de la République
主要商业大街
PORTE DES CORDELIERS
VIEILLE VILLE
Hôtel de ville
R. Balzac
市政厅
LOGIS ROYAL
MAISON LANSYER
JARDIN PUBLIC
PORTE ROYAL
CITÉ MÉDIÉVALE
ST.-OURS
Mail Droulin
MAIL DELA POTERIE
MAIL DU DONJON
洛什城堡
Auguste
Philippe
Bd.
Quintefol
INDRE
CARRIERE DE VIGNEMONT

洛什小镇景点示意图

门票: 7€，优惠票4.5€，12岁以下免费。

开放时间：除圣诞和元旦外，每天开放。4~9月9:00~19:00，其余时间9:30~17:00。

一般游览所需时间：约1小时。

交通：从图尔有频繁的火车和巴士前往洛什，火车站乘往洛什的列车或巴士约40分钟到1小时。直达火车票价8.2€，巴士要在安博瓦茨镇转车， 票价5.1€。如果自驾车从舍农索城堡到此只需30分钟。

图尔西面和西南面方向

希农城堡（Château de Chinon）

位于图尔西南面49公里的维恩河边，是早期的中世纪城堡，这里以法国民族英雄圣女贞德而闻名。

门票：6€，电话：02-47931345。

开放时间：4~9月9:00~19:00，其余月份9:30~17:00，元旦和圣诞节闭馆。

一般游览所需时间：1~1.5小时（含看城堡内的贞德博物馆）。

拍摄注意：室内外均允许拍摄和录像，不需另付费，城堡向南，上下午均适合在河对岸拍摄。

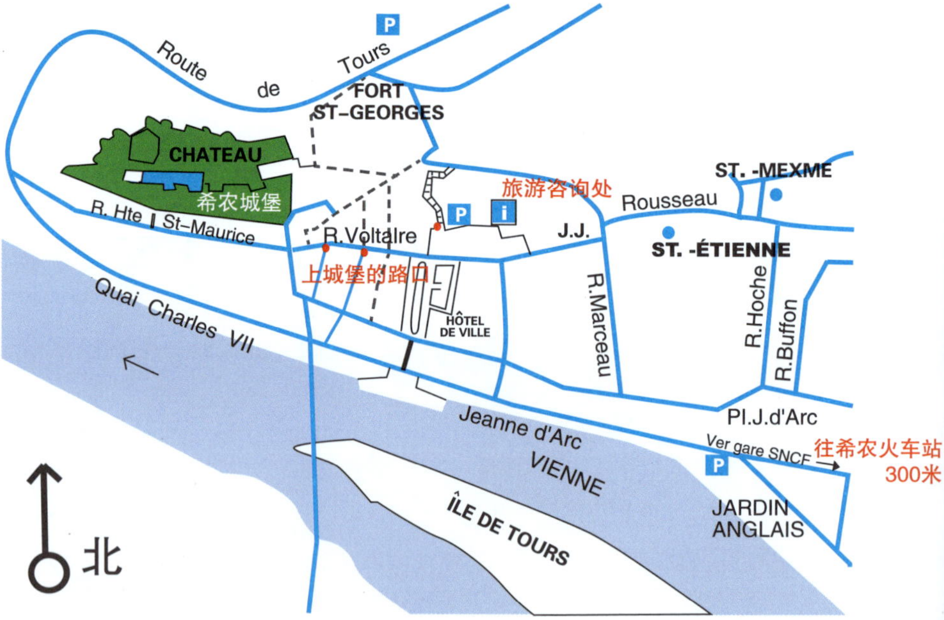

希农小镇景点示意图

交通：

1. 汽车　从图尔往希农还是乘火车方便，因没有直达巴士到希农，必须在安杰雷转车。图尔—安杰雷—希农巴士时刻表见下面安杰雷城堡交通部分。

2. 火车　从图尔火车站乘火车经安杰雷城到希农镇不同的车40~50分钟，票价8.5 €（49公里）。可按下面火车时刻表做计划与安杰雷城堡同游，下面车站名后的（SNCF）省略。发车密度一般不变，具体时间数会随年份和季节稍有调整，时刻表请到当地再核对。票价：图尔—安杰雷（26公里）5€，安杰雷—希农（23公里）4.5€。希农火车站在镇东南角，出站一直沿路往西走约15分钟便到圣女贞德广场，再往西走到旧城区北沿上山就是希农城堡。

图尔—安杰雷—希农之间往返火车时刻表

7:35图尔→	8:09安杰雷→	8:27希农
9:09图尔→	9:34安杰雷→	9:52希农
12:20图尔→	12:47安杰雷→	13:07希农
14:10图尔→	14:36安杰雷→	14:54希农
16:33图尔→	17:01安杰雷→	17:19希农
11:16希农→	11:35安杰雷→	11:59图尔
13:14希农→	13:35安杰雷→	14:02图尔
15:16希农→	15:35安杰雷→	15:59图尔
16:15希农→	16:36安杰雷→	17:02图尔
17:28希农→	17:51安杰雷→	18:21图尔
18:16希农→	18:35安杰雷→	19:01图尔
19:34希农→	19:57安杰雷→	20:31图尔

安杰雷城堡（Château de Azay le Rideau）

位于图尔西南面26公里处的安杰雷镇，建于1518~1529年，为文艺复兴时期的精品建筑。

门票：8€，优惠票5€，18岁以下免费。电话：02-47454204。

开放时间：每天，7~8月9:30~19:00，4~6月和9月早关1小时，11月至次年3月9:30~12:30，14:00~17:30，元旦、五一、圣诞节闭馆。

一般游览所需时间：1~1.5小时，含外面的森林。

拍摄注意：室内外均允许拍摄和录像，不需另付费。

交通：

1.火车　从图尔乘往希农的火车中途便到安杰雷镇，班次多但车站离城堡远(2.5公里)。往返班次见上表。出站往东直走，经安杰雷镇到城和9月19:00，10月18:30，3月18:00，2月和11月上半月17:30，其余关闭时间17:00。

城堡开放时间：7~8月9:00~18:30，4~6月和9~10月9:00~18:00，3月9:00~17:30，1月4日~2月5日和11月15日~12月17日关闭，其余时间9:30~16:30。

一般游览所需时间：约1小时。

交通：最近的火车站（Savonnieres）离城堡4公里，从图尔火车站乘往昂热（Angers）方向（不同希农方向）的车14公里，票价3€，班次有12:02、12:28、14:50、17:32，车程约15分钟。到达Savonnieres火车站往南沿大道入同名小镇，然后走上往西的大道就到城堡，回图尔只有13:42、17:58两班。从图尔乘巴士来票价3.4€，巴士时刻表参见上面安杰雷城堡交通部分。

约瑟城堡（Château d' Ussé）

位于图尔西南面近32公里，在卢瓦尔河支流安德鲁河畔，这里曾是查理•佩罗的童话故事《森林中的睡美人》背景地，城堡外观非常美丽，背面是一大片浓密的森林，的确给人一种童话中的感觉。

门票：16岁以上13€，20人团队优惠门票7€，8~16岁4€。

电话：02-47955405。

开放时间：4~8月10:00~19:00，9~11月11日10:00~18:00，其余时间闭馆。

一般游览所需时间：约1小时。

交通：没有公共交通到此，可考虑参加旅行团，见P.189从图尔出发的旅行团。

索米尔城堡（Château de Saumur）

位于图尔西面约60公里的索米尔城卢瓦尔河畔，是14世纪的建筑，属中世纪末期风格，16世纪进行了扩建。它是防御性城堡的杰出代表，为文艺复兴时代的先驱。城堡坐落在河畔的高台上，外形为方形，四角有尖顶塔楼，城堡内设有博物馆，展示过去时代的骑马用具、陶瓷等。

门票：3€，7~16岁2.5€，7岁以下免费。电话：02-41833021。

开放时间：4~6月和9~10月10:00~13:00，14:00~17:30；7~8月10:00~18:00，周一闭馆。

一般游览所需时间：约1小时。

交通：从图尔乘往西面昂热（Angers）的列车到索米尔站下车，车次频密，车费10.5€，行车约40分钟。

昂热城堡（Château d' Angers）

位于图尔以西106公里的昂热城，距南特87公里。该城堡于13世纪由昂热公爵所建，是一座典型的中世纪防御型城堡。城堡有圆塔状的瞭望台，可以俯瞰马恩河和昂热城。城堡非常宏伟和坚固，前面是一条深达11米的护城河。城堡内部的博物馆展出著名挂毯，其中长达106米、高5米的《约翰启示录》最为著名，用了5年时间才织成，是1380年的作品，当时是献给昂热公爵的礼物。在城墙上散步会有很不错的感觉。

门票:6€，18~25岁5€，18岁以下免费。

开放时间：5~8月9:30~18:30，其余时间10:00~17:30，元旦、五一、11月11日、圣诞节闭馆。

一般游览所需时间：1~1.5小时。

交通：从图尔乘火车往西到昂热城， 车次频密，车费16.1€，行车约1小时。

图尔旅游咨询处专线旅游车和简单旅行团

为解决游客到达分布于卢瓦尔河谷各处的城堡，图尔旅游咨询处组织了专线旅游车和旅行团，由旅游咨询处或其指定的当地旅游公司举办，不像中国国内的全包旅行团那样只是跟车走而什么也不包。持旅行团车票到景点买票有优惠。除下面介绍的旺季时间，淡季同样有发团。在开始游览前请先到在图尔火车站对面的旅游咨询处了解资料有无更新。它会比自己用公共交通往城堡要贵一些，参观时间也受限制，但对没有公共交通或很不方便的城堡来说是很合适的。电话：06-07391331。图尔火车站广场前旅游咨询处有发往各城堡的专线旅游车，从3月1日至11月14日每天发车。

出发-返回	前往城堡及停留时间(小时)	车费
9:15~12:30	维朗德里1/安杰雷1	19€
9:30~13:30	舍农索1.5/安博瓦茨#1	21€
13:00~19:00	香波1/舍农索1.5	33€
14:00~18:15	朗热1/约瑟1.5	26€
9:15~19:00	维朗德里1/安杰雷1/香波1.5/舍农索1.5	51€
9:30~18:15	舍农索1.5/安博瓦茨#1/朗热1/约瑟1.5	46€
9:15~18:15	维朗德里1/安杰雷1/朗热1/约瑟1.5	44€

注：上表全天团在图尔午饭30分钟，以上价格是往返价，饭餐和门票自理，含中文语音解说器。景点门票享受团体优惠价，#表示可能更换为克洛•吕塞城堡(下表相同)。

下表从4~10月不是每天而是按指定日子出发，与上表是不同组合的路线，是8人的小巴。车身标志是TOURAINE EVASION，它增加了景观一项，就是会带游客到没时间入的城堡外面看看，其他条件与上面的相同。

周一、三、五 13:10~18:30	香波堡/舍弗尼堡/景观:安博瓦茨、肖蒙、布卢瓦	33€
周一、三、五 9:15~18:30	舍农索堡/安博瓦茨堡#/香波堡/舍弗尼堡/景观：安博瓦茨、肖蒙、布卢瓦	50€
周二、四 13:10~18:20	舍农索堡/安博瓦茨堡/克洛·吕塞堡/品酒	28€
周二、四 9:30~18:20	安杰雷堡/维朗德里堡/安博瓦茨堡/克洛·吕塞堡/舍农索堡/品酒	45€
周日 12:40~18:30	舍农索堡/香波堡/景观:布卢瓦-Fougères Bièvre-舍弗尼	34€
周日 9:00~18:30	安杰雷堡/维朗德里堡/舍农索堡/香波堡/景观:同上	51€

城堡品酒旅行一天团

卢瓦尔河谷是法国著名的葡萄酒产地，旅游咨询处也举办高消费的全包价品酒旅行团，成人125€，儿童100€，包括午餐和酒、参观酒窖、城堡门票和英语导游服务。行程包括安杰雷城堡、希农城堡和维朗德里城堡，在安杰雷城堡午餐，周一、周四出团。8人小巴，9:00在安博瓦茨和9:30在图尔的旅游咨询处上车，18:30返回出发地，要提前买票。

另有到布洛瓦城堡、香波城堡和舍弗尼城堡的品酒团，周二、周五发团；到安博瓦茨城堡、克洛斯卢斯城堡、舍农索城堡的团周三、周六发团。

关于品酒

对品尝卢瓦尔河谷葡萄酒感兴趣而又不想花100多欧元的，可以在所参观的城堡找寻对外开放的地下酒窖。但需另买几欧元的门票，包括给你品尝一杯葡萄酒（有不同的酒选择）和参观放满大木酒桶的地下酒窖。门票多在城堡商店处卖。

图尔景点

来图尔游览古堡是首选，但在傍晚返回图尔后的空余时间亦可逛一下图尔城。主要游览点是图尔西北面的旧城区，这里可以看到有不少古色古香的街道和房屋，沿街有不少露天咖啡座、餐馆、小商店，市井气息浓厚。到这里走走，可以体验法国中部古老城镇的味道，是休闲散步的好去处。

另外，离火车站西面不远的图尔市政厅及旁边的司法宫是两座外观非常宏伟的古建筑，建筑正面的雕塑多且具有特点。市内还有宏伟的圣马丁教堂（Ancien Basilique St.Martin）和圣加蒂安教堂（Cathédrale Saint.Gatien）亦值一看， 市立美术馆（Musée des Beaux Arts）紧靠圣加蒂安教堂的南面，曾作为大主教的公馆，现在陈列着当地收集的欧洲历史上名画家的作品。

卢瓦尔地区其他景点

布尔日（Bourges）的教堂和宫殿及旧城区，其中布尔日的大教堂被列为世界文化遗产。奥尔良（Orléans）城的圣女贞德纪念地。

周边可联游景点（指图尔古堡区周边）

北面巴黎，西面昂热（Angers）、南特（Nantes），南面波尔多（Bordeaux），东面第戎（Dijon），东南面里昂（Lyon）。

日程计划和最低费用预算

◆如果你只有1天时间

走东线，乘9:00的巴士到舍农索城堡，乘12:00的巴士到安博瓦茨火车站，转12:53的火车到布卢瓦火车站乘13:42的车到香波城堡和舍弗尼城堡，17:45返布卢瓦游城堡（夏季城堡19:00关，冬季早关门），结束后游一下小镇，乘火车回图尔。一天游3个城堡（已游了最好的两个，舍弗尼和布卢瓦只能取其一）。或跟51€的一天旅游团（已包括了最好的3个城堡）。

最低费用预算：住宿19.5€，交通合计26.7€，伙食共(厨房煮晚饭)6€，门票合计27€，合计79.2€（跟团费用为交通51€，门票省约4€，合计100€，贵了28€，多游览了一个城堡）。

◆如果你有2天时间

第一天，9:10前赶到布卢瓦乘环线巴士到香波城堡和舍弗尼城堡，15:22到布卢瓦城堡，18:00左右到安博瓦茨城堡（夏季19:00关，车费共25€，门票34.2€）。

第二天，先去舍农索城堡，乘12:00的巴士返安博瓦茨火车站，乘火车经图尔到希农城堡，结束后乘火车返回到安杰雷城堡（夏季19:00

关，车费共19.5€，门票23.7€），这样也是一天走3~4个城堡。也可考虑跟一天旅行团。

最低费用预算：住宿39€，交通合计45€，伙食共（厨房煮晚饭）12€，门票合计58€，合计154€（共游7个城堡）。

◆如果你有3天以上的时间

不要游得太紧，每天去同一方向，一些交通不便的就参加旅行团，如约瑟城堡和维兰迪城堡。上面介绍是玩得比较紧凑的，基本上没有时间参观各城堡所在的小镇，如果想玩得轻松点可以多安排些时间，这些小镇的风情也很吸引人。

图尔的步行游览路线

火车站—市政厅广场—圣马丁教堂—图尔旧城区—到市区北面看卢瓦尔河边景色—圣加蒂安教堂—市立美术馆—火车站。

卢瓦尔地区交通

火车

图尔是卢瓦尔地区的交通枢纽，图尔有两个火车站，一是市中心的图尔中央火车站（Gare de Tours，或Tours Central），本书提到的“图尔站”即这个站，普通列车TER和少量TGV快车停这个站。从巴黎奥斯特里茨车站乘普通列车到图尔中央火车站约2.5小时。图尔火车站在市区南面。从巴黎蒙帕那斯火车站乘TGV快车1.5小时便到图尔中央火车站和下面介绍的图尔TGV快车站。

二是图尔郊外的Saint-Pierre-des-Corps站，本书提到的“图尔TGV快车站”即指这个站，是图尔出来的第一站（两站相距7分钟车程），经图尔的多数TGV快车只停这个站，从巴黎来不入图尔可直接转本地列车（都停此站）到达一些城堡所在镇，景点交通部分时刻表中从图尔出发的列车加上7分钟就是到达此站的时间。以图尔为中心的古堡区游览以火车为主，因为耗时少，多数城堡所在地多有火车到达。具体价格和班次已在景点交通部分中介绍。远程火车二等票价格如下：至巴黎普通列车30.8€，约2.5小时，TGV快车41~56€，约1小时20分；至第戎（要中转）票价49~84€；至里昂23~50€；至波尔多33~47€。

本地巴士

本地巴士公司主要是Touraine fil vert公司，布卢瓦地区是TLC公司，它们营运当地公共巴士线路。古堡区游览除火车外有部分要乘班车，要在车站看懂班车时刻表或在旅游咨询处核实（本书各景点交通中已有详细时刻表），当地人往古堡多是自驾车，故班车人少班次少，但准时。也可选择上述旅游专线车或旅行团的方式。图尔的汽车站就在火车站广场前。有些地方可先乘一段火车或汽车然后步行，步行在法国乡村和葡萄园之间也会是一种愉快的体验。旅行团也是一个不错的选择，但价格较贵且受时间限制。

自行车

在卢瓦尔河谷中骑自行车也很不错，但因景点之间距离远，作为运动体验是可以的，但作为游览景点的交通则耗时过多，多数火车是可带自行车上车的（车站时刻表上有符号显示），要租的话，可问旅游咨询处。

租带司机的车

在图尔旅游咨询处也可租到带司机的8人小巴，司机讲英语并能带路，可按你自己设计的线路来走，一个上午160€，一个下午280€，全天390€，仅晚上210€。

自驾车出租

价格请参考巴黎自驾车出租部分，当地出租点请咨询旅游咨询处。

卢瓦尔地区住宿

◆图尔作为卢瓦尔地区古堡游的住宿地点是最方便的，因为经常要从这里乘火车或汽车出外，所以火车站附近是最理想的住宿地段。见P.176的地图。

●图尔青年旅馆（A.J. du 'Vieux Tours'）

地址：5 Rue Bretonneau，电话：02-47378158。

邮箱：tours@fuaj.org。预订网站：www.hihostels.com

房价：单人间19.44€，双人间38.88€，3人间58.32€。房价含早餐，有客人厨房。位置价格和设施都不错，有101个单人间和38个双人间。建议提前预订。

交通：出火车站往北过广场入旧城区。

●Hôtel val de loire无星旅馆

地址：33 Bd. Heurteloup。有上网和WIFI，包行李寄存。

房价：单人间35~45€，双人间55€。

预订网站：www.hostelworld.com

交通：位置非常好，出火车站往北过广场到大道转右约10米就是，就在旅游咨询处对面。

●Hôtel le Lys d'Or 一星旅馆
地址：23 Rue de la Vendee
电话：02-47053345。
房价：单人间35€，双人间40€，3人间47€，4人间56€。
交通：位置非常好，约5分钟路程。

●Hôtel Trianon
地址：57 Av. de Grammont
预订网站：www.hostelworld.com
房价：单人间45€，双人间65 €，双床间70€。有免费上网和WIFI。

●Hôtel Terminus
地址：7 Rue de Nantes
房价：单人间48€，双人间55€，3人间66€。可上网和有免费WIFI。
预订网站：www.hostelworld.com
交通：火车站广场西侧南北走向的路就是Rue de Nantes，只需2分钟路程。

◆布卢瓦镇也是一个就近前往附近城堡的住宿地，以下为布卢瓦镇旅馆。
●Ethic Etapes Val de Loire
地址：37 Rue Pierre et Marie Curie。
房价：5人间每床10.25€。
预订网站：www.hostelworld.com
交通：在火车站东北面较远处，但便宜，从镇中心乘3路车10分钟到。

●Hôtel La Renaissance
地址：1 Rue de la garenne。
房价：单人间(无卫生间)30€，双人间50€，3床间75€，4床间75€。
预订网站：www.hostelworld.com
交通：在火车站东面，步行7分钟。

●Hôtel Du Bellay
地址：12 Rue des Minimes。
房价：双床间（无卫生间）35€，双人间（不带卫生间）40€，3人间67.5€。

预订网站：www.hostelworld.com

交通：位于火车站东面。

● Hôtel St. Jacques

地址：7 Rue Ducoux。电话：02-54780415，传真：02-54783305。

房价：小双人间25€，大双人间45€。

预订网站：www.hotelsaintjacquesblois.com

交通：位于火车站正对的路。

● Hôtel LE SAVOIE

地址：6 Rue Ducoux，电话：02-54743221。

房价：家庭间49~55€。

预订网站：www.citotel.com

交通：在火车站正对的路上，上一家的对面。

● Blois "Les Grouëts" Auberge de Jeunesse青年旅馆 一星旅馆

地址：18 Rue de l'Hôtel Pasquier Les Grouëts。这是一个非常接近香波城、舍弗尼城、安博瓦茨三个城堡的青年旅馆，它处在卢瓦尔河和森林之间，共48个床位，有厨房。

电话：02-54782721。邮箱：blois@fuaj.org。

位置：房价：每床11.2 €。

时间：6:45~10:00，18:00~22:30。3月1日到11月15日开放。

交通：离布卢瓦火车站5公里，乘4路车到Auberge de jeunesse（青年旅馆）站下车，走150米。

综合信息

旅游咨询处

图尔的旅游咨询处在图尔火车站广场对面，一切有关在卢瓦尔城堡游览的信息都可以在此获得；安博瓦茨的旅游咨询处在从火车站过桥入镇后，在桥南河边；布卢瓦的旅游咨询处在火车站出站往东入镇的大道北侧，从车站步行约5分钟；希农城的旅游咨询处在出火车站入镇后的旧城区中心；安杰雷城的旅游咨询处在从火车站入镇后进入城堡前教堂的北侧。请在地图上寻找。

特色菜

图尔的物价应该说是法国最便宜的了，这里除了旅馆便宜之外，法国菜也比其他地区便宜。在火车站附近有很多中小餐馆，较具地方特色的品种是当地的淡水梭鱼、鲑鱼、鳗鱼，以及鸭、猪肉等。菜式有芜菁煮鸭（Caneton de Nantes aux navets）、红酒炖鳗鱼（Matelote d'anguilles）、红烧猪颈肉（Rillons de Tours）。

娱乐

多处城堡在旅游旺季晚上有声光音乐会表演，请在旅游咨询处了解。

图尔月平均气温（摄氏度）

月份	1	2	3	4	5	6	7	8	9	10	11	12
温度	4	5	8	10	13	17	19	19	17	12	7	5

第八章

法国的东北部：勃艮第和阿尔萨斯地区——葡萄酒之乡和文化交汇之地

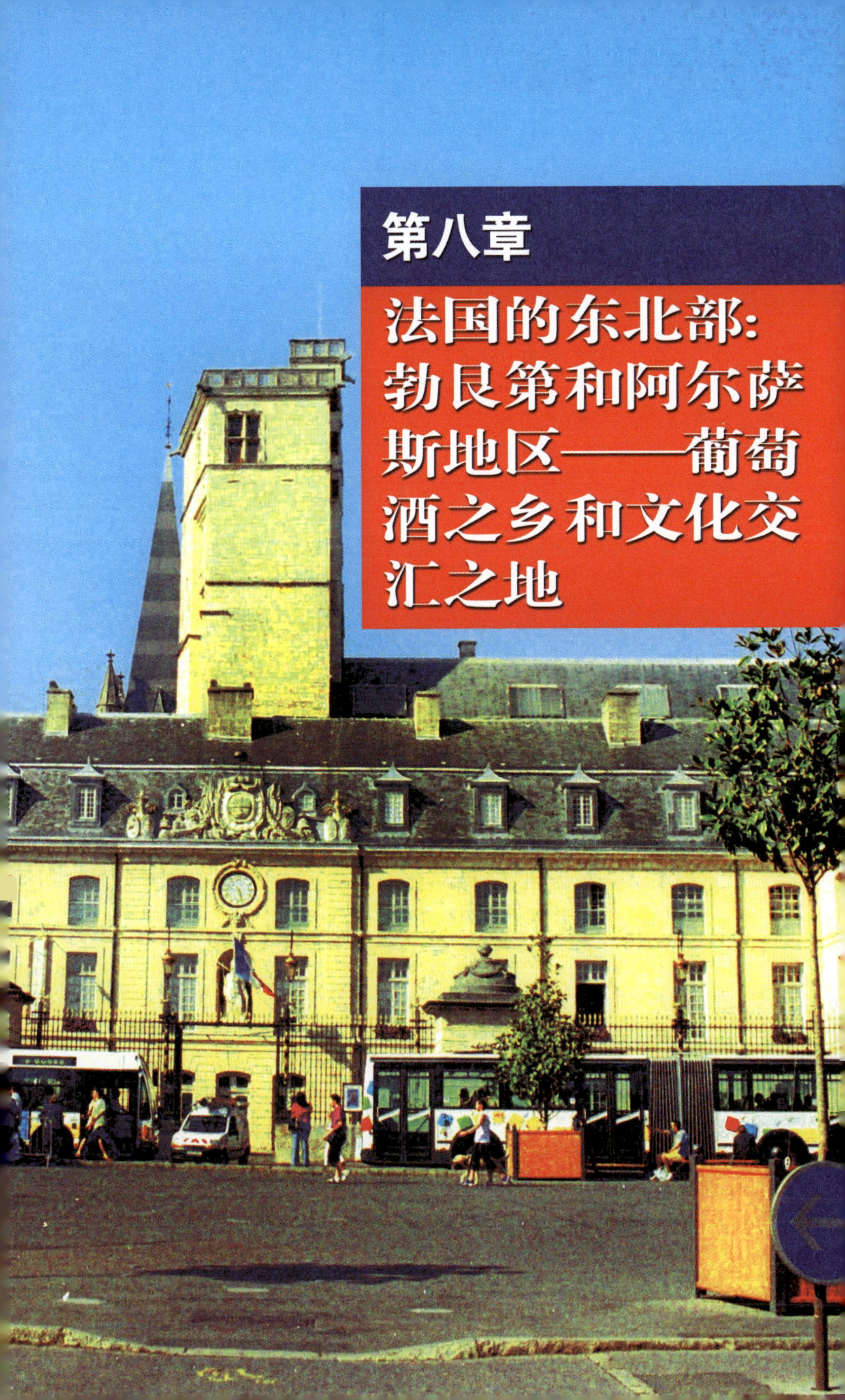

★在法国乘火车

走出巴黎，就要乘法国的长途火车了。火车是法国的主要长途交通工具，法国国营铁路公司经营法国全境的火车（个别地方有私营铁路公司），该公司的标记是SNCF。其铁路网设计是以北部巴黎为中心，呈放射状连接法国各地，横向铁路不多，车次也少。

乘穿越法国的火车，除了更近距离地接触法国人日常生活外，还可以近距离看一下法国的大地，法国中北部这一带是卢瓦尔河平原地区，沿途地形除了偶尔有些起伏外，都没有山岭和丘陵。7月底的法国，田野已经收割完毕，只留下一捆捆巨大的金黄色的麦秆，而沿途所见的葡萄园却仍是一片青绿，低矮的葡萄架整齐地排列成行，沿地势的起伏伸向远方。临近第戎这一带是勃艮第地区，属科尔多省，为法国著名的葡萄产地，勃艮第或科尔多葡萄酒驰名世界。

在远离旅游热点地区，游客很少，见到的都是当地乡村和小城镇的人。沿途树影婆娑之下，漂亮的古典式小火车站上寂静无人，一片平和安宁的景象。有些路段，整节列车空空荡荡，有时上来一些当地的老人，有时上来一群群老师带着乘车的小学生，他们是暑假期间到附近旅行的。这些穿着童子军制服的学生活泼可爱，“吱吱喳喳”像小鸟鸣唱般的童音马上打破了车厢中的寂静。不久，学生们下车了，车厢又恢复了平静。你可以从中感受到这里人们生活的富足和安宁。

在法国中部的原野上，铁路所经的沿途，远近树丛中不时出现一小簇一小簇的尖顶房屋围成了一个个小村庄，每个村庄中最醒目的是乡村教堂的尖顶，从老远就可以看到，一派宁静祥和的法国乡村风情时时展现在眼前。沿途也遇到不少河流，两岸树木葱茏。这些河流都不大，但水清而平缓，倒映着蓝天和白云，时而与铁路平行，时而交叉而过。虽然没有见到十分激动人心的风景，但仍令人感到舒心坦荡。

在法国乘火车省钱诀窍和注意事项

票价的选择：时速达300公里的TGV快车比普通列车贵，时速快很多。不管什么车，票价由时段决定，分高峰时段（normal period）与低峰时段（off peak）。乘长距离车应提前了解几点的车最便宜，不同时刻的票价相差很大。例如早上7:00是高峰，8:00就不是了，最好提前买，问清几点钟最便宜。有时TGV与TER普通列

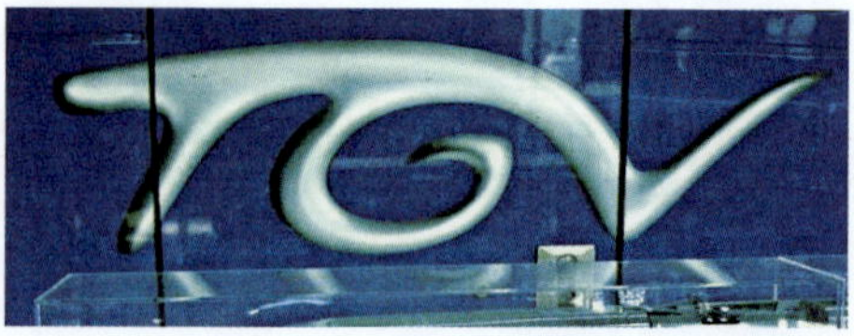

法国TGV快车标志

车票价相差并不远，关键是选择时段而不是车类。有时TER也慢不了多少，时速也近百公里。短途普通列车TER没有时段问题。从巴黎往法国境内任何城市直达快车，一般只需几个小时，不用乘卧铺。乘卧铺的钱不会比座位车加一晚便宜旅馆的价钱便宜。乘火车均不需预订，开车前几分钟买票都可以，即使TGV票价包含预订座位费，也可即买即上，不需提前。

优惠：法国铁路公司的打折优惠火车票没有固定方式，通常会在网站上公布，多给予26岁以下的人。要想获得其优惠必须经常上它的网站看，优惠票要提前很长时间在网上预订，且不能退票，除非很早就能确定计划，否则难以获得其优惠。通常购往返车票也没有优惠。不适合短期旅行的优惠在此不作介绍。

法国火车站自动售票机

自动售票机：可以利用法国火车站的自动售票机查不同时段票价。我曾利用晚上时间散步到火车站学习使用自动售票机。它有英语界面，但一步步往下按，却发现法国人认为是英语的不少词本身是法语。后来我将这些法语单词抄下来，回旅馆请老板翻译成英语。这样就学懂了使用法国的自动售票机。自动售票机分两种，一种是只售短途城郊列车的（无时刻表，只显示价钱，因短途车很频密，买了票后乘哪趟都行），一种是长途列车的（能显示不同时段发车时间和票价），但要转车自动售票机便不易处理。

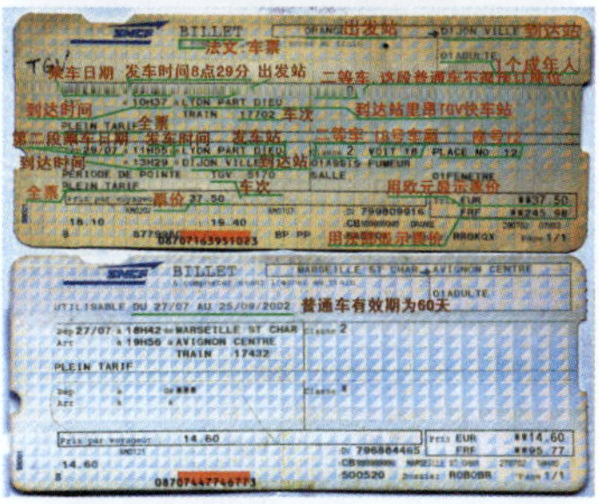
法国火车票说明

柜台买票：转车到售票窗口较方便。法国的火车站售票窗口较多，买票的人不多，售票员态度很好，每次都会将电脑屏幕转过来给你选择或先打一份可选择清单给你，你看过并决定后才出票。如果不懂法语怕地名弄错，最好把写好地名的纸条递上。除特殊时段推销的廉价票外，大多数火车票两个月内使用有效。虽然车票也有不同的退票条件，但也没必要懂太多，只需读懂车票上的内容便可。

法国火车站售票处标志

法国火车站时刻表

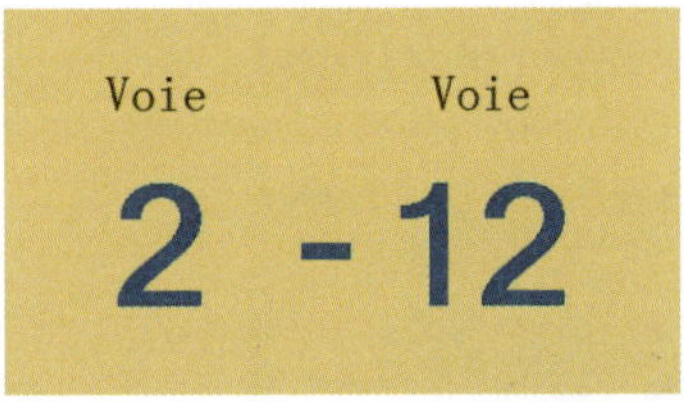

法国火车站月台标志牌

铁路咨询窗口：火车站设有铁路咨询窗口，都用Information标志，但只回答有关列车方面的问题，不售票。他们可以为你设计乘什么车、怎样转车并打印在纸上给你，让你持这样的纸条到售票窗口买票。车站大厅一般都摆有几个铁架，上面有免费索取的火车时刻表。

确定月台：买票后找对了月台（VOIE）就不会乘错车。车票上不显示月台号，你可问售票员，或自己到自动翻牌时刻表上去找。火车站月台上有告示牌显示该月台将要到达和出发的列车资料，并注明在该月台上开出的车是从何地往何地，乘客找到月台后应到告示牌上再确认一下，这样便万无一失，火车都是很准时的。

转车联票：在法国乘火车可以买联票，即一次出票将几程车次包括其中，不需在转车地再买下一程票，票上有转车地站名、到达时间、衔接车的开车时间等详细资料，只要你按车票上注明的去做，懂得找月台（隧道口有标明该月台发车资料），则全过程都不必问人。

乘车：上车前自觉将车票打卡（一般在进入月台的入口处，不懂就早点到看别人怎样打卡，如忘记了，可在车上找列车员打卡，不要等他来找你，否则即使你有票也会有逃票嫌疑，因未打卡的票在有效期内都可用）。火车到达后出站也没有验票的，非常方便。误了火车不用任何手续就可以直接乘下一班，车票有效期通常长达2个月。

座位：在法国不需像在中国那样要考虑在始发站乘车，快慢车中途上都会有位， 列车很少有满员的情况，除TGV（特快车）和卧铺外，普通车不对号入座，上车不应占用标明有订座的座位，短途区间列车车票则像公共汽车一样连车次编号和时间也没有。列车窗明几净，感觉舒适，乘车的人不多，每排只设4个座。现在已经不设三等车，TER二等车座位也很宽敞舒适，全部有空调；车厢外有数字1、2区分等级，持二等票的不能到一等车厢坐（虽然没有监督）；标有自行车和轮椅标志的火车班次表，可以带自行车上火车，有专门为残疾人轮椅设的上下车升降台。车上有分吸烟和非吸烟车厢，或将一节车厢划分为这两个部分，边吞云吐雾，边看风景，烟民们有福了。

到站下车：火车广播是法语，列车员不会喊到站，火车一般都很准时，月台上有不少较大的站名牌，很容易看，不懂法语可按车票上注明到站时间提前查看到达站月台上的站名。到站时车厢门要自己去开，车厢之间的门也是要自己按键才开的。

◎ 不懂外语自助游法国锦囊7

乘火车

1. 如果从巴黎出发到其他城市，先确定在哪个火车站买票，在售票窗出示中英对照第16条。2. 找月台。在法国的火车站，售票员不一定知道各车次分别在哪个月台发车，都是由乘客自己看，所以要看懂车站大厅的动态时刻表或电子屏幕。这与在机场看航班时刻表差不多，不过没有英语，也是先分辨出发（Départ）和到达（Arrivée）的时刻表，出发时刻表也是包括发车时间（用数字显示）、目的地（用法文显示）、车次（5位数字，TGV4位）、月台（Voie，这是最重要的，Voie字下面用数字显示月台号），小站的月台只有一位数，大站有两位数。按车票上发车时间（短途发车密集的不写时间）找到该栏，看其目的地是否你要去的地方，如果不是，说明你的目的地在途中，出示第17条和车票问人，在月台上再次确认信息。

◎ 不懂外语自助游法国锦囊8

遇事的处理（在非正常情况下）

1. 步行过程中迷路时可原路返回到原来已在地图上确定的点重新走一次，也可出示中英对照第24条问人。2. 乘火车错过了站，不需要惊慌，在下一站下车再乘车返回（地铁也一样），可使用第8条、9条和18条询问，火车票在有效期内不需重新再买。3. 如果乘错了方向的火车，时间还早的话，按第二点处理，但票要重新再买，如时间已晚，先到一个大站下车，用14-4条找旅馆先住下（也不过多花了点钱），次日再重新买票返回，原有票不是乘TGV车的而是两个月有效的可继续用。如果是TGV的只需在查票时（出示第25条）再付订位费几欧元。4. 信用卡丢失参见P.32，打国内发卡行电话是中文接线的。现金如全部失窃则要用旅行支票到银行换现金，可出示第26条；如全部物件丢失（含护照丢失）则要找华人餐馆，打电话到中国使领馆求助，也可出示第27条向警察求助联络中国使领馆。

这是最后一个锦囊，其他锦囊中没有提及的请在附件6中查找不同场合中要用的英文纸条。

第戎市勃艮第公爵宫

★勃艮第大公国的首都——第戎

勃艮第（Bourgogne）是法国中部最富庶的地区之一，位于巴黎东南面、卢瓦尔河谷地区的东面。历史上勃艮第曾是法国国王所封的勃艮第大公爵的领地，勃艮第曾成为一个独立的大公国，是一个强盛的独立地区。勃艮第公爵的势力兴起于13~14世纪，勃艮第大公曾是法国除国王以外最有势力的人物。其中一位勃艮第公爵人称“大胆的查理”是计划统一法兰西的国王路易十一最危险的敌人。他努力扩张已经十分强大的勃艮第公国的力量，企图使勃艮第成为完全独立的政治实体。最后勃艮第终究没有脱离法兰西，它重新成为法兰西中的一分子。第戎作为勃艮第大公国的首都留下了很多辉煌的建筑。这里还是法国的主要葡萄酒的产地，勃艮第葡萄酒是世界知名的葡萄酒。

从巴黎乘TGV特快列车只需1.5小时便到达第戎。勃艮第虽然在法国历史上很辉煌，但今日的第戎仅是一个只有16万人口的中小城市，其在法国的重要性远没有马赛和里昂大。勃艮第的市区面积也不大，没有地铁这类现代城市的交通工具，不过这对于旅游者来说更好，景点都不远，步行就可以了。

从火车站过来，沿着植有法国梧桐树的浓荫路来到宽阔的达尔西广场，广场上的乔姆门像个小型的凯旋门，透出一种端庄与威严，有王者的气势。往东沿着第戎最热闹的利贝尔丁大街往前走不远就到了公爵宫，沿途也有一些宏伟高大的石砌建筑，初到者往往会误认为是到了公爵宫，其实公爵宫比这还要宏伟。

第戎的观光重点是勃艮第公爵宫，这是勃艮第大公国作为一个独立公国时大公爵的王宫，是巴洛克式建筑。公爵宫很大，现有一半为第戎市政厅的办公楼，一半被辟为博物馆。博物馆的展品非常丰富，主要是雕塑和画，其中有不少名作。公爵宫前的广场是游客流连的地方，广场四周及附近街巷构成的一大片街区均是古色古香有百年历史的老房子，均呈现古典建筑艺术的风貌，确实值得漫步其间，细细品味。

第戎市街景

这里没有高楼大厦，没有大城市的喧哗和压抑感，也没有熙熙攘攘的人流，漫步在到处都是有几百年历史的建筑的街道上，令人觉得放松，如果不是偶尔有公共汽车经过和随处可见的现代产品广告牌，真让人有一种时光倒流的感觉。第戎的古建筑虽然古老，但一点都不残破，沿街建筑廊柱上的人物雕塑都极少见到缺头断臂或因日晒雨淋而全身发黑的。在寂静的街道上抬头就是宏伟的古教堂，高高的尖顶直插云霄，才一转身又是15世纪的大宅，古老庭院中鲜花盛放，几乎沿街的每一幢房子都值得停下欣赏一番，每一个角度都值得拍照，不知不觉中已是夕阳西下之时。

第戎市的古建筑

除了公爵宫，第戎还有其他的博物馆和不少很有特色的教堂，设计好步行线路，一个个地前往参观和欣赏，远道而来，不要轻易放过这些充满优秀文化韵味的东西。这里街道寂静，游客不多，徒步在第戎街头，寻寻觅觅，至今仍深深印在我的脑海里。

★阿尔萨斯—洛林的首府斯特拉斯堡

从第戎乘火车往东北方，不需2小时就来到位于法国东北角的阿尔萨斯—洛林大区首府斯特拉斯堡。提起阿尔萨斯和洛林，就不能不想起法国小说家都德的短篇小说《最后一课》，小说创作于1873年，正是普法战争结束后法国因战败而被迫将阿尔萨斯和洛林割让给德国的时候，德国当局要求当地学校用德语课取代法语课。小说反映了平时不用功的学生在最后一节法语课上对法国的爱国之情，场面描述感人。小说被译成了多国语言流传，成为爱国主义最好的教材之一。中国在20世纪初就将其编入了中学语文课本，它是一篇极有震撼力的名篇。

阿尔萨斯和洛林这片土地因为处于法国和德国接壤地区，历史上纷争不断。阿尔萨斯和洛林最早是属于神圣罗马帝国即后来的德国的哈布斯堡家族的领地；到1648年欧洲的三十年战争结束，根据《威斯特伐利亚和约》被划归法国；法国统治100多年后在普法战争战败后又划归了德国；1918年第一次世界大战德国战败后又回归法国；二战初期法国战败投降又划扫德国；二战后重新归并法国。在欧洲还有新旧教之争，德国属于新教，法国属于旧教，这也是双方之争的深层原因之一。在欧洲，宗教归属感有时比民族归属感更为强烈，这是我们宗教观念淡薄的中国人所不易理解的。像这种一块土地在不同国家中转来转去的事在欧洲历史上屡见不鲜，它们是国际纷争的导火线，严重影响着和平的维持。二战后人们终于想出了解决办法——建立欧盟和申根的体制，还有民族自决权、民主选举和公投，由当地人自己决定自己本地的大事，不再成为大国之争的棋子。人们虽然属于某个国家，但却可以自由流动，国籍不再重要。

斯特拉斯堡是一座历史悠久的古城，罗马时代已在此建有哨所，公元4世纪成为总主教的驻地，也成了这一地区重要的商业中心，它经历了成为自由市、独立共和国及先后由德国和法国的交替统治，1988年该市举行了建城2000年的庆典。今天的斯特拉斯堡是法国东北部的大都市，是这一片大区的中心。旧城坐落于被伊尔河环绕的大岛之上，从市中心往东几公里越过莱茵河就是德国，德国在此的影响是显而易见的，城中的老建筑大多是用板条钉成几何图形的德国式半木结构建筑，它给人的印象完全就是一座德国城市。老城区狭窄的街道蜿蜒曲折，走入其中，仿佛置身历史场景。旧城区最宏伟的是高142米的圣母大教堂，建成当年是世界上最高的建筑物。这里是法德两种文化的交汇之地，加尔文、歌德和莫扎特都曾在此居住过。1988年斯特拉斯堡整个旧城中心被列入《世界文化遗产名录》。

★关于欧洲火车通票（Eurail Pass）

至今我已使用过几次不同国家的欧洲火车通票，有了丰富的经验。不能笼统地说用通票就省钱，要懂得用才能省钱。欧洲火车通票种类多，从地域范围划分为多国通票和单国通票；从身份上又划分为持短期签证的外国人和欧盟国家公民（含有6个月以上居留权的人）两类。这里只谈最适合持短期签证的活期可选择通票，一般人概念中的欧洲火车通票就是这一种，是为外国游客所设计，是在一段时间（如1个月）内使用选定天数并任意决定使用日的通票，主要在欧洲以外销售，但到达当地的首都或大都会城市的火车站也会出售，覆盖国家越多，日均单价越贵，单个国家的通票最便宜。法国单国最新二等车价格请看下表。

1个月用	成年人	成人日均	青年	2人以上每人
3天	173 €	57.6 €	127 €	149 €
4天	200 €	50 €	147 €	171 €
5天	225 €	45 €	167 €	193 €
6天	249 €	41.5 €	185 €	214 €
7天	272 €	38.8 €	205 €	235 €

表中青年是指12~25岁，即你在通票使用的第一天未达到26岁（以护照年龄为准），成年人是指达到了26岁的。4岁以下免费，4~12岁是成人的半价；2人及超过2人共同使用一张通票可获优惠（第一次使用时必须全部在场），现在已取消65岁以上的优惠。表中“成人日均”是我加进去的，其他日均价请自行计算。从表中可以看出购买天数越多，日均价越低。

此票的1天是从凌晨零时起计24小时为1天。还有晚7:00规则可用，就是在晚上7:00后乘的车，只要当天白天没有乘过，都归入次日计算，最后一天到零时终止。提早（如18:30上车）或超过规定时间（如晚上12:30下车）可补超出部分的票，不需为很短的时间而浪费1天的使用日。

如果没有乘火车，却乘了持该证可免费乘的船也算使用了1天。搭乘了持证可优惠折扣的交通工具则不算当天使用过。持证搭乘高级的车如TGV列车，要另付订位费，一程车的订位费按距离3~15€不等。买通票至少要在使用的5天前购买，车票记名并与护照联用。

知道了日均价，同时还要知道自己旅程中各程火车的正常票价，知道了有几程是超出日均价的，就买几天的通票。不使用通票的其他日子就另买短途车票。如3天通票173欧元，只要你在旅程中乘火车最多的3天按正常票价（TGV票价已含座位费，用通票乘TGV要另付预订座位费）合计的总数超出173欧元，用通票就能省钱，反之就亏钱。如差不多也值得用通票，因为还有其他方面的优惠，也省去了每次购票的麻烦，这都要结合来考虑。这里列出从巴黎到法国各主要旅游目的地的正常票价（其幅度因发车时段不同）。

第戎28.6~44€/尼斯72.9~116€/里昂54~67€/图尔30~56€/马赛55.7~88€/斯特拉斯堡49~74€/波尔多39~61€

从这里看出只有至尼斯超过3天通票57.6欧元的日均价，至里昂、马赛比较接近，如你没有买到低价时段的票，那么除第戎外都超过日均价。如果你在途中城市还要停留一两天的话就没有一天要使用通票（在各章中还有当地往其他城市的火车参考票价）。既然是这样为何还有那么多人说用火车通票好呢？这是因为不少人买了通票后只管乘车，只图方便没有再去细究价格问题。这个方便是付出了不少钱的，因此不能人云亦云，背包客要省钱必须通过计算。通票只适合于大跨度旅程，或以一个城市为中心点走四周城市或景区，一天走多个地方的暴走方式才能省钱。当你计算过自己的旅程票价后便会知道通票是否适合自己。

读者如要买欧洲火车通票，国内的在北京、上海和广州均有销售代理，请登录这个网址：http://www.europerail.cn/about_us/contact_us.aspx

勃艮第(Bourgogne)地区实用指南

第戎概况

第戎(Dijon)位于法国西北部，距巴黎300多公里，是勃艮第首府。历史上这里是勃艮第大公国的首都。从公元13~14世纪起，兴起的勃艮第公爵在此建立了强势独立的大公国，直到1477年法王路易十一才将此地并入法国，受中央政权管辖。几个世纪以来，勃艮第公爵不断修建宏伟的建筑，使这里成为法国古建筑保存得最好的地区之一。这里一直是法国最富庶的地区，盛产葡萄，葡萄酒也名扬世界。现在的第戎是一个清静的小城，人口只有16万，市区内整洁的街道上古建筑林立，是一个寻幽探胜的好地方。

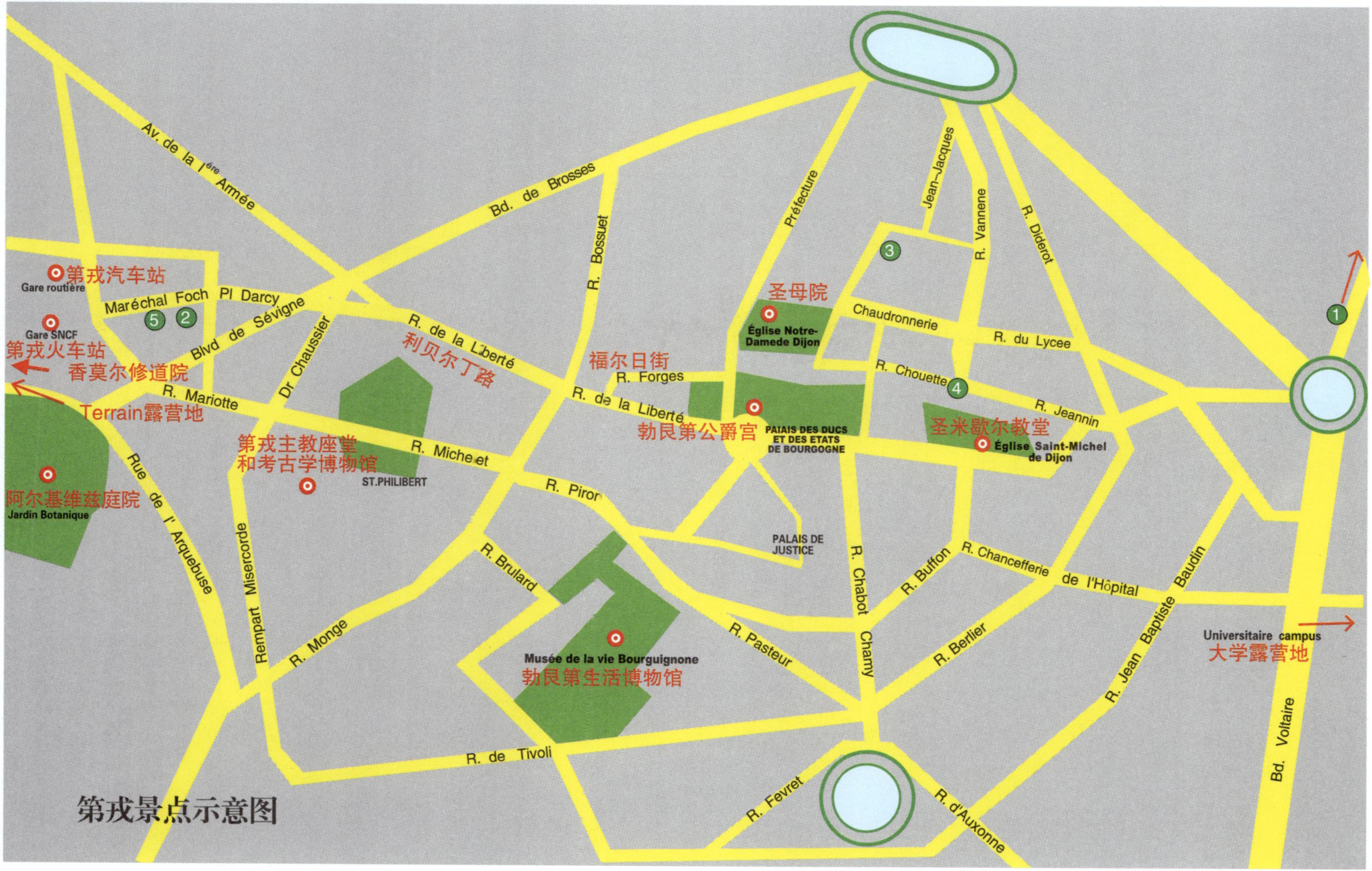
第戎汽车站
Gare routière
Gare SNCF
第戎火车站
香莫尔修道院
Terrain露营地
阿尔基维兹庭院
Jardin Botanique
Av. de la 1ère Armée
Bd. de Brosses
Maréchal Foch
Pl Darcy
Blvd de Sévigne
Dr Chaussier
R. Mariotte
R. de la Liberté
利贝尔丁路
第戎主教座堂
和考古学博物馆
ST.PHILIBERT
R. Michelet
Rue de l' Arquebuse
Rempart Miséricorde
R. Monge
R. Bossuet
福尔日街
R. Forges
R. Piron
R. Brulard
Musée de la vie Bourguignone
勃艮第生活博物馆
R. de Tivoli
Préfecture
圣母院
Église Notre-Damede Dijon
勃艮第公爵宫
PAIAIS DES DUCS ET DES ETATS DE BOURGOGNE
PALAIS DE JUSTICE
R. Pasteur
R. Chabot Chamy
R. Fevret
R. d'Auxonne
Jean-Jacques
R. Vannene
R. Diderot
Chaudronnerie
R. du Lycee
R. Chouette
R. Jeannin
圣米歇尔教堂
Église Saint-Michel de Dijon
R. Buffon
R. Chancefferie de l'Hôpital
R. Berlier
R. Jean Baptiste Baudin
Universitaire campus
大学露营地
Bd. Voltaire
1
2
3
4
5

第戎景点示意图

第戎景点

勃艮第公爵宫（Palais des Ducs et des États de Bourgogne）

位于第戎市中心的利贝尔丁广场上，是一组长达200米，由东、西、中三部分组成的巴洛克式宫殿，大部分建造于14~15世纪，原是勃艮第大公的王宫，法兰西国王兼并勃艮第后将宫殿扩建，作为自己的离宫。三组建筑分隔成东西两个庭院。

现在的公爵宫西院作为市政厅使用，东院被辟为第戎美术馆，这是法国最精彩的博物馆之一，馆内藏品十分丰富，有很多价值连城的绘画和雕塑。二楼的一个厅中置放着两具石棺，棺顶雕有死者躺卧的石雕，一为大胆腓力公爵，一为无畏约翰公爵夫妇，比例与真人相同，且栩栩如生，经30年之久才雕成，是不可多得的艺术珍品。

门票：5€，优惠票2.5€。

开放时间：5~10月9:30~18:00开放，公众假期和周二闭馆。

一般游览所需时间：如果是对此类艺术品感兴趣者，半天也不算多，一般最少要2小时。

拍摄注意：室内可拍摄、录像，不需另收费。

交通：从火车站先往东到Place Daecy广场，穿过乔姆门继续往东沿Rue de la Liberté步行共约25分钟可到。

第戎古街漫步之旅

利贝尔丁路（Rue de la Liberte）和福尔日街（Rue des Forges）

从火车站至公爵宫经这条路，是东西横贯市区的主要商业街，沿路都有很多优美的古建筑，在古色古香的路上却有着现代法国的社会景观，这里是看第戎市区风貌最好的地方。

福尔日街是公爵宫后面的第戎旧城区主路，街上有50多处保存良好的15~16世纪的古老建筑，有浓厚的中世纪味道，其中现在作为旅游咨询处的强贝兰馆是15世纪的建筑，有哥特式庭院和旋转式石梯。

第戎圣母院（Église Notre-Dame de Dijon）和圣米歇尔教堂（Église Saint-Michel de Dijon）

位于公爵宫北面很近的地方，是一座有着高耸塔尖的哥特式教堂，是第戎的主要教堂，建于13~14世纪，外形非常壮观。教堂正面有兽像和人面柱做的排水口，很有特色，教堂的彩色玻璃也是吸引人的焦点。圣米歇尔教堂位于公爵宫以东，是建于16世纪的哥特式教堂，左右各有一塔，是第戎的主要教堂之一。

交通：前者从公爵宫绕到后面（北面）往北步行几分钟可到。后者从公爵宫前往东过马路便是。

勃艮第生活博物馆（Musée de la vie Bourguignonne）

位于修道院中，反映了当年勃艮第传统乡村和小镇的生活，陈列着传统服装、帽子、手工艺品、炊具。

门票：免费。9:00~12:00，14:00~18:00，周二和公众假期闭馆。

交通：从公爵宫穿过广场往南。

第戎主教座堂和考古学博物馆（Cathédrale St.Bénigne & Musée Archéologique）

位于市区西部，靠近火车站，这是第戎较大的教堂之一，原是一个古老的修道院，是10世纪所建的哥特式建筑，有个高达93米的塔尖。现教堂的一部分被辟为考古学博物馆，介绍第戎相关历史。

门票：免费。 5~9月9:30~18:00，有午休， 周二和公众假期闭馆。位置见P.207地图。

市区边缘可游之处

火车站后面的阿尔基维兹庭院（Botanique de l' Arquebuse）是一个典型的巴洛克风格庭院，可领略西式庭院的美妙之处（免门票，见地图）。市区西郊香莫尔修道院（Chartreuse de Champmol）本是勃艮第大公们的埋葬之处，但如今已空置，大院中的一个亭子内有斯鲁特的名作《摩西之井》雕塑（见P.207地图）。

日程计划和最低预算费用

◆如果你有1天时间

Place Darcy—乔姆门 利贝尔丁路rue de La Liberté（沿途看第戎市容）—公爵宫及其美术馆—圣母院—福尔日街—勃艮第生活博物馆—第戎主教座堂和考古学博物馆

最低费用：住19€，伙食6€，交通2€，门票5€，合计32€。

◆如果你有2天时间

可以游览第戎附近各小镇，如丰特奈（Fontenay）、克鲁尼（Cluny）和图尔尼（Tournus），这些小镇都有知名的修道院和教堂。

周边可联游景区

较远的有里昂（Lyon南面）、斯特拉斯堡（Strasbourg东面）、南锡（Nancy北面）、巴黎（Paris西北）、图尔（Tours西面）。

第戎交通

飞机

第戎的Bourgogne机场位于第戎市区西南面，主要是内陆航班。

火车

第戎处在法国西北部的一个铁路十字路口，东南西三个方向均有TGV快车运行，从巴黎至里昂的快速干线经过第戎，频密的TGV列车来第戎只需1小时40分。火车站位于市区西面。部分从第戎出发的二等火车票参考价：

至巴黎TGV快车28.6~44€/至里昂21.4~26.9€/至马赛43.7~55€/至图尔49.8~74€/至斯特拉斯堡29.2~39.2€

市内交通

在第戎市内游览基本上要步行，公共汽车在市内只走主要的大街如利贝尔丁路和火车站及市区外围，因为市中心的很多古街都不适宜通公共汽车。单程车票1€，1小时内有效。1天票3.3€。

第戎住宿

第戎城市虽小，但也有几十家旅馆，火车站附近的地段较好，市内单人间要便宜一些。第戎近郊有一个露营地，离市区这么近的露营地也是不多见的。

●Ethic Etapes Dijon Hostel

地址：1 Bd. Champollion。

房价：4~6人间每床19.2€，单人间37€，双人间48€，3人间57.6€。含早餐，有厨房，可上网，24小时接待。

预订网址：www.hostelworld.com

交通：位于市中心东北方向2.5公里， 有点远，搭乘4路车在Epirey CRI站下。见P.207地图中的1。

●Hôtel Chateaubriand 无星旅馆（火车站附近）

地址：3 Av. Marechal Foch。电话：03-80414218。

房价：32€起。

交通：从火车站出来走正对火车站的Av. Marechal Foch约几十米便到，靠路右边。P.207地图中的2。

●Hôtel le Jacquemart 二星旅馆（市区中部）

地址：32 Rue de la Verrerie。 电话：03-80600960。

房价：单人间31€，双人间34€。这家单双人间均便宜。

预订网址：www.hotel-lejacquemart.fr

交通：公爵宫背后（北面）就是Rue de la Verrerie路，从公爵宫前往约5分钟。见P.207地图中的3。

●Hôtel le Chambellan 二星旅馆（市区中部）

地址：92 Rue Vannerle。电话：03-80380039。

房价：单人间31€，双人间34€。这家单双人间均便宜。

预订网址：www.hotel-chambellan.com

交通：经公爵宫到圣米歇尔教堂转往北不远就到，从火车站步行的话约30分钟。见P.207地图中的4。

●Hôtel de Paris 二星旅馆（火车站附近）

地址：9-11 Av. Avenue Marechal Foch 。电话：03-80429601。

房价：单人间55€，双人间58€。

交通：在上面这家再往前走不远。见P.207地图中的5。

●Terrain de Camping（露营地）

地址：Bd. Chanoine Kir，Dijon市区西部的近郊，Lac Kir以东不太远。

电话：03-80435472。

预订网址：www.camping-dijon.com

交通：从火车站出来步行7分钟到Place Daecy就有合适的市区公共汽车前往（往西方向），约10分钟内可到。另外市区东郊还有大学露营地Universitaire Campus。

第戎特色菜

第戎不但是产葡萄酒的著名地区，也是法国的美食天堂之一，是法国菜的起源地。每年11月这里举办的国际美食博览会是第戎一年中的盛事。第戎市虽不大，但大小餐馆密布，比旅馆多得多。这里介绍几道此地菜式：Escargot a la Bourguignonne勃艮第蜗牛（蜗牛配大蒜、荷兰芹、酱汁），Bœuf Bourguignon勃艮第牛肉（小洋葱、蘑菇、红酒煮炖牛肉），Pochouse de la Sâone（洋葱、葡萄酒加香料煮索恩河鱼），Coq au Vin à l' ancienne（小洋葱、蘑菇、红酒煮炖公鸡），Perdrix aux lentilles（鹧鸪炖扁豆），Pintade aux choux（珠鸡加高丽菜和香肠）。芥末是第戎一带的地方特产，通常作为这些菜肴的蘸酱。

综合信息

旅游咨询处

第戎有两个旅游咨询处，一在火车站出来不远的Place Daecy西南侧，一在公爵宫后面的Rue des Forges上。

勃艮第地区月平均气温（摄氏度）

月份	1	2	3	4	5	6	7	8	9	10	11	12
温度	6.1	5.9	10.3	15.3	15.8	23.8	25.8	26.1	21.2	15.5	9.1	6.2

勃艮第地区其他景点

勃艮第（Bourgogne）地区其他著名景点以宗教历史题材为主。

丰特奈修道院（Abbaye de Fontenay）世界遗产

始建于12世纪欧洲最古老的罗马风格熙笃会修道院之一，位于勃艮第山谷中，修道院的教堂、回廊、餐厅、住宿区显示了早期修道士自给自足的理想生活。

交通：位于第戎西北，乘火车40分钟到Montbard站转的士前往，无公共交通。

韦兹莱村庄和教堂（Vézelay）世界遗产

坐落在岩石山谷中的中世纪教堂和村庄。

交通：位于第戎西北，乘火车在Sermizelles Vezelay站下转的士10公里到。

第戎南面的克鲁尼（Cluny）镇（铁路线上）和图尔尼（Tournus）镇，都有知名的修道院和教堂。还有第戎西北欧塞尔（Auxerre）镇的圣艾蒂安教堂、第戎南面的博讷（Beaune）镇的市立医院和教堂、欧坦（Autun第戎南面）镇的马尔斯广场和教堂。

非宗教的著名景点还有叙利城堡（Château de Sully）。这是与卢瓦尔河谷城堡同样华丽的城堡，在第戎南面75公里和欧坦东面15公里，无公共交通。全价门票7.5€，仅花园3.5€。开放时间：3月27日~11月14日10:00~18:00。

阿尔萨斯—洛林地区实用指南

阿尔萨斯—洛林（Alsace-Lorraine-Champagne）概况

阿尔萨斯—洛林大区是法国22个大区之一，位于法国东北角与德国接壤地区。历史上它交替地归属于法国和德国，是法国领土上最德国化的地区。这里也是法国葡萄主要产区之一，有沿孚日山脉长达120公里的著名的葡萄酒之路。阿尔萨斯—洛林地区最大的城市为斯特拉斯堡，这一带有不少风光优美的小镇同时兼具两国风情，是寻幽探胜的好地方。

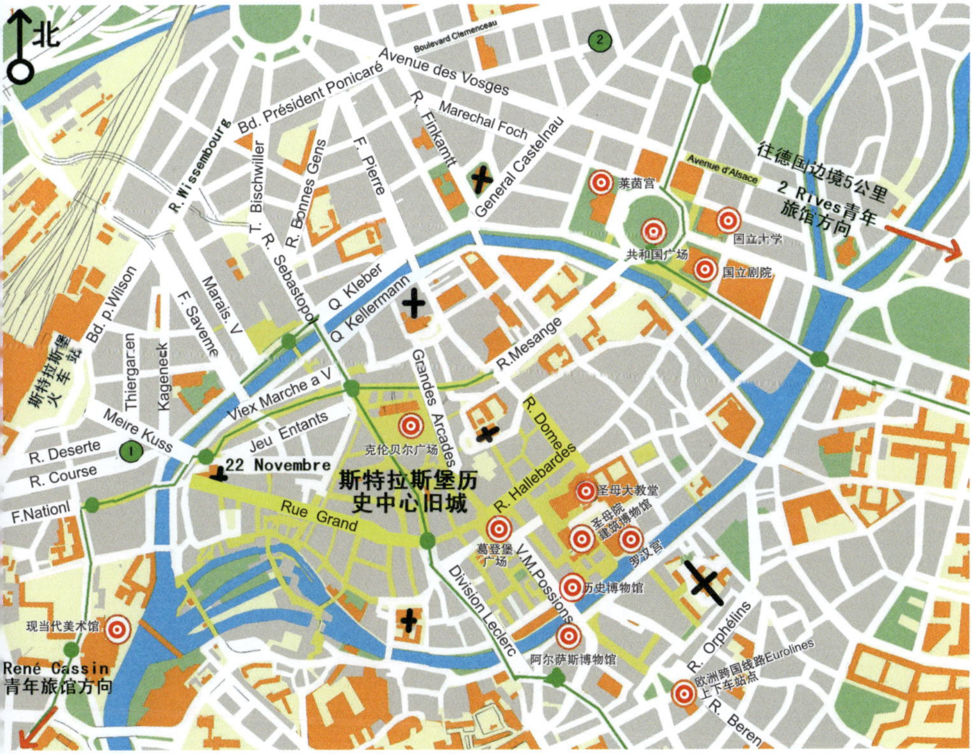

斯特拉斯堡景点示意图

1. Hôtel Le Grillon 旅馆
2. Cap Europe Appart'Hôtel 旅馆

斯特拉斯堡（Strasbourg）概况

它是阿尔萨斯地区的历史名城，1648年被法国合并，1870年归属普鲁士，第一次大战后归法国。它成为法国和德国两种文化交汇之地，旧城所处的小河环绕的大岛（Grande Ile）被列入世界遗产。

斯特拉斯堡景点

谷登堡广场（Gutenberg Square）

这是以欧洲印刷术发明者德国人谷登堡命名的广场，这里是旧城区的中心，广场四周的房子都有不短的历史，其中较引人注目的是文艺复兴风格的商业会馆。从这里开始可以漫步一下四周的旧城区，往南到小河的桥上欣赏沿河景色。

圣母大教堂（Cathédrale Notre Dame）

是欧洲最宏伟的教堂之一，建成于1284年，尖顶高达142米，曾是世界上最高的建筑。现在游客可登上66米高的顶部平台俯瞰老城风光。

门票：上教堂平台4.7€，5~18岁2.3€，钟楼2€，每月第一个周日免费。

开放时间：平台4~9月9:00~19:00，其余时间10:00~17:00。元旦、五一、圣诞关闭。教堂每天7:00~11:20，12:35~19:00。

罗汉宫（Palais Rohan）

是大教堂南面的一幢18世纪古建筑，当时作为王子的主教的宫殿，现在被辟为博物馆，内有地下层的建筑博物馆、地上一层的艺术装饰博物馆和楼上的美术博物馆。参观此处除看博物馆外还可看到一些作为主教宫时期的华丽房间。

门票：每个博物馆5€，优惠票2.5€。

开放时间：每天12:00~18:00，周二闭馆，周六早开2小时。

斯特拉斯堡主要博物馆（位置见P.213的地图）

圣母院建筑博物馆（Musée De l' Œuvre Notre Dame）门票：5€，优惠票2.5€。开放时间：12:00~18:00，周二闭馆，周六10:00~18:00。

历史博物馆（Musée Historique）门票：5€，优惠票2.5€。开放时间：6~9月10:00~18:00，其余月份12:00~18:00，周一闭馆。

阿尔萨斯博物馆（Musée Alsacien）门票：5€，优惠票2.5€。开放时间：12:00~18:00，周二闭馆，周六10:00~18:00。

现当代美术馆（Musée d' Art Moderne et Contemporain）门票：6€，优惠票3€。开放时间：周二、三、五12:00~18:00，周四、六、日10:00~18:00，周一闭馆。

共和国广场的宏伟建筑

在大岛一河之隔的东北面是共和国广场，这里有一片宏伟的建筑，包括国立剧院、莱茵宫、国立大学和邮政总局。

日程计划和最低费用预算

斯特拉斯堡本身地方不大，在此转转看看博物馆一天也足够了，如果有时间，就到附近的小镇转一下，或探索一下葡萄酒之路，如何选择可到旅游咨询处直接看一下有关图片。

斯特拉斯堡交通

斯特拉斯堡机场位于市区西南面12公里，火车站位于旧城的西北面，步行几分钟就到达旧城。从巴黎到斯特拉斯堡的TGV快车需时2小时20分，从这里往下列城市的二等车价格：巴黎49~74€/第戎29.2~39.2€/南锡21~28€/兰斯24~32€。

斯特拉斯堡市内交通有巴士和有轨电车，车票通用，单次1.4€，往返2.7€，24小时票3.6€。

斯特拉斯堡住宿

●Strasbourg - René Cassin青年旅馆

地址：9 Rue de l'Auberge de Jeunesse Montagne Verte

房价：多人间每床20.5€，单人间40.5€。含早餐，有厨房，24小时开放。

预订网址：www.hihostels.com

交通：位于市区西南方向2公里，从火车站乘2路巴士在青年旅馆站（Auberge de jeunesse）下车。

●Strasbourg - 2 Rives青年旅馆

地址：Rue des Cavaliers

房价：多人间每床20.5€。含早餐，24小时开放。

预订网址：www.hihostels.com

交通：位于市区东部5公里法德交界莱茵河边法国一侧，从火车站乘2路巴士在Pont du Rhin站下。

●Hôtel Le Grillon
地址：2 Rue Thiergarten
房价：双人间50€。
预订网址：www.hostelworld.com
交通：从火车站往南步行不到10分钟。

●Cap Europe Appart'Hotel
地址：6 Rue de Bitche
房价：双人间40€，3人间60€。
预订网址：www.hostelbookers.com
交通：位于市区大岛外东北面，乘有轨电车B线往Hoenheim Gare方向在Parc du Contades站下。

阿尔萨斯—洛林地区其他景点

阿尔萨斯葡萄酒之路（Route des vins D' Alsace）

这是一条沿着孚日山脉东麓山脚总长达120公里的路，沿途经过种满葡萄的地区和色彩缤纷的村庄，不少旅馆餐馆可品尝各种葡萄酒，具体情况咨询斯特拉斯堡旅游咨询处。

参观马其诺防线（Ligne Maginot）

所有对二战有兴趣者无人不知马其诺防线，它的确固若金汤，是建立在希特勒会遵守国际法的假定上的，当希特勒通过进攻中立的比利时进入法国时，法国人才知道这个假定是多么愚蠢。它就在斯特拉斯堡北面60公里的地方，有两处参观点，详情请咨询斯特拉斯堡旅游咨询处。

南锡（Nancy）

洛林地区的中心都市，曾为洛林大公国首都，主要景点有被列入世界文化遗产的三个广场；斯坦尼斯拉斯广场、卡里尔广场、阿莱昂斯广场；另外还有美术馆、旧宫殿、洛林历史博物馆等。从斯特拉斯堡乘火车1个多小时可达。

兰斯（Reims）

为历代法国国王加冕的地方，主要景点是被列入世界文化遗产的为历任国王加冕的兰斯大教堂。

第九章

法国的东部：罗讷河谷和阿尔卑斯山区——悠久的历史和壮观的自然

里昂街景

★罗讷河谷地的里昂

里昂属于法国东南部罗讷河—阿尔卑斯大区中罗讷省的省会，在巴黎东南460公里处，从巴黎乘火车到里昂只需2小时左右。里昂位于法国东南部索恩河（Saône River）和罗讷河（Rhône River）交汇之处，是仅次于巴黎的法国第二大城市。

里昂是法国历史最悠久的城市，早在公元前43年，罗马恺撒的下属就在里昂建立属罗马高卢行省的第一个城市，也成了高卢首府，是罗马人统治高卢（现今法国地域在罗马时代称为高卢）的中心。到公元843年法兰克王国路易一世的三个儿子签订条约将国家分成三个部分，那就是今天法国、德国和意大利领土的雏形。当时的里昂并不属法兰西的范围，直到14世纪里昂才归入法兰西的控制。里昂靠近意大利，文艺复兴运动对里昂影响较大，自那时起才开始了里昂真正的发展。这座城市带有很深的古罗马和文艺复兴的烙印。

里昂现市区人口约42万，为法国工业重镇。贝勒库尔广场是里昂最大的广场，位于索恩河和罗讷河相夹的市中心区。广场上有路易十四的骑马雕像，四周都是19世纪的古建筑和林荫道。里昂市区明显的特色就是沿索恩河和罗讷河两岸浓密树海中高低错落的红色瓦顶房屋，淡绿色的河水在漂亮房屋相夹下缓缓流过，构成一幅宁静而优美的画面。从市区西侧的弗维耶山上俯瞰里昂市区，只见市区的房子都是四五层的居多，没有什么高楼大厦。索恩河和罗讷河在市区并排而过后汇合，河上

里昂市中心的贝尔克尔广场

也有像巴黎塞纳河那样的小桥，多达27座桥连接市中心的半岛，景色有点像巴黎西岱岛。山脚下至索恩河的一片是里昂旧城区，那是凝结着里昂千年历史的地方。整个城市显得平和优雅，风光秀丽。里昂市没有多少著名的景点，可参观的以博物馆居多，不过漫步在里昂的街道上却是一种舒适的享受。里昂大学是法国著名大学，里昂的商品博览会是知名的国际性博览会。

里昂除了是一个大都市外，它还是一个交通要冲，从这里往东南可到意大利西北部大城市都灵，往东可到瑞士的日内瓦。到日内瓦之前有一条岔路前往法国的沙莫尼（Chamonix）镇，这就是从法国北侧登上阿尔卑斯山（Alpes）最高峰勃朗峰（Mont Blanc）的起点。

★阿尔卑斯山脚湖畔小镇阿讷西

从里昂往东越过罗讷河谷地就进入阿尔卑斯山区。长长的阿尔卑斯山从中欧一直往西延伸到这里就是它的尽头了。西欧国家中除西班牙和葡萄牙外所有的国家都与阿尔卑斯山有缘，法国也有这一片被称为法属阿尔卑斯的地区。虽然阿讷西镇所处地势不高，只属阿尔卑斯山的山脚而已，但面对湖泊，背靠群山，有山有水就有灵气，阿讷西因此而获得“法国最美小镇之一”的美誉。

阿讷西亦有不短的历史，过去这一片地区属意大利的萨伏依公国，阿讷西山上的城堡修建于12世纪，这片地区在18世纪末被归并入法国。这里也是法国通往瑞士的主要通道，从这里乘巴士往瑞士日内瓦只需1个多小时的车程。小镇中瑞士风情要浓于法国风情，随处可以吃到瑞士特色的奶酪火锅。出身瑞士的世界级名人卢梭也在此居住过，这里意大

阿讷西旧城的水中监狱

始建于12世纪的阿讷西城堡

阿尔卑斯山脚的阿讷西湖

阿讷西旧城风光

利语和法语都是通用语言。虽然地处法国偏僻的东部山区边缘，但旅游旺季此处游客亦相当多，即使淡季也有不少游客，因为它正好处于从勃朗峰登山、滑雪返回的路上，平静湖泊和秀丽山峰之侧的阿讷西正好成了休息和放松的好地方。

阿讷西旧城风光

阿讷西小镇不算大，但却是萨伏依省的首府。从火车站出来往东南方向穿过安静的街区走十来分钟便进入阿讷西旧城区，旧城区除宽阔的主街外还保留有狭窄的石板小巷和古老的房屋，高大的教堂就建在七拐八弯的小巷空地中。沿着旧城的街巷漫步，穿过过街门洞，一条由盛放鲜花簇拥着的小河出现在眼前。河面上天鹅缓缓而游，身后拖着的水波打破了倒映着蓝天白云水面的平静，河畔两岸房屋色彩明丽，走上小桥发现自己原来身处画中。小河中还有一处最引人注目的就是河中小岛上三面被水环绕造型优美的中世纪式小型石砌古堡，这就是阿讷西的标志性建筑。虽然建筑不大，却是全城的亮点，很多风景明信片就是以它作为阿讷西的卖点。这里曾被用作关押囚犯的监狱，在风景这么美的地方居然是用来关押犯人，不知是犯人的福气还是想让犯人去认识生活的美从而去后悔自己所为。西方人有些事是我们东方人所不易理解的。当然现在它不再是监狱，而是一处小型博物馆。

阿讷西旧城街景

沿小河穿过旧城便来到一片面对阿尔卑斯山和阿讷西湖的大草坪。坐在湖边长椅上顿时觉得身心放松，遥望崇山峻岭，对面便是阿尔卑斯山的纵深地带，山后就是望不见的勃朗峰和瑞士的雪山了。阿讷西湖从镇边延伸到远处消失在山影之中，平静的湖面上倒映着阿尔卑斯山的山峰，湖边停泊着各色的游艇，湖面不时有风帆驶过，一片悠闲富足的景象。

大冰海冰川

阿尔卑斯山的山峰

沙莫尼小镇火车站广场

从沙莫尼镇往大冰海冰川的齿轨火车

★阿尔卑斯山勃朗峰之行

位于法国、瑞士和意大利三国交界海拔4807米的勃朗峰是阿尔卑斯山最高峰，也是西欧最高峰，是三国的界峰。勃朗峰脚下的沙莫尼小镇因所处位置而得天独厚，是从法国北侧上勃朗峰的起点和游客的聚集之处。从意大利方面亦有缆车跨过冰川连接法国勃朗峰上的缆车站，可以乘空中缆车过境而不需护照和签证，真是非常有趣，而从瑞士方面就没有游客可利用的上山途径了。

从阿讷西到沙莫尼既有火车也有汽车连接。沙莫尼还有铁路西连瑞士日内瓦、东连瑞士旅游胜地采尔马特，实际上从瑞士过来比从里昂来要方便得多。走出小小的沙莫尼火车站，马上就可以望见近在眼前的阿尔卑斯山雪峰，小镇夹在两侧雪峰之下，走在街上抬头就是雪白晶莹的雪山，近到可以清楚地看到垂直的雪纹，因为沙莫尼本身就在雪峰脚下。街上的游客远远多于本地人，世界各地来此登山、滑雪和观光的游

从南针峰冰洞中看阿尔卑斯山

从山上看沙莫尼小镇

客终年不绝，仿佛小镇就是为此而存在的，到此的游人无不被其气氛所感染。

一早起床就赶着前往镇边的登山缆车站，街上还很安静，见到路上的人多是来此的观光客，本地人大多可能还在睡梦之中，真是“无利不早起”。来到缆车站却已是非常热闹，巨大的缆车厢一趟趟都是满载的，各种语言此起彼伏，法语反而不是主要的语言，因为勃朗峰是属于世界的。随着脚下海拔只有1000多米的沙莫尼镇越来越小，缆车已经上到海拔3777米的南针峰，即使在夏季，这里也是白色的世界。虽然勃朗峰就在眼前，但还要爬升1000米的登山路才能到峰顶，除了带有能在冰上攀登的专业登山装备者外（如冰镐和钉鞋），一般观光客都会就此止步了。从一个垂着冰凌的洞口走出去就是徒步登顶的路，脚下倾斜的冰坡非常滑，我没有钉鞋不敢走出太远，只能看着一批批全副登山装备的人从身旁而过，真是有点遗憾。南针峰上有很宽大的几级观景平台，可以近距离观赏周边的雪山和冰川，脚下远处深谷中就是小小的沙莫尼镇。从南针峰还有平行横跨宽大冰川过意大利一侧山峰的缆车，从缆车上看下面在冰川上徒步的人就像蚂蚁一样。身处如此雄伟壮观的自然之中更感到人的渺小，过去常提的人类要征服自然那是过于狂妄的想法，人类应该做的是从顺应自然中达到自己的目的。

在沙莫尼镇还有一处不可错过的地方就是大冰海冰川，沿着山谷的一侧顺着之字形的齿轨铁路不久便上升到山顶，再翻过更高的山便来到另一处山谷中。这里面对着从群山之中呈S形伸出的大冰海冰川，常在明信片中才看到的美景就在眼前，还有什么能比这更让人激动的呢？徒步走在冰川表面，这里有一个用机械挖出的宽大的冰洞，游客就直接走入冰川内部，感觉真是非常奇特。

★关于欧洲的青年旅馆

国际青年旅馆标志

在西欧旅游，不能不提到青年旅馆。我第一次游欧洲时，在意大利和法国都没有住青年旅馆，在意大利有同伴同行，房价还在能承受范围内。在法国独行时，能找到价格可接受的单人间就没再找青年旅馆，后来到比利时、荷兰等地，发现住宿更贵，我才放弃住昂贵的普通旅馆单人间，改住青年旅馆。第二次、第三次游欧洲时我住过更多的青年旅馆。青年旅馆是一个很适合背包客的地方，但与普通旅馆比较也存在很多不太方便的地方。

●什么人可以入住青年旅馆：青年旅馆联盟是一个世界性组织，旗下有5000多家青年旅馆分布在100多个国家地区。它的宗旨是让青年学生通过廉价游学方式更多地接触世界，因此以便宜、自助为特点接待前来投宿的人。

很多人以为这只是为青年而设的，其实只有极个别青年旅馆有年龄限制（35岁以下），实际上住青年旅馆什么年龄层的人都有，但青年占多。没有青年旅馆证也可以住，有证每天优惠2~3€。

●寻找青年旅馆：青年旅馆组织的标准英文名为Hostelling International，缩写HI。虽用同一标志，但不要以为它是世界性的，它就一定会用英文Youth Hostel做招牌。它在各国多用该国文字做招牌，如在法国，它的法文是Auberges de jeunesse，在意大利则是Ostello再加上它的名字。如果只看文字，即使走到门口也不知道是青年旅馆，但一般门口会有一面印有其标志的旗或牌。西欧青年旅馆制度大致相同，但在开放时间、设施方面各有不同。

●青年旅馆的优点：最大优点是房价便宜，其次是设施较新、地方宽敞、管理规范且非常整洁。在西欧最便宜旅馆的双人间不包早餐是在40~50€的幅度，而青年旅馆每床是18~22€还包自助早餐，这当然是多人间一张床的价钱。有些青年旅馆也有少量单、双人间，价格要高些，但很快就被预订一空。如果有4~5人同行，包一个4~5人房那就既便宜又能有自己的私人空间了。另外有部分青年旅馆有客人厨房，喜欢做饭的就可以避免昂贵的餐厅消费。不要以为青年旅馆都有厨房，要上预订网站才看到它有没有（实际上有过半的都没有）。另外青年旅馆有利于客人之间的交流，如果你的英语还不错的话，在这里一定会找到乐趣，它一般有公共活动室甚至有文体娱乐设施、可上网的电脑、当地旅游资料等。

●青年旅馆的缺点：

国际青年旅馆证

1. 多处在非中心地区，离火车站和景区较远，交通多不便（从火车站去多要乘趟车，很少能步行就到），如果是交通便利地方则经常处于客满状态，特别在旅游旺季。试想游客来到一个陌生的城市，还未弄懂怎样使用当地公共交通时，还要拿着大件行李乘车（可能还要转一次车然后再步行）去较远的地方找旅馆，这绝对不是轻松的事。

2. 即使你顺利找到，如果未事先预订，可能面临客满，在旅游旺季有非常多各国学生住青年旅馆，他们多是事先预订的。如果你到达还没有客满，也可能因为不是旅馆的接待时间而要等上好几个小时。西欧很多青年旅馆因要节省费用而人手不足，多设中间段休息时间，各家的时间并不统一。非接待时间即使有人也不办住宿登记，早到了会白费时间，晚到了可能会客满。有的还有白天清洁房间时间，已入住的客人也得离开房间；当然也有全天开放的。最好的办法是先从网上了解清楚。

3. 青年旅馆基本以多人间（Dormitory）为主，较少甚至没有单人间或双人间，如不习惯与陌生人同住的，会感到完全没有私人空间。有些青年旅馆有行李室可以将贵重物品放入锁起，但不是每家都有。

4. 现在的青年旅馆不少发展成中小学生旅馆，从其设施与设置就可以看出来，如多设了儿童活动室、电子游戏机室等，而不设厨房，因为中小学生不会做饭。大群中小学生入住使旅馆噪音非常大。越来越多的背包客青睐更适合背包客的Hostel简易旅馆了。

如果对上述缺点不介意，青年旅馆绝对是一个好的选择，特别是在房价贵的地方。

●住宿青年旅馆的注意事项：入住时要了解其有关制度，如不准在室内吸烟，自己取床单铺床，退房时自己将床单拿到集中的地方，有严格的作息制度等。虽然青年旅馆是一个世界性的体系，但各家旅馆各有自己的章法，设施也不尽相同。

●选择青年旅馆：旅行者要利用青年旅馆应在出发前从网上找到目的地各青年旅馆的所在位置（有些城市会有几家），了解它有无适合你的房间、房价、前往交通、接待时间等，如果时间能确定最好网上预订。不预订的话应选择在其接待时间开始之时到达，除非公众节日，一般都有人退房（但也可能已被预订）。如果已经入住了青年旅馆，要订下一目的地的青年旅馆，可请求帮助预订。如果到了当地还没有旅馆资料，可在当地旅游咨询处了解甚至请其代为预订（收少量费用），持预订单前往便不会因到达时客满而住不上。

另外，还有一个基督教青年会旅馆YMCA的系统，它不同于这里介绍的Hostelling International青年旅馆系统，因为它的旅馆数量要少得多，也不需用会员卡，制度上大体相似。

★欧洲的露营地

在西欧安全的社会环境中产生了露营地这一事物，在中国是没有的，它也是旅游中的一种住宿选择。在意大利的佛罗伦萨我第一次接触到欧洲的露营地，在法国的阿维尼翁又再次遇到离观光点很近的露营地。走入露营地，只见树林中的草地上有各式各样的帐篷，附近还停了很多汽车，其中不少是挂在小车后面的房车。这种房车就像一个真正的房间那样布置，里面有床铺、家具、厨具和小型卫生间，生活设施一应俱全。小车拉着这样一个房车就像拉着个旅馆房间或可说是拉着一个家一样。

有的人将车上的折叠家具放置在草坪上，摆上餐具，而另一些人则在车上准备饭菜，准备在大自然中面对美景用餐。看到人家西方人这样懂得生活享受，我们真是自叹不如。我在中国还未见过中国人有这样的车。在中国设立这样的露营地会遇到治安上的困难，因为对贼来说，到露营地偷抢是很易得手的。

欧洲的露营地在各地都设有不少，法国也有很多。露营地一般设在郊外有足够空地和树林的地方，主要是为悠闲度假和开车远游的人而不是为观光客而设，不少远达几十公里，除非自己开车，否则从露营地到观光景点极不方便。不少露营地的位置都没有公共交通，即使有也颇费周折，花的时间不少，不适合时间较紧的观光旅游而适合轻松的度假旅游。两者的区别在于观光是要到处去看，看景区景点；而度假则是对景点可看可不看，不追求看了什么，关键是要到野外的环境中亲近大自然，要轻松悠闲。露营地中不少设有体育娱乐设施，有些也有少量固定房间。

对观光旅游者来说，露营地也是住宿选项之一。首先是因为它便宜，一般每人每晚10~15€，这个价格是指只提供草地、必要的水电供应、公共卫生间，可利用露营地的公共设施，仅此而已。所有帐篷、卧具自带。这个价格以我们的标准衡量也是贵的，所谓便宜只是与旅馆房价比较。因为它仅允许你在此露宿而已。帐篷也有出租的，价格约等于露营费的一半。来露营地住宿多是开车来的，也有乘公共交通工具来，但基本上是自带帐篷、防潮垫和睡袋来的。

露营还有一个好处是永远不会客满，我在阿姆斯特丹曾因各旅馆客满被迫去了露营地，忽然“难民”的感觉在心中升起，始终挥之不去，最终没有入住而离开，所幸最后还是找到了旅馆。作为观光旅游者选择露营地住宿不是好的选择，也省不了多少钱，但它是在睡车站前的一个最后的选项。因此本书在有离城市较近的露营地都在住宿部分作简单介绍。

里昂景点示意图

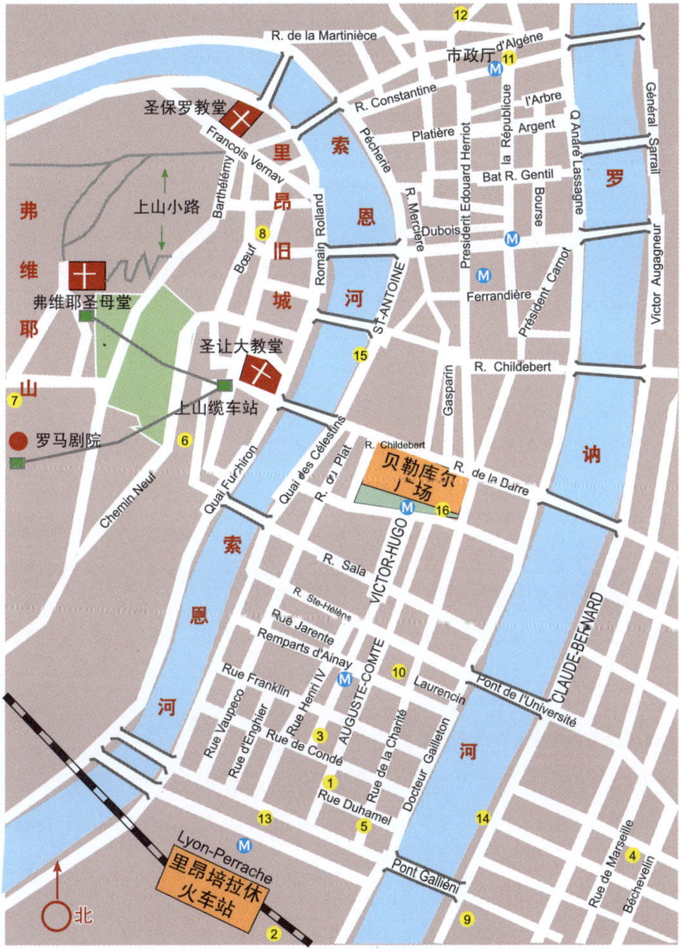

1. Hôtel Du Dauphiné 二星旅馆
2. Hôtel Victoria Lyon 二星旅馆
3. Hôtel d'Azur 二星旅馆
4. Les Carres Pegase 旅馆
5. Hôtel De La Marne 二星旅馆
6. Auberge de Jeunesse du Vieux Lyon 青年旅馆
7. 罗马高卢文明博物馆
8. 里昂历史博物馆和木偶博物馆
9. 反抗和放逐博物馆
10. 装饰艺术博物馆和纺织历史博物馆
11. 里昂美术馆
12. 旅游咨询处
13. 长途汽车站和欧洲跨国线路Eurolines上下车站点
14, 15. 游船码头
16. 旅游咨询处

里昂实用指南

里昂(Lyon)景点

圣让大教堂（Primatiale St. Jean）

位于市区西侧索恩河西岸，教堂建于12世纪，是罗马风格和哥特风格的完美结合，建筑外部有浮雕，教堂的彩色玻璃亦很美。这里是乘缆车上弗维耶山的地点。

交通：地铁A线到贝勒库尔广场（Place Bellecour，该广场是里昂象征之地）站下，从贝勒库尔广场往西步行过桥就是圣让大教堂。

里昂旧城（Vieux Lyon）世界文化遗产

位于市区西侧的小山脚下至索恩河的一片是里昂旧城区，从圣保罗广场（Place St.Paul）到圣让广场（Place St.Jean）一带有很多15~17世纪建筑，这里是全欧洲文艺复兴时期建筑最密集之处，古老的宅第和狭窄的街巷是追寻旧日风情的好去处。此为里昂必游地。

交通：按上述方式到圣让大教堂，从教堂往北一直到圣保罗大教堂都是旧城区。

弗维耶山（Fourvière）

它是市区西侧的一座小山，山上树林葱茏，依山傍水使里昂增添不少灵气。山上的弗维耶圣母堂是从高处看里昂市区风光的好地方，亦为里昂必游之处。附近还有罗马剧场（7:00~19:00开放）和罗马高卢文明博物馆。

摄影注意：此山位于城西，上午拍里昂城顺光。

交通：从圣让大教堂旁乘登山缆车可到，旧城山边有步道可登山而上。

弗维耶圣母堂（Basilique Notre-Dame de Fourvière）

位于市区西面的弗维耶山上，是里昂的标志性建筑，建于19世纪。建筑高281米，是中世纪风格与拜占庭风格的融合，外观宏伟，内部则有很多装饰画。从这里可俯瞰里昂市区。

交通：弗维耶山登山缆车到此。

里昂市政厅（Hôtel de Ville）

位于市区北部两河中间地带，这是一座外形非常优美的建筑，有钟楼和拱门。该建筑建于17世纪，曾于18、19世纪两次重修。市政厅前的泰罗广场（Place des Terreaux）上有喷泉、雕塑，是一处里昂市民的休闲场所。

交通：从里昂火车站乘地铁A线到Hôtel de Ville站下。

包餐的河上游船：午餐游河，11:30起，不同菜单26~34€，晚餐游河20:00起，要预订，码头见P.227地图。

里昂的博物馆

里昂的观光是与参观博物馆不可分开的，这里有很多内容丰富名气不小的博物馆。

罗马高卢文明博物馆（Musée de la Civilisation Gallo-Romaine）

门票：7€，优惠票4.5€。开放时间：10:00~18:00。

交通：同弗维耶山。

里昂历史博物馆（Musée Historique de Lyon）木偶博物馆（Musée de la Marionnette）

门票：6€，优惠票4€。开放时间：周三至周日11:00~18:30。

交通：旧城区中部圣让大教堂往北步行前往，地铁D线Vieux Lyon站。

反抗和放逐博物馆（Musée de la Résistance et de la Déportation，展览里昂二战抵抗运动内容。）

门票：免费。开放时间：9:00~18:00，周二关闭。

交通：地铁C线（Croix-Rousse）站下。

纺织和装饰艺术博物馆（Musée des Tissus et des Arts Décoratifs de Lyon）

门票：联票7€，优惠票4.5€。开放时间：10:00~17:30，周一关闭。交通：地铁A线Ampere站。

里昂美术馆（Musée des Beaux-Arts）

门票：7€，优惠票4€。开放时间：10:00~18:00，周二关闭。

交通：同市政厅。

里昂日程计划

◆如果你只有1天时间

乘地铁到贝勒库尔广场周围走走，然后过桥到圣让大教堂看看，再乘缆车或步行上弗维耶山，看弗维耶圣母堂、罗马剧场和高卢—罗马文化博物馆；步行下山游里昂旧城，或看历史博物馆；过桥往市政厅广场一带，看看里昂美术馆，观赏两河岸风光。

最低费用预算：住18€，交通3.2€，食6€，不计门票合计27.2€。

◆如果你有2天时间

可再看里昂的其他博物馆，或到里昂附近的几个小镇走走，如佩尔日（Pérouges）、维恩（Vienne）等。

里昂周边可联游景点

较远的东北面瑞士日内瓦，东面阿讷西（Annecy）和沙莫尼（Chamonix）、勃朗峰（Mt.Blanc），南面阿维尼翁（Avignon）和奥朗日（Orange），东南面入意大利都灵，北面第戎（Dijon）。

里昂交通

飞机

里昂的萨托拉机场（Satolas）是现代化的巨型机场，位于市区东南25公里处，从机场乘巴士到里昂市中心培拉休火车站约40分钟。里昂机场与世界多个城市有直达航班。

火车

从巴黎至马赛快速铁路干线经过里昂。里昂有两个主要火车站，一是市中心的培拉休站（Lyon-Perrache），另一是市区东面1.5公里的（Lyon-Part-Dieu）站，经里昂的TGV快车停此站而不入培拉休站。在此下车者可乘其他火车或地铁（B线转A线）到达培拉休站。

乘TGV快车从巴黎、第戎或马赛到里昂，车程仅需1.5~2小时。从里昂出发的火车二等票参考价：到巴黎54~67€/到第戎21.4~26.9€/到马赛24~42€/到阿维尼翁29~32€/到阿讷西18~23€/到沙莫尼37.7€。

里昂市内交通

里昂的市内交通有地铁、市内巴士、缆车。里昂的地铁分为A、B、C、D四条线，游客主要利用以培拉休火车站为起点的A线，B线则可到达Lyon-Part-Dieu火车站。里昂地铁票价：单次1.6€，2小时内有效票2.4€，1天票4.7€。与巴士票通用，可换乘巴士。地铁入站口均有自动售票机。

里昂住宿

里昂城市较大，住宿选择多，在此主要介绍靠近培拉休火车站和地铁A线沿线地区。

●里昂青年旅馆Auberge de Jeunesse du Vieux Lyon

地址：41-45 Montée du Chemin Neu，电话：04-78150550。

邮箱：lyon@fuaj.org。预订网址：www.hihostels.com

房价：每床18€。含早餐，有客人厨房，全年24小时开放，景致非常好。

交通：位于市区索恩河西岸山边，地铁D线St.Jean站下，或从培拉休火车站乘31路，从里昂TGV快车站乘99路巴士。

●Hôtel Du Dauphiné 二星旅馆

地址：3 Rue Duhamel，电话：04-78372419。

预订网址：www.hoteldudauphine.fr

房价：单人间36.5~47€，双人间68~75€，3和4人间88€。7~8月给25%的优惠。

交通：出培拉休火车站，在正对的Place Carnot右侧中间位置转往东的就是Rue Duhamel，只有几分钟路程。

●Hôtel Victoria Lyon 二星旅馆

地址：3 Rue Delandine，电话： 04-78370746。

预订网址：www.hostelworld.com

房价：单人间50 €，双人间60 €。

●Hôtel D'Azur 二星旅馆

地址：Rue Victor Hugo路64号，电话：04-78371044。

预订网址：www.hotelazurlyon.com

房价： 单人间43€，双人间48~63 €。

交通：出培拉休火车站，穿过Place Carnot，广场对面正对火车站的就是Rue Victor Hugo。

●Hôtel les Carres Pegase

地址：31 Rue Chevreul。预订网址：www.hostelworld.com

房价：双人间50€，3人间60€，5人间95€。

●Hôtel De La Marne 二星旅馆

地址：78 Rue de la Charité，电话： 04-78370746。

预订网址：www.hoteldelamarne.fr

房价：单人间57€，双人间63~69€。

交通：出培拉休火车站，在正对的Place Carnot右侧往北的路叫Rue Auguste comte，往东隔一条同方向的平行路就是Rue de la Charité路。不需乘车，步行就可以。

里昂特色菜

里昂是法国菜的起源地，被称为“法国的美食天堂”，这里的很多餐厅都有厨技精湛的主厨。较受称道的有：里昂传统料理Charcuterie是以香肠、猪肉和新博若菜煮成，Quenelles de Brochet sauce au Beurre d' Ecrevisses是梭鱼混合面包屑加上虾酱做成的菜，Poularde demi-Deuil是鸡肉加上法国松露做成的菜，Gras-Double à la Lyonnaise卤牛肚，Poulet de Bresse是鸡肉加葡萄酒做成的菜，Saucisson de Lyon里昂风味大香肠。

里昂综合信息

旅游咨询处

里昂有两处旅游咨询处，一在培拉休火车站，一在市中心的贝勒库尔广场。

里昂所在的罗讷省月平均气温（摄氏度）

月份	1	2	3	4	5	6	7	8	9	10	11	12
温度	7.4	6.7	10.8	15.8	17.3	25.6	27.6	27.6	23.5	16.5	10.4	7.8

阿尔卑斯山区实用指南

阿讷西实用指南

阿讷西游览请看P.219“阿尔卑斯山脚湖畔小镇阿讷西”。日程一天已经足够。

阿讷西交通

阿讷西（Annecy）城北部有小型机场，有航班往返巴黎奥利机场，从里昂乘火车到阿讷西约2小时40分，二等车票价18.2~23.1€；往沙莫尼的火车约2小时50分，20€。更多选择的是长途汽车站，有车往里昂机场，单程33€，往瑞士日内瓦火车站或机场，单程12€，往返18€。阿讷西市区不大，步行就可以了。

阿讷西住宿

●Auberge de Jeunesse青年旅馆

地址：4 Route du Semnoz

电话：04-50453319。网址：www.hihostels.com

房价：多人间每床19.6€。含早餐，有厨房，24小时接待。

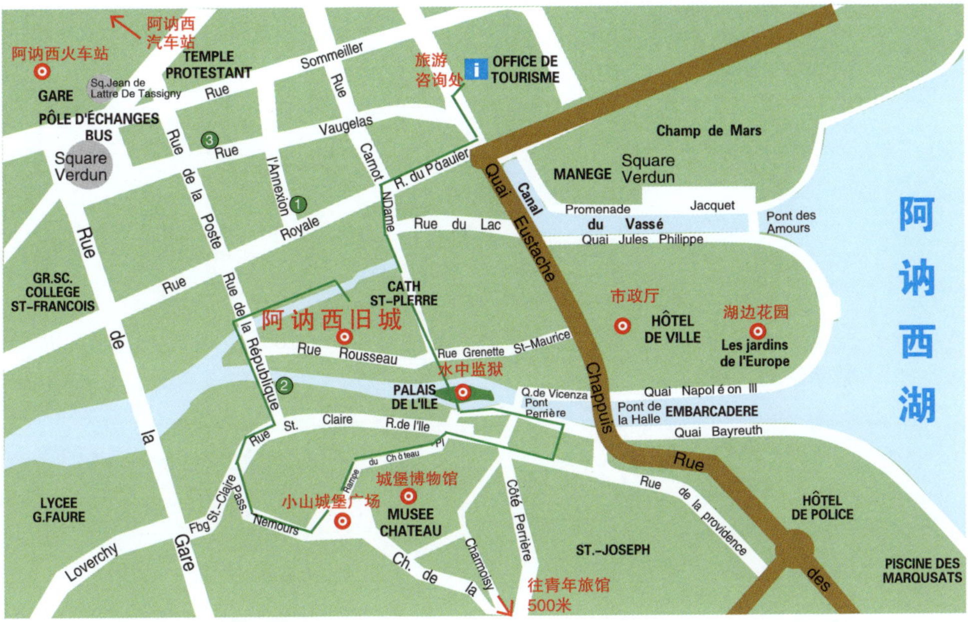

阿讷西景点示意图

1. Central hôtel
2. Auberge de Lyonnais 旅馆
3. Nouvel Hôtel旅馆

图中绿色线路为当地旅游局推荐最佳徒步游览线路

交通：位于小镇南部湖西岸不远，距火车站2公里，距镇中心800米，可步行到达或乘6路巴士到达。

●Central hôtel

地址：6 Bis Rue Royale

电话：04-50450537。网址：www.hotelcentralannecy.com

房价： 双人间无卫生间35€，有淋浴无厕所43€，带卫生间48€，从第3个人起每人8€。

●Auberge de Lyonnais

地址：9 Rue de la Republique

房价：单人间无卫生间40€，双人间无卫生间50€。

●Nouvel Hôtel

地址：37 Rue vaugelas

房价：单人间89€，双人间100€，3人间100€，4人间120€。
网址：www.hostelbookers.com
交通：从火车站步行入城中心方向5分钟可到。

沙莫尼实用指南

沙莫尼（Chamonix-Mont-Blanc，全称是“沙莫尼—勃朗峰”）是位于法国和瑞士边境的法国小镇，勃朗峰脚下的山谷中，是从法国上勃朗峰的起点。

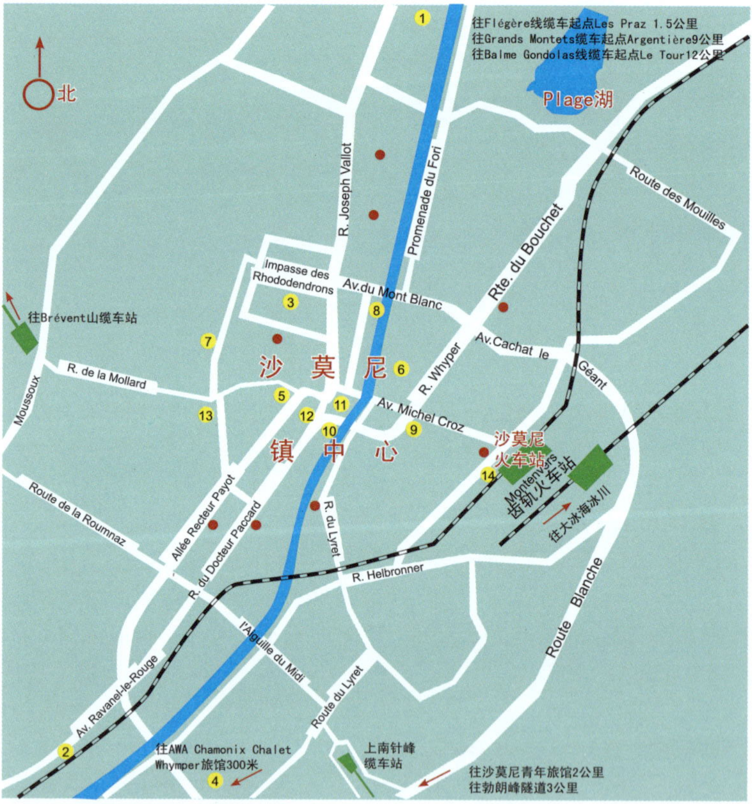

沙莫尼镇景点示意图

1. Hostel-Chalet-Gite The Chamoniard Volant 旅馆
2. Gite le vagabond 旅馆
3. AWA Chamonix Hôtel El Paso 旅馆
4. AWA Chamonix Chalet Whymper 旅馆
5. 旅游咨询处
6. 阿尔卑斯博物馆
7. 水晶博物馆
8. 勃朗峰国际登山指导协会
9. 法国阿尔卑斯山俱乐部
10. 邮局
11. 12. 货币兑换点
13. 警察局
14. 长途车站

● 价格高于上述旅馆的其他旅馆。

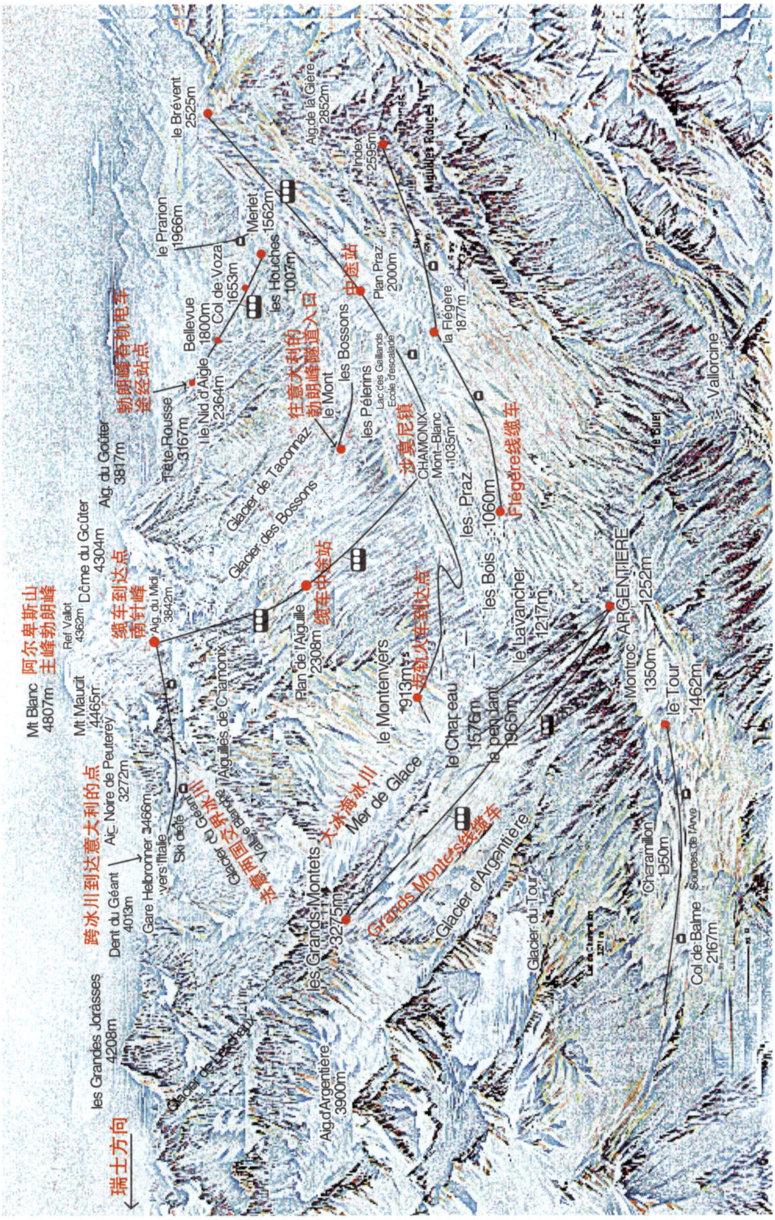

瑞士方向
les Grandes Jorasses 4208m
Dent du Géant 4013m
跨冰川到达意大利的点
Gare Helbronner 3466m
Aig. Noire de Peuterey 3272m
Mt Blanc 4807m
阿尔卑斯山主峰勃朗峰
Mt Maudit 4465m
Dôme du Goûter 4304m
Aig. du Goûter 3817m
缆车到达点南针峰
Aig. du Midi 3842m
Tête Rousse 3167m
勃朗峰有轨电车途经站点
le Nid d'Aigle 2364m
Bellevue 1800m
Col de Voza 1653m
le Prarion 1966m
Merlet 1562m
les Houches 1007m
le Brévent 2525m
往意大利的勃朗峰隧道入口
les Bossons
le Mont
les Pélerins
Glacier de Taconnaz
Glacier des Bossons
中途站
Plan Praz 2000m
Index 2595m
Aig. de la Gière 2852m
Aiguilles Rouges
沙莫尼镇
CHAMONIX Mont-Blanc 1035m
la Flégère 1877m
Flégère线缆车
les Praz 1060m
les Bois
缆车中途站
Plan de l'Aiguille 2308m
齿轨火车到达点
le Montenvers 1913m
Mer de Glace
大冰海冰川
法意两国分界冰川
Glacier du Géant
Vallée Blanche
les Grands Montets 3275m
Grands Montets线缆车
Glacier d'Argentière
le Chapeau 1576m
le Lavancher 1217m
ARGENTIÈRE 1252m
Montroc 1350m
le Tour 1462m
Glacier du Tour
Charamillon 1850m
Col de Balme 2167m
Vallorcine
Aig. d'Argentière 3900m

沙莫尼景点示意图

沙莫尼勃朗峰景点

沙莫尼有三处景点：上南针峰看勃朗峰，上Le Brévent峰看勃朗峰和到大冰海冰川（Mer de Glace）。内容见P.222“阿尔卑斯山勃朗峰之行”。沙莫尼山谷附近的冰川在冬季是滑雪的好地方。以下是有关信息。

南针峰（Aiguille du Midi）

海拔3777米的南针峰是游客上山观赏勃朗峰的缆车最高点，从沙莫尼小镇山谷南面靠东侧山脚海拔1035米的缆车站起行，中途在2317米的Plan de l'Aiguille转一次车，总计垂直上升高度达2700米。南针峰上有建筑和宽大的观景平台。从南针峰还有平行缆车跨过Tacul冰川到达海拔3466米意大利的Helbronner。缆车票价如下。

1. 上南针峰：全价往返41€，单程37€；4~15岁往返32.8€，单程29.6€；家庭票（两大两小，下同）123€。

2. 从沙莫尼镇上南针峰往返+过意大利Helbronner：全价往返65€，单程55€；4~15岁往返52€，单程44€；家庭票195€。

3. 仅上2317米的半山：全价往返24€，单程12€；4~15岁往返19.2€，单程9.6€；家庭票72€。

4. 仅从南针峰过意大利Helbronner： 全价往返24€，单程18€；4~15岁往返19.2€，单程14.4€（沙莫尼多次往返通票无效）。

时间：缆车全年运行（但可能在11月关闭1个月），单程20分钟，运行频率较密。按不同季节第一班车上山最早开6:30，最晚开8:30，最后一班下山车按季节最早16:30开，最晚17:30开。南针峰过意大利缆车仅在5月底至9月中旬运行。

勃朗峰登顶

如果上海拔4807米的勃朗峰顶，要从南针峰徒步冰雪满布的上坡和下坡路8公里，攀登垂直计算1200多米的高度，要有冰镐、钉鞋和救生绳及同伴同行才可以进行，并且要有一定的登山经验，否则会发生危险。在确信自己有安全保障的情况下任何人均可从南针峰自行前往勃朗峰顶，不需经过任何人允许，也不需付任何费用，出口在天桥隧道侧的洞口。

大冰海冰川（Montenvers Mer de Glace）

从沙莫尼镇火车站后侧的齿轨火车站乘名称为Montenvers Train的齿轨火车，车程约30分钟到达冰川前的山谷（东侧），这里可俯瞰冰川，进行冰川徒步和进入冰川内部。票价已含从观景台下冰川的小缆车和进入冰洞，不再收费。

票价：全价往返24€，单程18€；4~15岁往返19.2€，单程14.4

€；家庭票72€。

齿轨火车运行时间：每年5~11月运行，按不同季节第一班车上山最早8:00开，最晚10:00开，最后一班下山车按季节最早16:00开，最晚18:00开。运行频率不同季节每20分钟一班到每小时一班。

Brévent山（上沙莫尼山谷西侧山峰）

海拔2525米的Brévent山位于沙莫尼小镇山谷西侧，登这座山是为了从高处观赏勃朗峰，还可看到区内三大冰川。缆车票价如下：

1. 全价往返24€，单程18€；4~15岁往返19.2€，单程14.4€；家庭票72€。

2. 仅上半山海拔2000米的Planpraz， 全价往返13€，单程11€；4~15岁往返10.4€，单程8.8€；家庭票39€。夏季从6月至9月开放，冬季滑雪区从12月至次年4月开放。

沙莫尼山谷中其他缆车票价

Flégère线（上沙莫尼山谷西侧山峰）

位于沙莫尼山谷中，镇中心以北1.5公里，上缆车点Les Praz，半山站Flégère（海拔1877米），终点L'Index（海拔2396米）。全价往返22€，单程18€；4~15岁往返17.6€， 单程14.4€；家庭票66€。半山往返全价13€，单程11€；4~15岁往返10.4€， 单程8.8€；家庭票39€。半山至顶全价往返9€，单程7€，4~15岁往返7.2€，单程5.6€。夏季从6月至9月开放，冬季滑雪区12月至次年4月开放。

Tramway du Mont-blanc（勃朗峰有轨电车）

这是一条从南面山下海拔580米的Le Fayet为起点，途经沙莫尼山谷东侧的山峰观赏勃朗峰的路线，山谷中的车站Saint Gervais（海拔850米）在镇中心南面20公里，再上的途经站点Motivon（海拔1400米）、Col de Voza（海拔1653米）、Bellevue（海拔1794米）和终点站 Nid d'Aigle（海拔2372米）。停多处站点是为徒步登山者准备的。价格按季调整，请到达后在旅游咨询处查询。从6月中至9月中运行，全程1小时15分，7~8月高峰每天运行11班，6月和9月每天运行6班。

Grands Montets线（上山谷东侧山峰）

位于沙莫尼山谷中， 镇中心以北9公里，上缆车点Argentière，半山站Lognan（海拔1972米），终点Grands Montets（海拔3300米）。全价往返26€，单程21€；4~15岁往返20.8€， 单程16.8€；家庭票78€。半山往返全价13€，单程11€；4~15岁往返10.4€， 单程8.8€；家庭票39€。半山至顶全价往返13€，单程10€；4~15岁往返10.4€，单程8€。夏季从6月至9月开放，冬季滑雪区12月至次年5月开放。

BALME GONDOLAS线（上山谷东侧山峰）

位于沙莫尼山谷中，上缆车点Le Tour（海拔1462米）在镇中心以北12公里，途经Charamillon（海拔1856米）、终点站Col de Balme（海拔2186米）。全价往返22€，单程18€；4~15岁往返17.6€，单程14.4€；家庭票60€。半山往返全价13€，单程11€；4~15岁往返10.4€，单程8.8€；家庭票39€。半山至顶全价往返9€，单程7€；4~15岁往返7.2€，单程5.6€。夏季6月至9月开放，冬季滑雪区从12月至次年4月开放。

勃朗峰多次往返通票（Mont-Blanc Multipass）

如果全天在沙莫尼镇乘各种缆车建议购买此通票，使用范围包括上述全部（从南针峰过意大利一段除外），价格一算就知道是否合算。通票在各个缆车和齿轨火车售票点有售，全价天票：1天49.5€/2天55€/3天70€/4天84€/5天95€/；4~15岁天票：1天39.6€/2天44€/3天56€/4天68.8€/5天76€/；家庭天票：1天165€/2天210€/3天258€/4天285€/5天315€。

沙莫尼交通

离沙莫尼镇最近的机场有日内瓦机场，距离88公里（有巴士连接），里昂机场距离220公里（火车连接），从巴黎出发TGV快车最近站点是里昂和阿讷西，再转当地火车到达沙莫尼，乘火车从瑞士来更为方便。从阿讷西、瑞士日内瓦有巴士连接沙莫尼，公路有穿阿尔卑斯山隧道连接意大利都灵。

向所住旅馆索要免费的客人卡（Guest Card），持卡你可免费乘坐沙莫尼小镇山谷中的公共交通（夜巴士除外），可以利用巴士前往各处缆车上车点。

沙莫尼住宿

沙莫尼的旅馆远不止下面这几家，但双人间旺季基本超过90欧元，所以不列出来了。

●Chamonix/Mont Blanc青年旅馆

地址：127 Montée J Balmat Les Pélerins d'en Haut

电话：04-50531452。网址：www.hihostels.com

房价：多人间每床19€，双人间50€。含早餐，有2人、4人、6人房共120个床位。

交通：位于火车站以南2.5公里，出火车站转左方向。乘巴士在

Pélerins d'en Haut站下，入住后凭旅馆卡免费乘坐镇内巴士。

●Hostel-Chalet-Gite The Chamoniard Volant
地址：45 Route de la Frasse
房价：多人间13.5€。有厨房。
交通：出火车站转右（往北）穿插过小镇步行约15分钟。

●Gite le vagabond旅馆
地址：365 Av. Ravanel le Rouge
房价：多人间14.4€。含早餐。电话：04-50531543。
交通：出火车站直走到镇中心过桥转左（往南）步行约15分钟。

●AWA Chamonix Hôtel El Paso旅馆
地址：37 Impasse des Rhododendrons
房价：单人间54€，2人间60€，3人间77€，4人间89€。不含早餐。
交通：位置较好，出火车站直走进入镇中心区步行不远。

●AWA Chamonix Chalet Whymper
地址：Impasse de l' Androsace
房价： 2人间78€，3人间90€，4人间107€。含早餐。
交通：出火车站转左步行约15分钟。

●露营地Les Deux Glaciers
双人帐篷13€，位于镇中心南部3公里，乘镇内巴士到Tremplin le mont下车。

罗讷河—阿尔卑斯大区其他景点

贝桑松（Besançon），虽然属这个大区，但它更靠近第戎，三面被河流围绕的老城还保留着古老的城墙和17世纪建筑，这是大文豪雨果的出生地。主要景点为贝桑松城堡和一些博物馆。

格勒诺布尔（Grenoble）处于阿讷西和尚贝里之间，是里昂以东地区中较大的城市，以阿尔卑斯山为背景使它具有壮丽的风光。主要景点为巴士底城堡和山景及多个博物馆。

尚贝里（Chambéry）位于里昂东部、阿讷西南部，曾为萨伏依公国首府，保留着中世纪古老的城堡和建筑。主要景点是萨伏依公爵城堡和一些博物馆。

第十章

法国的南部：普罗旺斯——色彩绚丽的土地

★马赛——《基督山恩仇记》发生的地方

中国人知道马赛的恐怕不少是源于法国国歌《马赛曲》，马赛是法国南部地中海沿岸最大的港口城市，仅次于巴黎，为法国第一大海港城市，是普罗旺斯地区首府和罗讷河口省的省会，位于尼斯以西225公里。人口约80万。小说家大仲马说过：“马赛是全世界的汇聚点。”马赛历史悠久，一直是法国与地中海沿岸国家和非洲、亚洲的贸易口岸。今日的马赛是欧洲的大都会城市之一，也是法国的旅游胜地。

从位于小山坡高处的马赛火车站乘地铁来到海边，这里是马赛最热闹的旧港。因为地中海贸易而发展起来的马赛，港口就是它的心脏，这里作为商业港口有长达26个世纪的历史。时至今日，小小的旧港早就不适应时代的发展，如今已经在旧港外海北面建起了巨大的新港，旧港沉淀了马赛悠长的历史，是马赛吸引游客的中心。环绕长方形旧港三面色彩纷呈的都是颇有历史的建筑，虽然经过二战期间的毁坏和后来的重建，但仍保持了原来的风格，游艇、渔船和本地渡船仍在这里停泊，从早到晚都非常热闹。旧港南面则分布着不少小餐馆、酒吧。来到这里如同进入了某个时代的历史场景。很多游客来这里品尝著名的马赛鱼汤。按中国的标准来看，这里的马赛鱼汤偏咸，海鲜用料也不够新鲜，但仍食客如云，因为这里是出发往伊夫堡的码头。

实际上，大仲马的小说以及同名电影《基督山恩仇记》会为更多的中国人所知，它就是以马赛港外小岛上伊夫堡为背景的。虽然马赛并非只有这个地方才有吸引力，但我也是冲着这个地方而来的。

从马赛港乘轮船经过风景如画的港区后不久便到达位于海中的小岛，岛上耸立着高大的城堡，从海上远远就可以看见，这就是著名的伊夫堡（Château d' If）。登岸穿过古堡城门，再经过一座架在已经干涸护城河上的吊桥便进入这个全用石砌的城堡。小说《基督山恩仇记》讲的是主人公艾德蒙•丹蒂斯（Edmond Dantès）即基督山伯爵被陷害后关押于此，这里进的是活人，出的是尸体。他在受尽折磨后挖隧道

马赛港外囚禁基督山伯爵的伊夫城堡

到用麻袋装死尸处，进入麻袋装扮成死尸，被守卫按惯例抛入海里惊险逃生，之后开始了一系列成功的复仇行动。这个引人入胜的故事正是吸引大量游人前来伊夫堡的原因。

城堡建于16世纪，一直作为监狱使用，关的都是重犯或重要政治犯，从其处于海中，又有护城河，且所有监房均用石砌的戒备森严的程度来看，根本不可能从这里成功逃脱，这只是小说编造的情节。然而现在这里的一切竟然是按小说的描述来布置的。进入城堡，首先是一个四面都由三层高的石砌牢房围成的天井，尽头处就是关押基督山伯爵的石牢。这里有小型博物馆展示监狱当年的情况，还有电影《基督山恩仇记》的片断放映，这里的说明都是按小说来写的。牢房墙角倒还真有一个即使一人也不易爬进的挖空的小洞，小洞是往外通的，据说基督山伯爵秘密挖这洞后就是从这里爬出去的。这里的导游说的是小说的故事，看着一群群游客在听导游解说那份认真劲，好像这一切都是真的，人们都陷入了小说之中。有些牢房有小窗户向着大海，甚至可以看到海对面的马赛港，这些的确与小说中的情景十分相符。

马赛市区山上还有一座非常宏伟的圣母院教堂，高高的教堂顶从市内就可看到，从这里可以俯瞰马赛湾和马赛市全景，面对地中海的夕阳，场面非常壮阔。

马赛山上最高的贾尔德圣母院

从伊夫城堡远眺马赛

马赛港风光

★教皇之城——阿维尼翁

阿维尼翁城是普罗旺斯地区的一座古城，位于马赛以北通往里昂的铁路线上，它在欧洲历史上非常有名，这得之于教皇的“阿维尼翁之囚”或被称之为“教皇的巴比伦囚徒时代”，从此这座小城成为世界天主教徒朝圣之地，声名远扬。直到1403年教皇才不再用这里为教皇宫。

当年留下的巨大的教皇宫至今保存完好，但由于在1789年法国大革命中遭到破坏，当年的室内陈设已不能保存下来，现在参观者只能看到这座建筑本身的面貌。这座全用石砌的建筑立于小山冈边，非常高大宏伟。由于当年建造时更多考虑的是防卫的功能，因此它更像一座坚固的城堡，而没有欧洲大教堂通常讲究造型艺术的外表，只有它的顶部才显现出教皇宫的宗教特色。走进森严的教皇宫，里面的格局仍可看出其

阿维尼翁教皇宫前广场

阿维尼翁教皇宫

重在防卫。无数巨大的房间、厚厚的石墙和七拐八弯的通道让人如入迷宫，感到皇宫的森严、教廷的神秘和教皇权力的至高无上。

阿维尼翁镇现今是一座只有8万人口的小城，正适合徒步旅游。这里的街道古风犹存，街道两旁全是有相当历史的房子，即使是新建筑，也没有破坏古镇的气氛，环绕小镇的是长约5公里的古城墙。教皇宫前的广场是游客聚集的地方，衣冠楚楚的街头艺术家拉着小提琴，优美的琴声在广场回荡，为场面增添了艺术和浪漫的气氛。

阿维尼翁镇外小河上的阿维尼翁断桥也是这里著名的景观，桥从镇边依山而建的古堡上伸出，横跨罗讷河（Rhône River）。此桥建成于1185年，1669年因罗讷河水泛滥而冲毁了半条桥，现今留下的部分仍跨在河中，成为断桥一景。

从阿维尼翁河边城堡高处欣赏这里的景色，朝阳的金光洒落在优美的圆拱石桥上，脚下平静地流淌着罗讷河，水中倒映着蓝天白云，一边是阿维尼翁久历沧桑的古堡和古城墙，一边是河对岸青葱草地、小树林和农舍，远处是维尔尼夫—阿维尼翁（Villeneuve Lès Avignon）小镇上的古代要塞城堡等建筑。这种宁静致远的普罗旺斯乡村风光使人难以忘怀。它既饱含历史的厚重，又带有普罗旺斯乡间的自然及和谐，是我最喜欢的普罗旺斯小城。

阿维尼翁古城的城墙与城门

著名的阿维尼翁断桥

边走边读　教皇的阿维尼翁之囚

欧洲中世纪时，罗马天主教廷对各国世俗王权的影响力极大，新任国王如果没有得到教皇的加冕，其合法性便会受到挑战，因此各国都希望能影响罗马教廷。13世纪末，欧洲各国政教各派的斗争严重威胁到罗马天主教廷。1303年教皇去世，法王腓力四世于1305年将一法国主教扶上教皇宝座，该教皇被称为克雷蒙五世。为了教廷的安全和不受外方势力的制约，法王于公元1309年将教廷从意大利的罗马迁到法国的阿维尼翁，此后几任法籍教皇均居于此，使教廷受制于法国达70年之久，致使之后出现了在不同的地方有几个教皇共存的局面。直到1403年教皇才不再用这里为教皇宫。这段时间便被后人称之为“教皇的巴比伦囚徒时代”。

★普罗旺斯乡间小镇——奥朗日

奥朗日之所以吸引人，一是保留有较为完整的罗马时期古遗址，另外也是属于普罗旺斯带有南法乡间村舍风光的小镇。从阿维尼翁往奥朗日火车运行只需1小时。这是一个较小的镇，火车站离镇中心有段距离，小镇的车站也没什么人，街道非常寂静，与乡村无异。

我选择住在车站附近一家家庭经营的旅馆。房间橙色的墙纸上挂着乡村风景画，古老的书桌和木柜，带有铜雕的古老台灯。房间的色彩和整个布置完全是南法乡村风格，舒适而带有浓浓的19世纪的味道，尤其是晚上开了灯那种氛围更浓。

奥朗日镇寂静的街道

法国保存得最好的奥朗日镇古罗马剧场

法国保存得最好的奥朗日镇古罗马剧场

步入镇中心，沿街都是漂亮的小房子，可就是没有行人。下午的镇中心同样寂静，街心大树下的长椅上坐着几个乘凉的老人，完全是乡村风光。这附近就是全世界保存得最完整的罗马大剧场，是世界遗产之一。剧场建于罗马帝国第一位皇帝奥古斯都（屋大维）时期，舞台被180°半圆的阶梯式看台环绕，看台最高处有30多米。舞台上方还有奥古斯都雕像。已有2000多年历史的剧场不仅保存完好，且因音响效果奇佳而一直作为本地音乐会举行的场地。走上露天剧院的阶梯，刚结束的每年7月的音乐会有些大音箱还未搬走。古罗马人当年的剧场设计不需要什么麦克风，远近座位上全听得清楚，今天人们设计剧场仍以此为基础，还要使用麦克风。

看完镇外的奥古斯都凯旋门，傍晚就转一下奥朗日小镇的大街小巷，这个小镇干净、整洁，房屋外形都讲究色彩和艺术的设计，可无论大街还是小巷同样是行人寥寥，非常安静。找过两三家有汉字招牌的餐馆以为是中国餐馆，主要是想找华侨聊聊天，可是遇到的全是越南人，无人懂汉语，菜单也没有中文的，与在阿维尼翁时一样。由于历史原因法国接收了不少越南难民，所以法国的越南人较多。其实越南菜本身也很好，完全可以自立门户，无必要冒充中国餐馆，可能是中国餐馆名气大之故吧。

晚上来旅馆附近火车站小广场的街心花园大树下闲坐，发现火车站早早便大门紧闭，路上除偶尔有返回旅馆的游客外便空无一人。这里空气清爽，环境幽静，正是休闲度假的好地方，如果不是签证期有限，应该在此多住几天。

★比火车还便宜的欧洲廉价航空

在欧洲旅行，飞机比火车贵，这是常识。可在当今网络时代，也有违反常规的事发生，近十年来欧洲出现了多家廉价航空公司，如以英国为基地的欧洲易捷（Easyjet）航空，以柏林为基地的柏林航空（Airbelin）等，简称廉价航空，如将有廉价航线的公司包括在内，数量多达几十家。我虽然没有搭乘过，但觉得有必要作出介绍，这样好的资源应该利用。

1995年，英国易捷航空的第一个载客航班起飞，开始了网络时代全新的航空概念，其价格远低于平常打折优惠，甚至远低于所谓“红眼航班”，是普通机票价格的三分之一到五分之一，也低于不少火车票价，特别是要低于法国TGV快车。以意大利米兰至法国巴黎为例，易捷的单程票价低至17.5€，这样距离的火车二等座位票价通常超过100€。又如罗马到伦敦只要42.5€。这里只是一些举例，它没有常价，越接近出发日价格越贵，有促销特价时甚至是零机票，只需付机场费就行，到廉价航空网站上查查它的票价你就会大吃一惊：“世界上竟然还有这样的事！”

为何廉价航空公司能以这样低的价格出售机票呢？首先是它们打破了“乘飞机是一种享受”的概念，只把它看作是一种运输手段，乘廉价航空没有免费餐饮，一切都要付费，从而减少空乘人员；其次是网络直销售票，不设售票处，亦无机票代理商，网上购票用信用卡支付，免除所有中间费用，甚至连票也不印，只凭购票者的身份证件和报出密码就取登机卡。如果你用电话购票，则要收你5~10欧元电话订票费。廉价航空公司除网络外不做其他广告，省下大批广告费，整个办公费用大大缩小。票价惊人地低，自有人传人的口碑式广告，使它的业务量每年都以倍数增长，航班的载客量都在八成以上，量大自然就可以价低。易捷航空公司从第一班机起飞之后的几年内，按载客人数计已是英国名列前茅的航空公司。

目前廉价航空公司仍在发展中，未能覆盖绝大多数欧洲城市，更未能延伸到中国，但我们也有利用它的机会。目前在法国只有巴黎、里昂、马赛、尼斯、图卢兹这几个大城市间的航线；在申根国之中也有不少开设航线的点，具体可在网上查。廉价航空的票价会因时段、购票早迟、起飞时间、季节或月份的不同而有所起落，如周末则会高一些。但怎么高也比正常航空公司的票价低。

不过乘廉价航空也有很多不便之处，为节省机场起降费用，它经常选择小机场，远离城市和交通不便，因此还要考虑加上比去大机场更贵的交通费。它的起飞和到达时间通常不太合适，甚至要提前到机场过夜赶早班机，或深夜到达不得不在机场过夜。它要提早很长时间预订才有好价格，且难以退票和改期，能退的话也退不了多少钱，能改期的话也很多限制或要另付改期费。在旅行中买这样廉价的票的可能性基本为零，只能在出发前提早很长时间在网上预订。这里提供几个网址：易捷航空www.easyjet.com；柏林航空www.airberlin.com（主要覆盖德国、意大利和西班牙）；https：//affiliate.wegolo.com，这是一个综合75家有廉价航线航空公司线路的搜索引擎，非常有用。其中有很多法国国内航班只需几十欧元。

马赛实用指南

马赛（Marseille）概况

马赛是普罗旺斯地区的首府，法国最古老的城市，是公元前600年希腊水手所建的城市，罗马势力于公元前便扩张至此。马赛作为地中海重要的港口已有2000多年的历史，到15世纪它才成为法国的一部分。法国大革命时期马赛人唱着《马赛曲》前往巴黎捍卫法国大革命的成果，这首歌使马赛成了世界各国人都知晓的城市。当今的马赛仍是地中海最重要的港口，也是法国第二大城市和南部的中心。

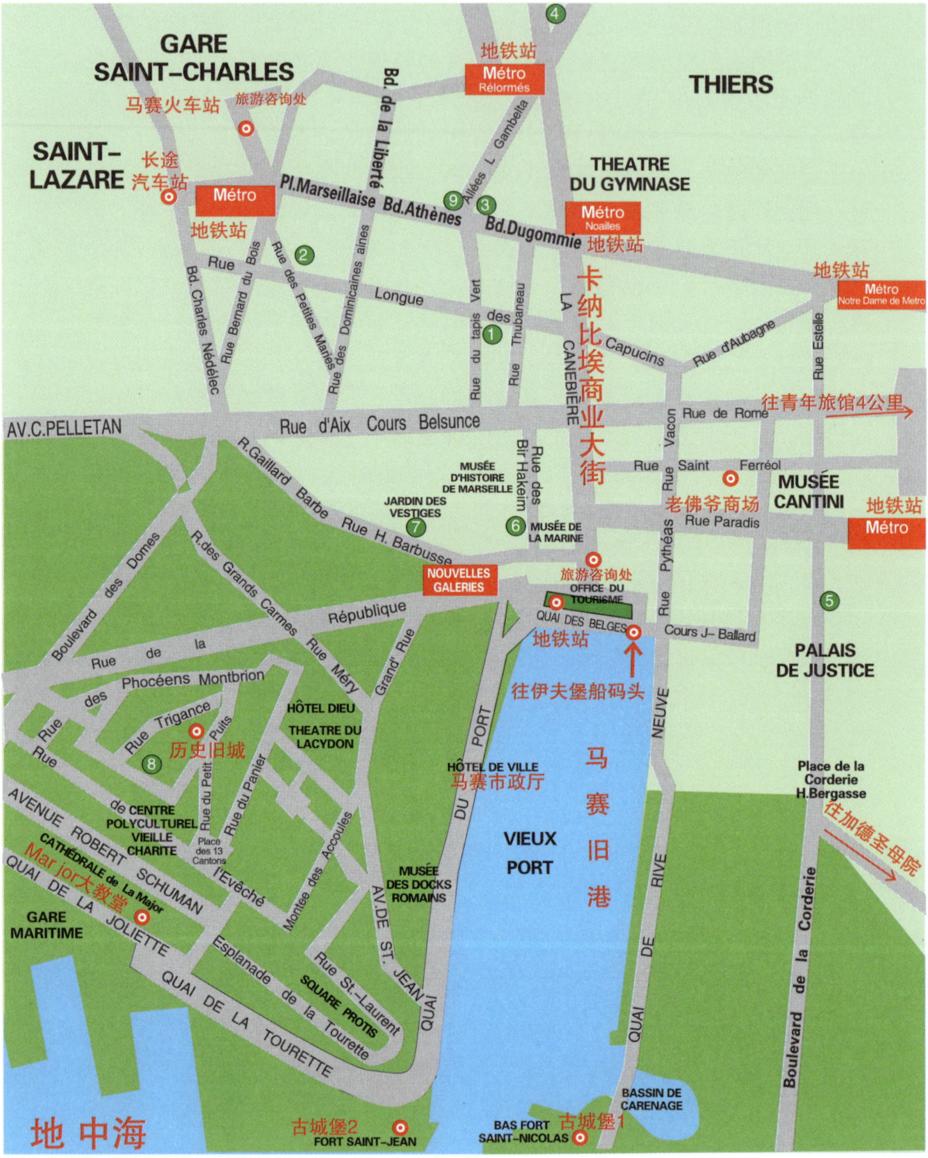

马赛景点示意图

1. Hôtel Petit Paris
2. Vertigo旅馆
3. New Hôtel Select
4. London Connection Hostel
5. Hôtel Montgrand 一星旅馆
6. 马赛历史博物馆
7. 罗马废墟遗址花园
8. 考古学博物馆
9. 欧洲跨国线路Eurolines上下车站点

马赛景点

马赛旧港（Vieux port）

这是位于马赛市区西面海边的港口，自公元前6世纪希腊人到这里殖民开始便有旧港，现在的旧港是15~17世纪路易十二、十三时代所建。港湾呈长方形，嵌入陆地之中，三面由环港的道路及建筑所环绕，港湾的入口处北面有建于17世纪的圣让堡（Fort st. Jean），南面有圣尼古拉堡（Fort st. Nicolas），两个城堡扼守着马赛旧港。旧港三面所环绕的建筑都有相当的历史，港中停泊着很多色彩缤纷的游艇，现在这里还是作码头用，从这里往港外小岛的班船每天都在这里出发，去著名的伊夫岛就是在此乘船。

早上旧港有不少卖各类海产的摊档，这里海鲜餐馆林立，以“马赛鱼汤”（Bouillabaisse）为招牌菜，旧港一带因为有风情味而成为来马赛的游客必游之地。

交通：在火车站乘蓝线地铁（即1号线）往La Timone方向两站便来到旧港站（Vieux port）。

Major大教堂（Cathédrale de la Major）

位于旧港北面的海边。大教堂坐东向西，建于1852年，高70米，是一座很宏伟的罗马拜占庭式建筑，大小不同的四个圆顶十分引人注目，从海上很远就可以分辨出来，是马赛最漂亮的建筑之一。教堂内供奉的是马赛主教。

交通：乘红线地铁（2号线）Joliette站下沿海边步行一段路；也可从马赛旧港步行前往或乘83路巴士到达，如从市政厅穿越马赛旧城区小巷前往。

马赛旧城区（Le Vieux-Marseille）

位于马赛旧港北侧的旧城区面积不算大，喜欢马赛怀旧风情的人应该到此走走。这个旧区显得很古老，平民风情甚浓，在此寻寻觅觅、兜兜转转，好像回到了大仲马小说时代的马赛。在这里还设有一个旅游咨询处，往西北方向穿出就是Major大教堂。

交通：从马赛旧港沿旧港北侧市政厅旁的小巷进入。

加德圣母院（Notre-Dame de la Garde）

位于马赛旧港南面48米高的山上，建于19世纪60年代，是一座大理石建筑，为新拜占庭式。高高的钟楼上有高达10米的金色圣母玛丽亚雕像，建筑显得十分宏伟，位于马赛最高处，从海上就可以清楚地看到。

登上圣母院的平台，可以俯瞰马赛市区和地中海景色，海中的伊夫堡历历在目。

一般游览所需时间：30~50分钟。免门票，从马赛旧港步行上来往返要近2小时。

交通：在旧港南侧乘60路车到达，从旧港步行来约半小时。

卡纳比埃大街（La Canebière）

这是一条正对马赛旧港东西走向的宽阔大街，长约1公里，是代表马赛历史和现代风貌的中心大街。这里沿街两侧都是宏伟的旧建筑，路旁有很多银行、饭店、旅馆、商店，街上行人较多，非常热闹。从这条大街往北不远就是马赛火车站。

交通：从火车站步行至此约15分钟，再步行往旧港也是15分钟左右。

马赛的博物馆

马赛历史博物馆（Musée d' Histoire de Marseille）介绍从公元前600年起马赛的诞生到公元4世纪马赛的古代历史。门票2€。开放时间：11:00~19:00，周日闭馆。交通：从马赛旧港往东北方向走几分钟便到。旁边就是罗马废墟遗址花园（Jardin des Vestiges）。

考古学博物馆（Musée d' Archéologie）和非洲大洋洲美洲艺术博物馆门票：2€。开放时间： 11:00~19:00，周一闭馆，两馆相同。

此外还有马赛美术馆、古代艺术博物馆、自然历史博物馆、地中海考古博物馆、时尚博物馆、小泥人（Santon）博物馆等。可在旅游咨询处获取更详细资料。

伊夫堡（Château d' If）

这是大仲马著名小说《基督山恩仇记》所描述的地方，位于马赛港对开不远的海面小岛伊夫岛上。城堡竣工于1531年，最早是作为马赛城的防御用途，几年后这里便成为监狱。这里囚禁的人除了王权的挑战者外，主要是新教徒，巴黎公社起义的领导人加斯通•克莱米埃也曾被关在这里。城堡自1890年起便向公众开放。

门票：5€，18~25岁3.5€，18岁以下免费。

开放时间： 5~9月21日每天9:00~18:00，其余时间周一关闭、9:00~17:30开放，元旦和圣诞关闭。

一般游览所需时间：游览城堡监狱约1.5小时，含往返最少预计2.5小时为好。

交通：码头在马赛旧港东侧，正对地铁站和卡纳比埃大街。乘定期班船单程约20分钟，从旧港早上9时至晚上8时的发船频率约1.5小时1班，返回船的频率并不相同，因从伊夫岛到马赛是过路船。单程5€，往返船票10€。这个码头还有到其他岛的航线，不要上错船。到达码头先查询最新时刻表，可网上查询http：//frioul.cityway.fr/index.asp。

肯尼迪断崖之路（Corniche Président John Kennedy）

位于马赛市区西南部海边，是一段环海岸的悬崖，这里可以欣赏大海边断崖的风光和观赏近海的伊夫岛和城堡。

一般游览所需时间：至少半小时。

交通：从Major大教堂和沿旧港三面环港的路上都有83路巴士前往，出到海边就是断崖路了。可乘车过几站后沿海边走回来，在路边便可欣赏断崖风光。

埃克斯—安—普罗旺斯（Aix-en-Provence）

这是一个离马赛只有25公里的小城，有着典型的南法普罗旺斯小城的风情，这里出了两位著名人物——画家塞尚和文学家左拉。除了南法风情的自然风光外，这里的艺术、文化和建筑都很丰富。正对广场的Mirabeau林荫大道是城市的中心，其北面的街巷和博物馆值得转一下。可以从马赛到此作一日或半日游。

交通：马赛每天有班次频密的火车到此。票价6.8€。

日程计划和最低费用预算

◆如果你只有1天时间

上午先到旧港看看早上鱼市，之后乘船往伊夫岛看城堡，中午回到马赛到旧港的海鲜餐馆尝尝马赛鱼汤。饭后到旧港边的旧城街巷转一下，到达Major大教堂，或就近看看马赛历史博物馆和附近的博物馆，然后乘83路车去肯尼迪断崖走一走，返回时在旧港南侧转60路车上小山看加德圣母院，也可步行而上，在此流连至夕阳西下，下山后沿卡纳比埃大街走回火车站，顺道就看看这条大街。夏季天黑较晚，这样一天也就差不多了。

最低旅游费用预算

住宿18.6€（青年旅馆多人间）、伙食8€（早餐面包，午晚炒饭）、交通费3€（青年旅馆往返及游览全程步行）、伊夫岛船往返及门票12€，不计博物馆门票共41.6€。

◆如果你有2天时间

可安排去埃克斯-安-普罗旺斯，或细看马赛的众多博物馆，也可在旧港乘船往附近的小岛，以度假休闲的方式来过。

周边可联游景点

较近的有土伦（Toulon东南），稍远的有阿维尼翁（Avignon西北）、奥朗日（Orange西北）、阿尔勒 （Arles西北）等。

马赛交通

飞机

马赛的马里尼亚讷机场位于市区西北约6公里，机场有巴士通往市内火车站。马赛飞巴黎约1小时10分钟，飞里昂约45分钟，有航线连接欧洲各大都市。

火车

从巴黎有TGV快车直达马赛只需3小时10分。马赛市只有一个火车站，名为圣查理斯车站(Gare de Marseille Saint-Charles），位于市区中部，是法国铁路网南部的枢纽站之一。从里昂来2小时，从尼斯来2小时20分。每天都有数趟快车。从马赛出发的火车二等车票参考价：到巴黎55.7~88 €/里昂24~42€/尼斯24~30€/阿维尼翁18.2~19.8€/波尔多35~50.9€。

市内交通

地铁：马赛市内有2条地铁线和1条轻轨线，基本上通达市内各处观光点。

地铁单程票1.5€，6张联票6.3€，12张联票12.6€，不限次一天票5€，3天票10.5€。次票从打卡起1小时内有效。乘客上车时自动到打卡机打卡，否则查到会被罚款。

公共汽车：有几十条线路，地铁票和巴士票是通用的，时效一样，也是在车上自动打卡。

自驾车出租：价格请参考巴黎自驾车出租部分，当地出租点请咨询旅游咨询处。

马赛住宿

马赛是一个旅游城市，各种档次的旅馆都有，而且有两家青年旅馆，不过这两家青年旅馆都在离市中心较远的地区。下面介绍较便宜的一、二星级旅馆，在旧港东南面比较集中，属市中心地区，都靠近地铁站，交通很方便。

●Auberge de Jeunesse Marseille "Bonneveine"

地址：Impasse Bonfils Ave. Joseph Vidal

电话：04-91176330。预订网址：www.hihostels.com

房价：多人间每人18.6 €。24小时开放，可上网。

位置：在马赛市南部西向大海，离海滩200米，离市中心比较远，距火车站5公里。

交通：红线地铁（2号线）Rond Point Prado站下车，再转44路车到 Bonnefon station站下车，有点远。

●Hôtel du Petit Paris

地址：33 Tapis Vert

预订网址：www.hostelworld.com

房价：单人间35€，双人间45€，含早餐。24小时接待，可上网。

交通：从马赛火车站或旧港步行到此都是约5分钟，不需乘地铁。

●Vertigo

地址：42 Rue de petites maries

预订网址：www.hostelworld.com

房价：多人间每床25€，双人间60€。有客人厨房，24小时接待，可上网。

交通：从马赛火车站步行约3分钟到达，见P.250地图。

●New Hôtel Select

地址：3 Allee Leon Gambetta

预订网址：www.hostelworld.com

房价：双人间60€，单人间60€。有客人厨房，24小时接待。

交通：从马赛火车站步行约5分钟到达，见P.250地图。

●London Connection Hostel

地址：45 Rue Flegier，二楼

预订网址：www.hostelbookers.com

房价：多人间每床25€。

交通：从马赛火车站步行约3分钟到达，见P.250地图。

●Hôtel Montgrand 一星旅馆

地址：50 Rue Montgrand

预订网址：www.hostelbookers.com

房价：4人间95€，3人间85€，2人间65€，1人间59€。24小时接待。

交通：在火车站出来乘地铁蓝线（1号线）到Estrangin Prefecture站下车，往北走穿过一条路，横在面前东西走向的就是Rue Montgrand路，这里离旧港较近，见P.250地图。

特色菜和饮食

马赛最为外界所知的特色菜是马赛鱼汤（Bouillabaisse），这是一道以海鲜渔产为主的大杂烩，是以浓汤的方式烹制，过去这是穷人家的烹调方式，如今却成了远近闻名的地方佳肴。马赛鱼汤的用料丰富，有螃蟹、龙虾、贻贝、鲜鱿鱼及其他鱼贝类，再加入西红柿或土豆、橄榄油一起熬煮，海鲜味道较浓。不同餐馆不同价格，其所放的料也会有不同，不要期望上述所列的海产品种全在其中。一道汤作主菜价格一般在十几欧元以上，也就是人民币百多元左右，分量还不算少，可以不点其他菜了，再吃不需另计费的法式面包，也可不要饮料（只要免费的自来水），这样加上小费，约人民币百元多就可以了。

马赛的蒜泥蛋黄酱（Aioli）也是普罗旺斯最普遍的食物，以蛋黄、蒜泥、橄榄油调制而成，作为主食法式面包的蘸酱，只是一小碟，不另计费。刚烤出炉的面包蘸上这种酱，口感相当独特。旅游者的饮食各地大致相同，请参见尼斯部分。

综合信息

旅游信息咨询处

马赛的旅游信息咨询处都以红色小写的“i”为标志，与全法国的一样，是法国国家旅游局设立的为游客提供咨询和帮助的机构。马赛共有3个咨询处，一在马赛火车站出站的左侧，二在旧港码头附近，三是在旧港北面马赛旧城区。

马赛旅游优惠卡

购买马赛旅游优惠卡（City Pass），一天卡22€，两天卡29€，从9:00~20:00有效，持卡免票进入马赛14个博物馆、参加有导游的市内旅行团、往返伊夫堡的船、市内大教堂和旧城的旅游小火车、市内地铁和巴士，更多免费或折扣项目请到旅游咨询处查询。

马赛购物

马赛购物的去处主要在靠近旧港段的卡纳比埃大街，这里集中了各种商店，巴黎的时尚服装牌子大多在马赛这里设有专卖点。

马赛月平均气温（摄氏度）

月份	1	2	3	4	5	6	7	8	9	10	11	12
温度	3	3.8	7	10	14	17	19	19	16	11	7	3.6

马赛有用电话：旅游咨询电话04-91138900

交通咨询电话04-91919210

阿维尼翁实用指南

阿维尼翁(Avignon)概况

位于法国南部罗讷河近出海口的地区，属普罗旺斯地区，为沃克吕兹省省会，人口不足10万。虽然被称为是普罗旺斯最热闹的城市，但它却是一个安静的小城。阿维尼翁之所以出名，是因为在14世纪近百年间，罗马天主教的教廷迁移于此，这里也建起了巨大的教皇宫，也因这里有着普罗旺斯的乡间风光、每年7月的阿维尼翁戏剧节（7日~27日），使它一直以来都是游览胜地，在外的名声不小。阿维尼翁现在还保存着古城墙和多个城门，城内街巷古风犹存。阿维尼翁历史中心属世界遗产，更详细背景资料见P. 244“教皇之城——阿维尼翁”。

阿维尼翁景点

教皇宫（Palais des Papes）

位于阿维尼翁城内北面的小坡地上，为一石砌的城堡式建筑，顶部有塔楼，始建于1334年，1369年完工，总面积1.5万平方米。当年罗马教皇从意大利罗马迁此，前后共有7任教皇驻跸于此，使这里一度成为天主教信徒朝圣之地。建筑分旧殿和新殿两部分，旧殿由初创者贝奈狄克特十二世所建，属罗马式风格；新殿由后来的继承者克莱门特六世所建，属哥特式风格。高高的石墙使它更像一座防卫森严的城堡，里面则回廊曲折，七转八弯，形如迷宫，显得阴森而神秘。宫内房间众多，但由于法国大革命时遭到严重破坏，圣像被毁坏和搬走，室内大多已空无一物。

1. 青年旅馆Auberge Bagatelle和露营地
2. Hôtel Le Splendid 一星旅馆
3. Central Hôtel
4. Hôtel Mignon 一星旅馆
5. Regina Hôtel

阿维尼翁景点示意图

门票：3~11月15日10.5 €（与断桥联票13€），其余淡季时间8.5€（与断桥联票11€），优惠票减1.5~3€。断桥门票4.5€，淡季4€。门票含中文自动解说器。

开放时间：每天9:00开放，闭馆时间8月21:00，7月、9月20:00，3~6月和10~11月19:00，依次递减。

一般游览所需时间：里面有几层，房间很多，走得悠闲点至少要1.5小时。

交通：不管你从火车站来还是住在小城内的任何一家旅馆，步行不远就可以到达了。

教皇宫广场（Place du Palais）

位于城北教皇宫前，这是阿维尼翁城内最大的一片开阔地，除教皇宫外，四周都是古建筑。因为其处于上坡地，所以整个广场的地面是倾斜的。这里是整个阿维尼翁的旅游中心点，一天到晚这里都是游客，卖艺的艺术家在此弹起电吉他，悠扬的乐声在广场上空回荡。在阿维尼翁戏剧节期间，这里更是聚焦的中心，广场上搭起舞台，各式各样的戏剧在此露天演出，非常热闹。

钟楼广场（Place de l' Horloge）

位于城内中心偏北，仅隔一小巷连接教皇宫广场。这是阿维尼翁市民日常聚集的中心地方，从火车站入城沿着中心的大街直走便来到钟楼广场。广场旁有阿维尼翁正式的剧院，广场上很多咖啡座和露天餐馆桌椅，还有不少鲜花的摊档。在这安静的小城中，钟楼广场可说是全城最热闹的地方，在此观察阿维尼翁人的日常生活是再好不过的了。

阿维尼翁断桥（Pont Saint-Bénézet）

原名圣贝内泽桥，人们多称其为阿维尼翁断桥。建于1177~1185年，13世纪时曾进行过修复，是一座跨过罗讷河的多孔桥，1669年被罗讷河大水冲垮了大半，现只余4个桥墩，桥上有一个袖珍式的圣尼古拉教堂，是当年人们为了纪念受神灵启示靠自己攒钱建桥的牧羊人贝内泽而修建的。桥的一端从古城墙的城楼上伸出，一直伸到河中央。据说原来的桥长达900米，一直伸过现在已变为陆地的河谷，直到对面的“美男子”腓力国王塔下。

从城墙塔楼出来，走到桥上，静静的河水在脚下流过，近处的古城墙、树林、青草地，远处的田园村舍和古堡构成一幅普罗旺斯乡间风光图画。风景使人流连。

门票：参见教皇宫门票部分。

开放时间：与教皇宫相同。电话：04-90275000。

拍摄注意：下午可到河对岸拍摄以城堡为背景的阿维尼翁断桥，可从公路桥走过去。

交通：步行可以到达，从教皇宫来此约10分钟，进入口一是从城墙内一个城堡边的院内上塔楼后上桥，一是从后面小山的洛希德多姆公园有路下城楼再上桥。

洛希德多姆公园（Rocher des Doms）

位于阿维尼翁古城北面河边小山丘上，有悬崖延伸至罗讷河边，公园山丘南面是紧贴教皇宫的圣母院教堂和教皇宫博物馆。山丘上的公园树木葱茏，这里是从高处看阿维尼翁断桥和罗讷河风光的地方。

拍摄注意：免门票，这里可从高处拍摄阿维尼翁断桥和罗讷河风光。

交通：步行可以到达，从教皇宫来此约5分钟。

教皇宫博物馆（Musée du Petit Palais）

位于阿维尼翁古城教皇宫北面，该建筑建于1317年，馆内收藏阿维尼翁派宗教绘画和北意大利各派绘画作品，有400多幅。

门票：6€，优惠票3€。

开放时间：每天10:00~18:00，有午休，元旦、五一、圣诞闭馆。

交通：步行可以到达，从教皇宫来此约3分钟。

维尔尼夫—阿维尼翁（Villeneuve-Les Avignon）

位于阿维尼翁北面2公里，是阿维尼翁的新城。这里有建于14世纪的贝内迪克蒂内派修道院和圣安德列要塞城堡（门票5€，10:00~18:00开放），还有“美男子”腓力国王塔（门票2€，开放时间相同）等古建筑，在黄昏时分登上“美男子”腓力国王塔看阿维尼翁教皇宫，景色迷人。

交通：从断桥西侧的公路桥步行过去约2公里，也有过桥的巴士到达。

普罗旺斯薰衣草之旅

普罗旺斯（Provence）地区概况

普罗旺斯地区历史悠久，是法国南部的文化中心，早在公元前6世纪古希腊人便在这里建立了很多殖民地，因此这片地区一早便受到地中海文明的影响并一直带有这种痕迹。中世纪时普罗旺斯曾成为一个王国，1246年普罗旺斯女伯爵与法兰西国王之弟结婚，开始受到法兰西的影响，到1481年正式并入法国。14世纪天主教廷的分裂，教皇将教廷迁到普罗旺斯的阿维尼翁，开始了普罗旺斯一段辉煌的历史。这里还是一片色彩斑斓的土地，积雪的山峰、蔚蓝的天空、黄色的向日葵、紫色的薰衣草、原野上的鲜花等成了梵高、高更、塞尚等著名画家的创作源泉。

有着艳丽紫色而显得高贵典雅的薰衣草（Lavande）是闻名于世的法国香水的主要原料之一，普罗旺斯就是它的主要产地。漫山遍野的薰衣草田在蓝天白云之下，衬托着起伏的丘陵和村庄这是普罗旺斯最迷人的自然美景，散发着独特的浪漫情调这是很多人来普罗旺斯的主要原因之一，也因此形成了一条名为“薰衣草之路”的旅游线路，这条线路东起属蔚蓝海岸大区的格拉斯（Grass），经艾克斯普罗旺斯北面往西北方向延伸至旺图山（Mont Ventoux）一带。

由于薰衣草之旅线路长，且远离交通主干线，要欣赏薰衣草田风光应该选择一些集中点且交通方便的地方。较为集中的地点是Sault镇，有大片的薰衣草田。此处提供前往的交通方法，有关合适季节（7~8月开花）和具体观赏点请事先咨询好当地旅游咨询处再前往。

交通：Sault位于旺图山南侧，这里还可看到旺图山一带自然风光，但交通不便。先从阿维尼翁火车站旁的汽车站乘巴士到卡庞特拉（Carpentras）镇，行车50分钟，班次很密，平均每小时有两到三班车，还可以从奥朗日乘巴士到此，距离一样。从卡庞特拉往Sault（42公里）的班次就少了，因此要事先了解衔接车次。此段行车1小时15分，票价3€，班次只有8:20、12:10、16:05、17:10、18:10，返回车次有6:30、7:10、13:45、17:15。

还有一个选择就是从阿维尼翁乘巴士到阿普（APT）镇转巴士到Sault，行车1小时15分，票价3€。APT镇往Sault开12:10、16:30、17:20，返回6:35、7:35，租车自驾较方便。从阿维尼翁到Sault只有67公里，乘公共交通可能要在小镇住，提供以下旅馆供选择：

● Chambres d'Hôtes le Petit Promenoir

地址：Impasse du Petit Promenoir - 84390 Sault

电话：04-90641733。

房价：双人间65€，含早餐。位置在Sault镇内东北。

●Chambre d'hôtes Le Vieux Moulin
地址：La Loge - 84390 Sault。电话：04-90640883。
房价：双人间60€，含早餐。位置在Sault镇外西北942号公路旁。

●Chambres d'Hôtes la Maison du Bon Accueil
地址：La Loge-84390 Sault。电话：04-90641591。
房价：双人间69€，含早餐。位置在上面那家附近。

看薰衣草的其他方法

到Sault看薰衣草田是最集中和最壮观的，但公共交通非常麻烦，另一些可看薰衣草田的地方同样交通不便甚至没有公共交通。不过如果不是要看很大片的也可选择交通方便的地方，如上面转车地Carpentras镇附近和奥朗日东北面35公里的Valreas（每天与奥朗日对开共4班车）、蔚蓝海岸的香水之城格拉斯附近等。阿维尼翁和奥朗日沿线以东地区，交通都较为方便，具体地点可询问当地旅游咨询处。还有更方便的就是从阿维尼翁跟旅行团。但价格就比自己去要贵。这些线路都可通过阿维尼翁旅游咨询处预订。

Provence Reservation公司的吕贝隆薰衣草村庄之旅：包括Roussillon的黄赭色悬崖，哥德斯（Gordes）高地村庄、塞农克修道院（Senanque Abbaye，这是看薰衣草著名地点之一）和薰衣草博物馆。价格55€，6月15日~8月15日每周二、周三、周五9:00出发，13:00返回，周四13:00出发18:00返回。旅行社位于阿维尼翁城内西北角，地址为61 Rue Grande FusterieBP 11，电话04-90147000。

Lieutaud公司薰衣草村庄之旅：3小时4人包车团200€、9小时4人包车团400€、3小时8人包车团300€、9小时8人包车团440€。前往地点与上面的大致相同，但9小时团时间宽松，3小时团则会压缩一些，付款时可协商确定。公司地点在阿维尼翁中央火车站旁36 bd Saint-Roch，电话04-90863675。

日程计划和最低费用预算

◆如果你有1天时间

早上到阿维尼翁断桥看早晨河边景色，然后上断桥参观，再到洛希德多姆公园从山上看普罗旺斯乡间风光，之后参观教皇宫。近中午，在古城内四处走走，看看古老的街巷和城墙，看一些博物馆，中午可回旅馆休息。下午去看教皇宫博物馆，然后步行过桥往维尔尼夫•阿维尼翁，参观那里的古迹，黄昏时上腓力国王塔看阿维尼翁城和教皇宫，然后步行返阿维尼翁，沿途也可看看这一带的郊野风光。夏季白天长，紧凑一点可走遍。

◆如果你有2天时间

可以放慢第一天的节奏，有些项目放在第二天，增加看多些博物馆，或在小城清静的路边咖啡座度过这悠闲的度假时光。对薰衣草有兴趣且季节合适的可安排游览。

周边可联游景点

较近的有奥朗日（Orange北面），较远的有尼姆（Nimes西南）、马赛（Marseille东南）、阿勒尔（Arles西南）、Sault（东面）等。

阿维尼翁交通

火车是往来阿维尼翁最方便的交通工具，这里处在巴黎至马赛的铁路干线上，往来的列车很多。阿维尼翁有两个火车站，经过的TGV快车停Avignon TGV站；入城的叫Avignon Centre站，往附近城镇的普通火车在此发车，车站就在古城南面的门口，步行入古城非常方便。从巴黎里昂火车站乘TGV快车到Avignon TGV站只需2小时40分。从阿维尼翁往几处主要城市二等车票价：巴黎56~68€/马赛18.2~19.8€/里昂29~32€。

这是个小镇，镇上没有公共交通，全部步行都不远。在城外火车站东面不远处有当地巴士站。

阿维尼翁住宿

阿维尼翁虽是个小城，但由于这里每年的夏季有长达20天的戏剧节，世界各地来此观摩的人很多。戏剧节期间来务必提前2个月预订，否则只能住较贵的旅馆或露营地。具体地址可参见P.258地图。

●青年旅馆Auberge Bagatelle

地址：25 Allées Antoine Pinay

预订网址：www.hostelworld.com

房价：多人间每床11.3€，是露营地旁的旅馆。

交通：位置在旧城西北河中岛（Ile de la Barthelasse），从中央火车站入旧城门左侧有邮政局，从这乘10或11路巴士（如步行约20分钟）到Ile Piot站下，从Avignon TGV站来先乘入城穿梭巴士到邮局。

●Hôtel Le Splendid 一星旅馆
地址：17 Rue Agricol Perdiguier
电话：04-90861446。
预订网址：www.avignon-splendid-hotel.com
房价：单人间淡季37€、旺季40€，双人间淡季47€、旺季59€，3人间淡季60€、旺季70€。
交通：从火车站入城，往北沿大路（Cours Jean Jaures）前行至右边第三个路口转右，就到了Rue Agricol Perdiguier，这里有两三家小旅馆。

●Central Hôtel
地址：31/33 Rue de la République
预订网址：www.hostelbookers.com
房价：双人间45~62€，3人间81€。
交通：旧城中心，步行不远。

●Hôtel Mignon 一星旅馆
地址：12 Rue Joseph Vernet
预订网址：www.hotel-mignon.com
房价：单人间45.77€，双人间64.54€。房价含早餐。
交通：旧城内近中央火车站，位置好，步行不远就到。

●Regina Hôtel
地址：6 Rue de la République
预订网址：www.hostelbookers.com
房价：单人间65€，双人间75€。
交通：旧城中心，步行不远。

●阿维尼翁露营地（Camping Bagatelle）
地址交通：与前面青年旅馆相同。电话：05-65704043。
预订网址：www.campingbagatelle.com
自带帐篷约每人：7月3日~30日18.46€，6月26日~7月2日和8月15.6€，淡季每月逐级递减至最低10.26€（1月）。全年开放，也有帐篷出租。

边走边读　阿维尼翁戏剧节

一年一度的阿维尼翁国际戏剧节起源于1947年，自1963年开放其他艺术团体加入后，越来越盛大，其主要以非主流的前卫戏剧表演声名远播，成为全球重量级的艺术节庆，范围涵盖舞蹈、电影、音乐、摄影等类别。每年从7月7日到27日，为时20天，这段时间是这个小城一年中最热闹的时光，从世界各地来的戏剧演员和表演艺术家汇聚阿维尼翁，世界各地游客大量涌入，整个小城到处是新搭的舞台，有超过600场表演，连教皇宫内和教皇宫广场上也有舞台，一天中多处同时有不同的节目演出，令人顾此失彼。如果在这段时间来到阿维尼翁，那算是你的福气了。具体时间和节目内容请咨询当地旅游咨询中心。

综合信息

旅游咨询处

阿维尼翁有两个旅游咨询处，一个在火车站入城后不远的41 Cours Jean Jaures，电话04-32743274，另一个在断桥旁的马路边。

普罗旺斯省月平均气温（摄氏度）

月份	1	2	3	4	5	6	7	8	9	10	11	12
温度	12.2	11.9	14.2	18.5	20.8	26.6	28.1	28.4	25.2	22.1	16.8	14.1

奥朗日(Orange)实用指南

奥朗日概况

位于法国南部普罗旺斯地区沃克吕兹省，是一个安闲宁静的南法乡间小镇，在阿维尼翁的北面31公里，仅十几分钟火车车程，人口只有4万余人。历史上罗马帝国已在此建设要塞，奥古斯都要将此地建设为一个繁华的城市，在此留下了不少有名的古罗马时期古迹。1531年奥朗日家族取得此地统治权，建立独立的奥朗日公国，奥朗日公国有过一段繁荣的时期，自1713年起并入法兰西王国，从此成为法国的一部分。

奥朗日景点

古罗马剧场（Théâtre Antique）

这是法国保存最完好的古罗马半圆形大剧场，被列入《世界文化遗产名录》。古罗马剧场位于小镇的中部，建造时间为罗马帝国第一位皇帝奥古斯都时期，现在剧场内还有奥古斯都的雕像（1951年安放），公元2世纪曾对此剧场作过修复工程。剧场由一面高38米、长103米的高大石墙围成，背面就是舞台。剧场内的座位区呈半圆形，依山而建。整个剧场保存完好，每年夏季的露天音乐会还在此举行，虽是2000多年前的建筑，但现在的音响效果还是很好的。

门票：8€，优惠票6€，包括对面的奥朗日博物馆（展出当地的绘画和艺术品及部分出土文物）。

开放时间：6~8月9:00~19:00，4~5月和9月9:00~18:00，3月和10月9:30~17:30，其余月份9:30~16:30。

交通：从镇上步行前往约15分钟，没有公共交通工具。

圣欧罗巴公园（St.-Europe）

位于镇的南边，面积几乎与小镇一样大。公园北侧的山冈紧贴古罗马剧场，从剧场后面就可以上山，从这里可以俯瞰小镇风光和远处的普罗旺斯平原景色。

古罗马凯旋门（Arc de Triomphe）

位于奥朗日镇北面边沿、出镇的古老大路上，为世界文化遗产。建于奥古斯都在位初年（公元前21年），当年奥朗日是罗马帝国的重要领地，此凯旋门是为了纪念恺撒在普罗旺斯的胜利而建，至今已有2000多年的历史。

凯旋门高22米，宽21米，是四柱三门式，由科林斯式柱子支撑，虽然不算很高大宏伟，但经历多年的风吹雨打，上面的很多浮雕仍保存下来。这些浮雕都是与战争场面有关的，主要是歌颂恺撒的功绩。

交通：从古罗马剧场出来往东走，再转往北的大道Rue Victor Hugo，步行近30分钟。

从奥朗日亦可前往著名薰衣草小镇Sault，与阿维尼翁的距离是一样的，先乘巴士到转车地卡庞特拉（Carpentras），更近的是Valréas。

奥朗日交通

奥朗日位于巴黎至马赛的铁路干线上，但TGV快车不停此站，其他从马赛至里昂的快车停靠此站。从阿维尼翁来此仅十几分钟车程，票价二等车5.4 €，奥朗日火车站在小镇东面约1公里，只能步行入镇。小镇的东南部古罗马剧场以东有长途车站，班车主要发往附近城镇包括阿维尼翁和Carpentras。奥朗日镇虽小，但旅馆还算多，郊外有4处露营地，最近的离镇中心约1公里，在镇的西北角。

奥朗日住宿

●奥朗日露营地（Camping Le Jonquier）

地址：1321 Rue Alexis Carrel

预订网址：www.campinglejonquier.com

露营价：1~2人从6月5日~9月13日20.5€，但其中的6月27日~8月23日加价至25.5€，其余时间19.5€，如要供电增加3€。可使用公共设施包括游泳池、高尔夫球场等。

●Hôtel Arcotel 一星旅馆

地址：8 Place aux Herbes，电话：04-90340923。

预订网址：www.lherbierdorange.com

房价：单人间37 €，双人间42€，3人间60€。

交通：位于市中心罗马广场对面的旅游咨询处同一街区的北侧，从火车站步行至此约25分钟。

●Hôtel Saint-Florent 二星旅馆

地址：4 Rue du Mazeau，电话：04-90341331。

预订网址：www.venere.com

房价：单人间40€，双人间39€。

●Hôtel Le Glacier 二星旅馆

地址：46 Cours Aristide Briand

预订网址：www.venere.com

房价：单人间49€，双人间70€。

奥朗日旅游咨询处

小小的奥朗日镇上也有两个旅游咨询处，一个在古罗马剧场入口处对面，另一个在镇的西面Charles de Gaulle大道上往北的转角处。

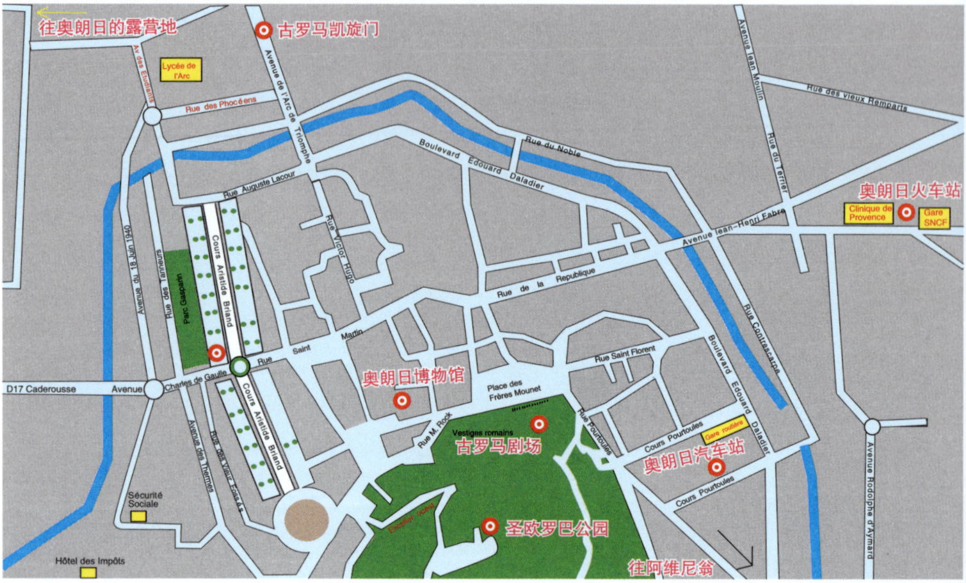

奥朗日景点示意图

普罗旺斯及附近地区其他景点

阿尔勒（Arles）

位于普罗旺斯西部，城市不大。阿尔勒在古罗马时代是一处繁荣的城市，现保留有众多的古罗马时期古迹和博物馆，该古迹群被列为世界文化遗产。这里还有一个亮点就是梵高，他在此曾作过不少画，现有梵高踪迹游览线路。有很方便的交通连接阿维尼翁、马赛和尼姆。

尼姆（Nimes）

位于阿尔勒西北不远处，行政上已不属普罗旺斯，与阿尔勒同是古罗马时代繁荣的城市，留有众多的古罗马时期古迹，如角斗场、神庙、塔楼等。其郊外的加尔桥罗马水道Pont du Gard（Roman Aqueduct）被列为世界文化遗产。

蒙彼利埃（Montpellier）

位于尼姆西南，也不属普罗旺斯。是前往西班牙通道上的地中海沿岸城市，有很多大学，主要景点有凯旋门、罗马水道桥、贵族宅第、美术馆和旧城区等。

第十一章

法国的东南部：蔚蓝海岸（含摩纳哥）——地中海的度假胜地

★尼斯的度假生活

从马赛至尼斯（Nice）这一段火车过土伦后多是沿地中海岸而行。从车上望出去，7月地中海的沿岸，沙滩上享受地中海阳光的度假人群，竟然绵延了数十公里，这就是著名的蔚蓝海岸（Côte d’Azur法语），它是指法国南部土伦（Toulon）港以东直到意大利的法国地中海沿岸。这里海水碧蓝，天空明净，树影婆娑，气候宜人。尼斯夏季清爽，冬天温暖，历史上就是度假胜地，各国富豪都经常来此度假，因此这里早就名扬天下。

入住旅馆后就出来逛街，夏日的尼斯街景颜色非常丰富。马路上的各种建筑都有自己的色彩，路上的公共汽车、商店的橱窗、路人的服饰、青翠的植物、蔚蓝的天空，在灿烂的阳光下，既艳丽又和谐，悠闲地走在路上有一种漫步画中的感觉。这时正是尼斯的旅游旺季，路上的游客看似不少于当地人。

热闹的梅德森大街上，马路边的咖啡馆，所有椅子都是同一方向面向着街排开，就像剧院内的座位一样。西方人坐临街咖啡馆，其实就是为了欣赏街上行人。尼斯街上的行人确实值得欣赏，除了时髦而又浪漫的法国人之外，世界各国来尼斯度假的人看上去也是多姿多彩的，他们少说也是其所在国家的中产阶级，其富足的生活方式和品位代表着当今世界的潮流。

次日早上睡至9点多才起床，然后去海滩游泳。住在度假地就要有度假的悠闲心态，如果匆匆忙忙，便没有了度假的味道。有些人百事缠身，即使在度假也整天忙着接听电话处理事务，觉得以忙为荣，这样度完了假，其实身心并没有得到休息和放松。

尼斯海滩风光

从山上看尼斯港风光

尼斯的海滩就在市区南面海边，呈弧形的长长海滩终日躺满了进行日光浴的法国本地和来自世界各地的游客。从东侧海边的小山上看尼斯海滩，只见海滩上的人密如蝼蚁，没有多少空出来的地方。老实说，尼斯的海滩并不是沙滩，而是碎石滩，躺在这里并没有在细沙的沙滩上躺得舒服，但它为何仍然具有这样的吸引力呢？因为尼斯的气候相当好。

地中海气候与我们中国的季风气候正相反，我们是夏季炎热，潮湿多雨，冬季则寒冷干燥。地中海气候是夏季虽热但清爽，并且阳光灿烂；冬季是寒冷、潮湿和多雨。地中海的冬季是令人不易忍受的，而它的夏季却是最好的时光。虽然在炎热的7月，太阳并不灼人般热，在蔚蓝天空之下蓝宝石般的大海吹来阵阵清爽的风，沿着海滨大道排列着装饰豪华的建筑，不少是高级酒店，海边一带植有不少高大的热带棕榈树。这就像一幅风景优美的自然图画，整个画面色彩既艳丽又和谐。更具吸引力的是在这里可以看人。

海滩上美女不少，基本上女性都是穿三点式的“比基尼”泳装，她们身穿新潮泳装躺在海滩上，优美的身段曲线人人可近距离欣赏，令人赏心悦目、目不暇接。虽然这里不是天体海滩，但不时可见到只穿“上空装”的妙龄女郎。她们往往身体向下趴在垫上，让你陷入想象之中，偶尔也有起身去淋淡水浴的，让来自保守的亚洲地区的游客大饱眼福。在这里，只要你有耐性和够厚面皮，一定能用相机和录像机拍下不少“春色无限”的镜头。可是我不够厚面皮，不敢在众目睽睽之下举相机乱拍。游泳完后坐在海滩上的时候，虽然前后左右也有可拍的镜头，但人人躺在那里，你却近距离拍他人，好像不免有偷窥的嫌疑，还是面子要紧，因此至今仍留下不少遗憾。

尼斯海滩风光

俯瞰尼斯港

海滩边的海滨大道旁，很多各国的游客坐在堤边，不时有整车整车旅游大巴的游客下来，为的就是看看尼斯海滩的盛况。他们仗着人多，也不考虑被拍者的感受如何，举起相机和录像机大扫一通，然后就回到旅游大巴上匆匆而去。只有这时，我才敢混在大群的游客中大胆拍摄，旅游大巴一走又收起相机，装作在欣赏风景。毕竟是来自保守的中国啊。

尼斯海滩上的女郎，不管相貌是否美丽，大多有迷人的身段。初次来到法国，也难以分辨谁是法国人，谁是其他国家的白种人，因为世界各国来的人很多。即使她们来自并不开放的国家，但来到法国这样开放的环境，也会大着胆子入乡随俗，敢于展露自己美的一面，毕竟美的东西还是值得展露的。

★尼斯的市井生活

爬上尼斯海滩东面的小山，这里过去是古代城堡遗址，现在只剩下一个炮台，这里可以俯视人如潮涌的尼斯海滩。山顶有一个绿草如茵的大花园，从山上可俯瞰尼斯全景。尼斯靠山的房屋沿山坡错落有致，青翠的树木中露出大片大片橙红色的屋顶。港口上停泊着不少豪华游艇。远望蔚蓝的大海，一望无边。山上树木葱茏，鲜花处处，海风徐徐，在这风景如画的地方我美美地睡了一觉。

边走边读　意大利为统一而割让尼斯的历史

尼斯这一片地区紧靠意大利的边界，历史上曾是意大利的领土，直到1860年才割让给法国。近代统一意大利的民族英雄加里波第（Garibaldi）的故乡就在尼斯。当时经历了一千多年分裂状态的意大利渴望统一，加里波第率领的民间性质的军队为全国统一打了多次胜仗，成为意大利呼声最高的民族英雄。然而阻碍意大利统一的主要力量来自东北面的奥地利哈布斯堡王朝和西北面由拿破仑三世统治的法国。当时的撒丁王室（后来的意大利王室）为了争取意大利的统一，利用法奥之间的矛盾，争取法国的支持。拿破仑三世提出以割让尼斯给法国为条件支持意大利的统一。不管加里波第如何反对，最终尼斯归属了法国。现在尼斯还建有加里波第广场，广场中央还耸立着加里波第的铜像。

从海滩东面的小山上下来，就是尼斯的旧市街。这里的街道狭窄，都是17~18世纪的房屋。房屋虽旧却并不破败，而且保养得不错，都带有过去那个时代的风格。沿着旧欧洲特色弯曲的小石片路而行，旧市街非常热闹。商铺就设在沿街两侧的店面里，这里有尼斯人日常生活中的

尼斯街景

肉店、鱼店、蔬菜鲜果店、海产干货店、小餐馆、咖啡馆等，悠闲的老人坐在路边咖啡馆的椅子上，肉店的伙计在烧烤柜前忙碌，烤鸡的香味弥漫在狭窄的街道上，生活气息非常浓。我们平常只看到法国现代化的一面，在这里你可看到法国人到市场买菜的日常生活，看到他们的日常食品、日用品等。这里的店面都不大，但无论什么店，店内都很整洁，商品都很讲究艺术化的布置，令人赏心悦目。漫步在尼斯的旧街市感受市井气息，多么令人舒心，而这些，跟着来去匆匆的旅行团是无法享受的。

晚上的尼斯海滨大道是散步的好去处。宽阔的人行道上有不少人踩着旱冰鞋娴熟地穿过人群，更有一群当地的年轻人聚集于此，表演溜旱冰高难度动作。这里白天随处可见以旱冰鞋作为交通工具上下班的人，其中以年轻人为多，中年人也不少，甚至一家三四口，大人带着只有几岁的孩子一起溜旱冰外出的，溜着旱冰推着婴儿车的，可见溜旱冰已深入法国人的日常生活。海堤边还有很多可搬动的靠背椅让人舒服地坐在那里吹海风。

★袖珍小国——摩纳哥

从尼斯到袖珍小国摩纳哥公园（Monaco）只需20分钟火车车程，虽然是离开尼斯市区，但就像从一个城市到郊区的一个镇那样方便，我们选择了住在尼斯，而作当天往返的摩纳哥一天游。摩纳哥公国位于尼斯以东不远，是仅次于梵蒂冈的世界第二小国，面积只有1.95平方公里，除南面向着地中海外，三面均为法国国土所包围。其实它就是一个小城，除了海岸边有部分是平地外其他大部分都是山地，铁路穿城而过，没有什么边界检查站也不需什么手续，没有到了另一个国家的感觉。

有些人以为摩纳哥公国的首都就是蒙地卡罗，实际上它的首都是摩纳哥城。这个国家分为四个地区，适合参观的只有近海岸的摩纳哥地区和蒙地卡罗地区。过去蒙地卡罗是一个小镇，现在城市的发展已将摩纳哥地区和蒙地卡罗地区连成一片，看不出有什么分界。

摩纳哥虽小，但其在全球的知名度却相当高，每天都有大量世界各地的游客前来。摩纳哥公国的格里马尔迪（Grimaldi）家族从14世纪起就统治具有独立主权的摩纳哥，其全盛时期拥有蒙顿（Monte）和安提布（Antibes）。1860年法国收回蒙顿后，摩纳哥失去了当地种植的税源，财政面临危机。当时法国是禁赌的，因此摩纳哥查尔斯三世决定创立赌场，吸引各国的人来此赌博。此后赌博业发展很快，成为摩纳哥的主要税源。后来又采取免税政策，吸引了很多各国的富豪前来摩纳哥，这里的高级餐馆、豪华酒店、各种豪华消费应运而生，使人提起蒙地卡罗，就感到它是赌场、珠光宝气的上流社会和一掷千金的富豪的代名词。这里港湾中停泊的豪华游艇比比皆是，名贵房车随处可见。正因如此，它吸引了世界各地的观光客前来，要看看这个“销金窟”到底是什么模样，还有不少人是为了去赌场试试运气。

我们从尼斯乘火车到达摩纳哥蒙地卡罗车站（Monaco-Monte-Carlo），车站比较朴素，看不出这里是个挥金如土的地方。出了车站，迎面是停满豪华游艇的海湾。左上坡是往蒙地卡罗，往右直行上山是山上的王宫。我们当然是先去王宫了。登上高处，整个摩纳哥公国尽收眼底，只见海湾岸边和海中到处都是各种各样的游艇，房屋依山而建，景色有点像香港。每天中午12时，王宫大门都有卫队换岗仪式，这是来摩纳哥观光的游客参观的经典节目。摩纳哥作为一个小国没有什么军队，这十几个兵恐怕就占了其全国武装力量的大部分了吧？仪式开始前，游客就已将王宫前的空地围得水泄不通，个子矮点的站后排都看不到仪式，旅游旺季就是这样的。

王宫除部分留王室自用外其余都开放给游客参观，在这里可以看到高贵典雅的王室气派，皇家的会客厅、卧室、舞厅等堪称富丽堂皇。这里还有嫁入王室成为王妃的美国影星葛蕾丝•凯莉的大幅照片，她于1956年成为摩纳哥王妃，一直与雷纳三世过着幸福的生活，成为平民成功嫁入王室的典范，可是她于1982年死于车祸。

蒙地卡罗的赌场也是游客前来一游的经典项目，富丽堂皇的赌场就在海边，终日有游客进进出出。入赌场要买10€的门票，等于未赌先输，我对赌博兴趣不大，只是入大厅转一下就出来了。

★电影名城——戛纳

戛纳（Cannes），港台译为“康城”，一年一度的戛纳电影节使这个城市名扬世界。它是蔚蓝海岸边的海滨城市，在尼斯以西30~40分钟火车车程（快慢车不同）。戛纳是与尼斯齐名的蔚蓝海岸度假胜地，其气候和环境与尼斯一样好，只不过尼斯作为富人度假胜地已有较长历史。戛纳从20世纪中期起因举办电影节使其知名度直追尼斯。

戛纳的亮点首先是每年5月举办的戛纳电影节（港台称为“康城影展”），这是除美国奥斯卡电影年会之外世界电影界最负盛名的盛会。电影节期间，世界各国的大牌电影明星均汇集于此。位于海边的电影节会场旁就有圆形的直升机停机坪，可以不经过外面的通道直入会场。这

戛纳的豪华度假酒店

戛纳国际电影节会场

时来此旅游，在街上和各种场合见到这些明星的机会很大。电影节会场前的广场地面，镶有很多电影明星手印和亲笔签名的地砖，你可以在此辨认一下这些明星都是谁，其中有无你心中的偶像。

只要是夏季来到戛纳，即使没有电影节，这里也完全不会让你感到失望。虽然戛纳没有尼斯城大，也没有尼斯那种热闹的度假气氛，但这里环境的清静和优美更具魅力。海滨大道上两排高大的棕榈树，树下盛放的鲜花，使这里带有热带风情；旁边一系列高级度假酒店、酒店前沿街排开的露天咖啡座、精致的高级时装店都让人感到这里是“谈笑皆鸿儒，往来无白丁”的地方，一切都显出其雍容华贵的气派。在这里度假绝对不是普通人所能负担得起的，因为这里的住宿很贵。

戛纳紧贴海滨大道的也是一条弧形的海滩，中间部分全为沿岸酒店占有，只有两端是免费公众海滩。这是黄色的细沙滩，躺在上面要比尼斯的灰色碎石海滩要舒服得多。这里的人也很密集，在这里裸露上身的女郎要比尼斯多，她们泰然自若，无所顾忌地在沙滩上走来走去，也不需趴下或用什么来掩蔽自己的酥胸，显得更有开放性。坐在海边树荫下的长椅上吹着地中海清爽的海风，欣赏着蓝天白云、蔚蓝的大海、远处的山景海景、近处的海滩上的人群，真正是令人流连忘返。

爬上戛纳海滩西面的小山，这里有古堡、博物馆和古老的教堂，从山上俯瞰戛纳湾，只见沿着碧蓝海湾的是大片白色的游艇群，海中风帆点点。山脚是戛纳古老的旧城街市，餐馆、咖啡馆沿着弯弯曲曲的上坡

戛纳海滨的小山古堡

戛纳海滨的小山古堡和私家游艇

戛纳海滨风光

俯瞰戛纳海滨

石路延伸。这里商店林立，生活气息浓厚，非常热闹。怀着好奇心走到旧港海边的豪华游艇前近距离一艘一艘地看，不少游艇内部是用漆得铮亮的木板装饰的，显得豪华典雅，坐在艇尾小客厅上喝着饮料的人真是令人羡慕；有些游艇正在往上装运食品准备出海。这些没有任何忧虑，好像生活在一个完美世界里面的人的生活，才是真正叫人向往的生活啊。在这个世界上，有些人终生忙碌，忧心忡忡地为谋生计而活着，而有些人却过着神仙般的日子。不过，应该套用佛家的哲学——“各有前因莫羡人”来达到我们的心理平衡。我到世界各地，只是为了来看看人家各种不同的生活，开阔眼界，做一个旁观者而已。

到戛纳如果不是为了住下度假，不想支付昂贵的旅馆费用，大可以不住，一天时间足够你在戛纳悠闲地四处逛和在海滩上流连。我们选择不在此住，而是早上到戛纳，将行李保管在火车站，傍晚乘火车前往下一站。这里的火车班次密度非常高，平均每小时有2~3班车。

★圣拉菲尔和圣特罗贝

离开戛纳的下一个目的地是圣拉菲尔（Saint-Raphaël）以及圣特罗贝（Saint-Tropez），这是两个蔚蓝海岸小镇，也是蔚蓝海岸之旅的度假地。圣特罗贝由于离开了铁路线，我们选择了住在铁路线上的圣拉菲尔而乘船去圣特罗贝作一日往返游，可以过一下在蔚蓝海岸乘船航行的瘾。

圣拉菲尔在戛纳以西43公里，乘火车约半小时。这里的风景亦相当美丽，港湾中色彩缤纷的小船在碧波荡漾的水面上留下美丽的倒影，蔚蓝天空下的海边大教堂被夕阳涂上一层金黄色，街心公园鲜花盛放。傍晚，在沿海堤边排开的长长的工艺品摊档上，样样东西都吸引游人的目光，扑鼻而来的香味是制造著名法国香水的五颜六色的香精发出的

圣特罗贝风光

圣拉菲尔的教堂

圣拉菲尔海滨风光

味道；浓荫下的街边咖啡座和餐馆座无虚席，都是各地来度假的人。卖艺人优美的手风琴旋律使场面更为热闹；一些开放式的厨房甚至可以从旁直接看到大厨烹制法国大菜的过程。这一充满了享乐气氛的环境令我们也情不自禁地加入其中，我们在此品尝了法式海鲜餐中著名的马赛鱼汤。这是用大虾、贻贝、鱿鱼做的忌廉汤，用料充足，味道不错。作为主菜，量不算少，一道菜也就够了，价格是14€，主食法式面包是不另收费的。不过在这些地方吃饭，小费是应该付的，幅度在价格的10%~15%。我觉得入乡应该随俗，如果不付小费会被人小看，中国人需要同样的尊严，如果不想付小费的话，最好不到这些地方吃，吃中式快餐就不需付小费。

早上的圣拉菲尔海堤边有鱼市，市场与中国的一样一字儿排开，有各种各样的地中海新鲜海产，龙虾、贝类、各种大小鱼类，是可以讨价还价的。在这里看看地中海海产，观察当地人的购物也是旅游中的一件乐事。随后，可乘船往圣特罗贝作一天往返游，航行在蔚蓝海岸上，色彩相当明丽。蓝宝石色的海上，白色的游艇、五彩缤纷的风帆点缀海中，清风徐徐，航行约50分钟便来到圣特罗贝。

圣特罗贝原本只是一个小小的渔港，由于其海湾的风光、渔港的特色深受艺术家的喜爱，于是名声在外，逐步发展成为一个度假小镇和游览胜地。根据有关资料介绍，这里也是天体主义者喜爱的地方。与蔚蓝海岸的几个海滨城镇一样，它也有海滩、树木郁葱的小山、停满各种渔船和游艇的港湾、明丽的海边建筑和教堂、市井气息浓厚的旧街市、游客流连的咖啡馆和餐馆聚集的街区。此外，圣特罗贝还有一个山上的古城堡和城堡下面较为偏僻的海滩。从山上看这里海湾的景色相当不错。来蔚蓝海岸玩主要不是看什么具体的景点，而是一种休闲度假的方式，感受这里的气氛。

蔚蓝海岸实用指南

蔚蓝海岸概况

蔚蓝海岸（Côte d' Azur）位于法国南部，行政上属法国普罗旺斯—阿尔卑斯—蓝岸大区中的蔚蓝海岸地区，指从土伦到法意边境的地中海沿岸地区，包括滨海阿尔卑斯省和瓦尔省。蔚蓝海岸地区包括尼斯、戛纳、安提布、圣拉菲尔、圣特罗贝、土伦等城市，独立小国摩纳哥也在这里，为了介绍的方便，将摩纳哥也纳入这片地区一起介绍。

蔚蓝海岸的名称的确名副其实，上是蔚蓝的天，下是蔚蓝的海，这里由于北面有阿尔卑斯山脉阻挡北方的寒风，冬天也气温舒适，夏天地中海沿岸阳光灿烂、清风送爽，使这里全年均气候宜人，成为观光度假的胜地。在沿岸的多个海滨城市漫步海滨大道，到处都是高大的棕榈树和鲜花；长长的海滩都是来此度假游泳、晒日光浴的人群，很多是来自欧洲北面其他国家的人，他们向往地中海沿岸夏季的阳光海滩，每到夏季便蜂拥而来。

尼斯实用指南

尼斯（Nice）概况

尼斯（Nice）是蔚蓝海岸大区阿尔卑斯省的省会，处于里维耶拉-蔚蓝海岸（Riviera- Côte d' Azur）的中心地带，距意大利边境30公里，人口34.6万，历史上属意大利，1860年割让给法国。尼斯城大致分成三个部分，一是旧城区和港口，就是市区南部海边小山城堡为中心的东面港口、北面和西面的旧市街；二是19世纪后建造的新城区，指小山西面及西北面的这一大片；三是西米兹区，在市区北部，就是位于小山北面的丘陵高地，是以前罗马人统治时期的驻扎地。每年初的尼斯嘉年华会是尼斯最吸引游客的时候。尼斯因其地理位置和气候成为国际知名的度假胜地，每年的夏季，世界各地的人蜂拥而至，使这里成为最热闹的地方。

尼斯景点

尼斯海滩和海滨大道

位于尼斯市区南面地中海岸，是一条长长的弧形海滩，海滩由浅灰色的小碎石构成。这里除了气温太冷的很短的日子之外，终年都有来自法国各地和世界各地晒日光浴的度假人群，是尼斯观光度假的中心。每

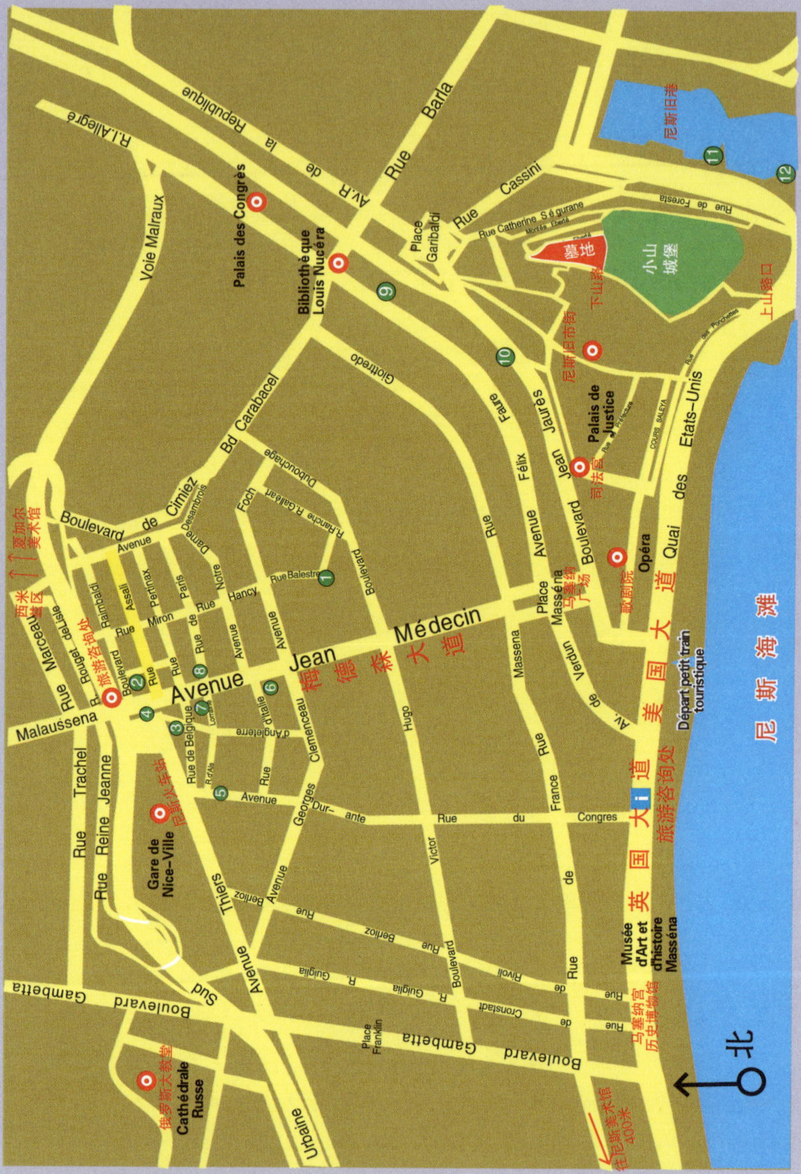

尼斯景点示意图

1. Nice Camélias 青年旅馆
2. Altea Hostel
3. Hôtel Baccarat 二星旅馆
4. Hôtel Antares
5. Hôtel les Orangers
6. Hôtel Lyonnais
7. Hôtel Amaryllis
8. Backpacker's Hostel Chez Patrick
9. 尼斯近现代美术馆
10. 尼斯长途汽车站
11. 往科西嘉岛船售票处
12. 往科西嘉岛船码头

年的夏季是游客最多的时候，这里可以看到一些“无上装”的女士晒日光浴，这里也是外国旅行团必到的地方。海滩后面便是繁忙的海滨大道。

除了部分属酒店拥有的地段外，其他公众海滩是向所有人免费开放的。公众海滩上有免费的自来水淋浴，但没有更衣室和保管物品的其他设施，也没有任何救生人员或管理人员，要躺在海滩上最好自带浴巾，因为小碎石海滩裸身躺上去并不舒服。这里也没有任何遮阳伞出租，也无树荫，最好带上防晒用品。

海滩旁就是尼斯海滨高级散步大道，即英国大道（Promenade des Anglais）和东侧的美国大道（Quai des États-Unis）。这条海滨大道上有不少高级旅馆和美术馆，路旁有很多高大的棕榈树和很多公众座椅，让路人坐在此看大海。晚上的海滨大道也很热闹，经常有玩旱冰的青少年作高难度表演。

摄影注意：躺在海滩上的人很少拿摄影器材，在此拍照最好不要近距离拍人，或拿着摄影器材在海滩上走来走去找目标，以免引起他人反感。拍海滩全景可以上东面的小山城堡，下午拍摄是逆光。

交通：从火车站步行到此20~25分钟。巴士有3、6、7、9、10、16路。

小山城堡遗址（Colline du Château）和山顶花园

位于市区南面海边、尼斯海滩的东端，是一座耸立于海边的小山，山脚面海处有海洋博物馆（Musée Naval），半山有瞭望塔（Tour Bellanda），山顶是一片较大的花园，有古城堡遗址。这里鲜花盛开、树木葱茏、绿草如茵、海风送爽。往西可俯视尼斯海滩，往东可俯视有很多漂亮游艇的尼斯港，往北看是尼斯中部的小山，树木之中橙红色瓦顶的别墅小屋错落有致，往南看则是浩瀚的地中海。

一般游览所需时间：从山脚登顶约15分钟（免门票）。

摄影注意：上午上小山拍尼斯海滩是顺光或侧光，下午是逆光，拍海滩在半山比山顶更好；拍东面的尼斯港下午较好。

交通：同尼斯海滩，从马塞纳广场步行至山脚约15分钟。小山在近海边处设有电梯，电梯到达不太高的半山瞭望台。

老尼斯旧市街（Vieille Ville）

位于小山的西北方向山脚起的一片旧城区，房子都是17~18世纪遗留下来的，基本上是意大利风格，虽然古老但不失风雅。这里都是石板路，街道狭窄，人流较密，有很多小巷。这里小商店很多，如肉店、蔬菜店、海味干货店、服装店、小餐馆、咖啡馆等，非常热闹，在这里可以看到尼斯人的日常生活，很有风情味。

街区中还有一些小广场和小教堂，著名的有建于1650年的圣雷帕拉特大教堂（Cathédrale Sainte-Réparate）和17世纪的耶稣会教堂，还有当地居民和侨民建造的皇宫式豪宅，其中最大的是17世纪所建的拉斯卡西斯宫（Palais Lascaris）。这一大片街区往北延伸到加里波第广场，往南延伸到海滨大道。海滨大道临街店铺后面（Rue St François de Paule路和Aux Fleurs Cours Saleya）是一个露天鲜花、蔬菜、水果市场，摊档就摆在路的中间。这里上午是市场，下午就成了酒吧餐馆街，摊档变成了餐馆的桌椅。

一般游览所需时间：从小山下来穿过旧市街至少40分钟。

交通：如果从小山的西北方向沿石路下山，正好来到这里，如果不想爬山，在海滨的美国大道穿过临街的店铺就到旧街市的最南面。

尼斯美术馆（Musée des Beaux-Arts）

位于市区西部海滩北面Av. des Baumettes路的是画家朱拉谢雷的纪念美术馆，馆内也陈列其他画家的作品。开放时间同马塞纳博物馆。

门票：5€，优惠票2.5€。

开放时间：每天10:00~18:00，周一闭馆，元旦、五一、复活节、圣诞闭馆。

交通：38路车在Arret Cheret站下。

尼斯近现代美术馆（Musée d' Art Moderne et d' Art Contemporain）

位于尼斯旧市街西北面、加里波第广场西南，是一现代化建筑，展示法国20世纪60~70年代作品。

门票：5€，优惠票2.5€。

开放时间：每天10:00~18:00，周一、元旦、五一、复活节、圣诞闭馆。

交通：1、7、9、10、14、16、17、25路车在Musée Contemporain站下。

马塞纳美术历史博物馆（Musée d' Art et d' Histoire即马塞纳宫Palais Masséna）

位于海滨的英国大道中部，为19世纪意大利风格建筑，是拿破仑的元帅马塞纳之孙所建。一楼陈列家具、用品，都是拿破仑时代风格；二楼陈列中世纪的艺术品和陶器。

门票：3.8 €。开放时间：每天10:00~18:00，周二闭馆。

交通：同尼斯海滩。

俄罗斯大教堂（Cathédrale-Russe）

位于尼斯火车站后面西侧Bd. Tzarewitch上，又名圣尼古拉斯大教堂（Cathédrale-St-Nicolas），是俄罗斯东正教教堂，外观宏伟壮观，里面陈列有壁画和圣像。

门票：3€。

开放时间：每天开放，周一上午关闭。

交通：5、7、14、16、17路车到达。

马蒂斯博物馆（Musée Matisse）和考古学博物馆（Musée Archéologique）

位于同一地方，在尼斯市区北部属西米兹（Cimiez）区Av. de Cimiez，前者展示尼斯大画家马蒂斯作品，他是野兽派的代表人物；后者展示古罗马竞技场和古罗马浴场遗址的出土文物。

门票：5€，优惠票2.5€。

开放时间：每天10:00~18:00，周二、元旦、五一、复活节、圣诞闭馆。

交通：15、17、20、22、25路车在Arret Arenes-Musée站下。

古罗马竞技场（Arènes）和浴场（Thermes Romains）遗址

位于市区北面山丘上，属西米兹区，这里有很多造型各异的别墅豪宅。尼斯在古罗马时期的古迹圆形竞技场就在这里，竞技场可容4000人之多；此外还有罗马古代浴场，当时的浴场是 种上流社会的社交场所。这些古迹与上述马蒂斯博物馆在同一处地方。

交通：同马蒂斯博物馆。

夏加尔美术馆（Musée National Marc Chagall）

位于市区中部尼斯火车站东面，展示俄籍犹太画家夏加尔的作品，其具体特点是以《圣经》为题材。

门票：7.5€，优惠票5.5€。

开放时间：每天10:00~18:00，周二、元旦、五一、复活节、圣诞闭馆。

交通：15路车在Arret Arenes-Musée站下。

旅游日程设计及最低费用预算

◆如果你只有1天时间

上午先到尼斯海滩游泳和躺一下沙滩，10:00后到马塞纳宫看博物馆，再沿海滨大道步行往小山，沿途欣赏海滨大道风光。爬上小山拍照，在山顶公园游览、赏景。午后从西北向山路下山游旧市街。下午有时间的话可选择到俄罗斯教堂或其他博物馆参观，傍晚再到海滨大道散步或到海滩上，在附近吃晚饭，看看海滨大道夜景及海边乘凉，之后沿梅德森大道步行回住地，这条大道是尼斯主要商业旺地。

最低旅游费用预算：住宿23€（青年旅馆多人间）、伙食5€（晚上旅馆煮饭），不计博物馆门票共28€。

◆如果你有2天时间

第二天到马蒂斯博物馆和附近的古罗马竞技场、古罗马浴场，午后往俄罗斯教堂或其他博物馆参观，晚些时候再到海滩或在咖啡座流连。

最低旅游费用预算：住宿46€，伙食10€（同上），不计门票共56€。

◆如果还有时间

每天在旅馆迟点起床，带上食物到海滩消磨度假时光，或到咖啡座流连，逛街看看商店。要有一种悠闲的度假心态，这样多待几天也无妨。西方人的度假方式就是这样的。另外也可以以尼斯为大本营，安排前往摩纳哥或戛纳，早出晚归。

周边可联游景区

尼斯以外较接近的游览区有东面的摩纳哥、蒙顿小镇，西面的安提布小镇、戛纳，再远的西面有圣拉菲尔、圣特罗贝和可看薰衣草花田的香水小镇格拉斯（Grasse）。

尼斯交通

飞机

尼斯是法国南部的度假中心，因此有航线连接欧洲各大都市。从巴黎飞尼斯约1小时20分钟，从里昂来50分钟。尼斯的蔚蓝海岸机场位于市区西面7公里处，有巴士通往市内长途汽车站Gare Routière，车程约35分钟，附近也有火车站Nice-St-Augustin只需一站路程到尼斯市中心站Nice-Ville。

火车

尼斯有三个火车站以尼斯（Nice）的名称排头，市中心的主要火车站是Nice-Ville。从巴黎的里昂火车站乘TGV高速列车往尼斯只需6小时，从里昂来4小时，从马赛来只需2.5小时。每天都有数趟快车。此外，从尼斯始发或经过尼斯的短途快车很多，一般不需提前买票，即到即走，平均30分钟一趟车。部分从尼斯出发的火车二等车票参考价：巴黎72.9~116€，马赛24~30€，意大利米兰31.1€。

长途汽车

尼斯的长途汽车总站Gare Routière在市区东面，从马塞纳广场沿Jean Jaurès大道往东走约500米便到，位置在旧市街西北Jean Jaurès大道北侧。到附近不通火车的小市镇乘汽车较方便，也有到远至阿维尼翁、第戎的车。

市内公共汽车

尼斯市的公共交通包括线路巴士和有轨电车（Tramway），马塞纳广场是一个巴士总站较集中的地方，除了往西米兹区的景点要乘巴士外，基本上可以步行。到各景点的巴士见该景点介绍。市内巴士单次票1€，1天票4€，7天票15€，巴士和电车通用，可在自动售票机或向巴士司机购买。更详细资料可上尼斯交通网 www.lignedazur.com 。

步行

在尼斯游览和度假，步行是最好的选择，这里的海滩和景点都集中在市区南面，相互间距离不远。尼斯街上特别是梅德森大街的商店色彩感十分丰富，路上行人游客占了不小的比例，各色的食物店橱窗五花八门。总之街上的风景令人目不暇接，在尼斯市区的步行能留给人愉快的回忆。

尼斯住宿

尼斯是一个国际旅游城市，正如流行的说法那样：“巴黎是全世界普通人游玩的地方，而尼斯是世界上有钱人光顾的地方。”因此这里各种中高档酒店的数量较多，中档旅馆的标准双人间价格75~100€，高档的100~200 €。旅馆客流量以7~8月最高。

●Nice Camélias 青年旅馆

地址： 3 Rue Spitalieri。预订网址：www.hihostels.com

房价：多人间每床23€。含早餐，有厨房，可上网，全年24小时开放。

交通：位置好，离尼斯火车站仅500米，见P.282地图。

●Nice-Mont Boron 青年旅馆

地址：Route Forestière du Mont Alban

预订网址：www.hihostels.com

房价：多人间每床18.2€，含早餐，有厨房，可上网，仅在6~9月开放，接待时间7:00~10:00、17:00~24:00。

交通：离尼斯市中心4公里，见P.282地图，从火车站乘17路车到Sunbus Station站转14路车直达青年旅馆。

便宜旅馆集中区

虽说来尼斯度假的有钱人很多，高级宾馆比比皆是，但尼斯也有中下价格的住处。简易旅馆集中在火车站东面和南面，这里离火车站步行只需几分钟，紧靠尼斯的商业主干道梅德森大道，饮食、交通及购物均非常方便，离海滩步行需15~20分钟路程，是游客选择的理想位置。以下介绍最便宜的。旅馆具体位置见P.282地图。

●Altea Hostel

地址：3 Bd.Raimbaldi。预订网址：www.hostelbookers.com

房价：多人间每床17€，双人间50€。

交通：从火车站步行5分钟。

●Hôtel Baccarat 二星旅馆

地址：39 R.d' Angleterre。预订网址：www.hostelworld.com

电话：04-93883573，传真：04-93161425。

房价：多人间每床22€，双人间80€。有厨房，可上网，旺季登记入住时间11:45~20:00。

交通：从火车站步行来此约10分钟。

●Hôtel Antares

地址：5 Av. Thiers。预订网址：www.hostelbookers.com

房价：多人间每床24€。有厨房。

交通：从火车站步行3分钟。

●Hôtel les Orangers

地址：10 bis Av. Durante。预订网址：www.hostelworld.com

房价：多人间每床25€。

●Hôtel Lyonnais
地址：20 Rue de Russie
预订网址：www.francehotelnetwork.com
电话：04-93887074，传真：04-93162556。
房价：单人间39€，双人间59€，3人间77€，4人间93€。

●Hôtel Amaryllis
地址：5 Rue Alsace Lorraine。预订网址：www.hotel.info
房价：单人间51€，双人间68€。

●Backpacker's Hostel Chez Patrick
地址：32 rue Pertinax。预订网址：www.hostelworld.com
房价：多人间每床28€。

特色菜和饮食

特色菜：尼斯的蔚蓝海岸特色菜主要是意大利菜，普罗旺斯的菜式在此地也很流行，如马赛鱼汤。尼斯面临地中海，海产较多，有比目鱼、龙虾、贝类等。这里的菜式多喜欢用大蒜、橄榄油。较普遍的菜有蔬菜汤、烤沙丁鱼、奶油烙鳕鱼等。

菜名举例：前菜Salade Niçoise西红柿、海鱼、水煮蛋和橄榄，Tapenade蔬菜肉浓汤加上橄榄和海鱼；主菜Aubergines farcies à la provencale茄子酿上肉类、洋葱和香草，Perdices à la Catalana橘子汁胡椒酱鹌鹑，Stockfish à la Niçoise洋葱、西红柿、大蒜和香草的炖煮鳕鱼干，Pislou蔬菜汤。

旅游者的饮食：尼斯的饮食价格虽然在西欧来说还不算太贵，从火车站经梅德森大道到马塞纳广场沿途都不少中小法国和意大利式餐馆，在尼斯吃一顿法国餐最便宜的超过10 €，就是只要一道主菜加不另计费的法式面包（自来水免费）。

中式快餐店比较适合中国内地的旅游者，老板和伙计多是中国人，这些快餐店全天营业，食物种类非常多，有免费可饮用自来水供应，一餐可在10€以下。

尼斯购物

旅游者在尼斯购物有几处地方

梅德森大道购物街：这是尼斯最主要的购物街，从火车站起一直到马塞纳广场沿途都是各种各样的商店，旅游旺季期间人流摩肩接踵，各种名牌比比皆是。也有不少便宜的服装，街上的橱窗就标着价格。

尼斯旧市街：这是尼斯有名的露天集市和街巷集市。这里有传统的尼斯市民生活，集市每天早上有蔬菜鱼肉水果，街边小店有正宗的传统食品，是选购当地土特产、海产、旅游纪念品、工艺品的地方，也是当地人日常生活用品较多的地方。

娱乐

尼斯嘉年华会：这是世界闻名的民间节庆活动，起源于天主教的一种仪式，从公元1294年以来一直受到王室的支持，现在则已演变为基本没有宗教意义的大型群众狂欢活动。如按公历计算，每年的嘉年华会日子均不相同，一般在公历2月，为期2~3周。嘉年华会期间，主要街道装上彩灯，播放着音乐，从马塞纳广场到梅德森大道有盛大的花车游行、烟火、化装歌舞等，游客能在这段时间来到尼斯是最幸运的了。

夜生活：尼斯的夜生活与世界上很多地方差不多，就是市内各处的夜总会、歌舞厅、街头咖啡馆、酒吧等场所。旅游者最好是到海滨大道上散步，看看尼斯人晚上消闲的方式，很多人坐在海边宽大人行道的免费座椅上吹海风聊天。

综合信息

旅游信息咨询处（Office du Tourisme）

尼斯共有3个咨询处，一在尼斯火车站出站的左侧，二在尼斯机场1号大楼（Terminal 1），三是在海滨英国大道5号，即马塞纳宫东面不远。见P.282地图。

蔚蓝海岸博物馆卡（Riviera pass直译为“里维耶拉卡”）

里维耶拉是尼斯所属的行政区，除尼斯外它还包括几个沿海城镇，此卡使用范围包括尼斯、安提布镇（Antibes）、Biot镇、Cagnes-sur-mer镇、Eze镇和摩纳哥。到达这些地方的公共交通见www.frenchrivierapass.com/en/acces-libre.php（从尼斯乘火车到达这些地方单程是2.3~3.9€，乘巴士是1€）。这是一种类似于巴黎优惠卡性质的优惠套票，它不包括公共交通（但Envibus的13和14路持卡免费）。持卡者可免费参观部分美术馆和文化景点，还包括各地双层露天巴士游览，详情见www.frenchrivierapass.com。但它远没有巴黎博物馆卡覆盖的参观点那样多。此卡分为24小时（24€）、48小时（36€）和72小时（54€）三种，是连续使用的，在旅游咨询处出售。

尼斯月平均气温（摄氏度）

月份	1	2	3	4	5	6	7	8	9	10	11	12
温度	8	9	11	13	17	20	23	22	20	16	12	8

尼斯有用电话

报警：17；火警：18；救护车：112。银行服务时间：周一至周五8:30~12:00，13:30~16:30，公众假期休息。邮局服务时间：周一至周五8:30~19:00，周六12:00。

摩纳哥实用指南

摩纳哥（Monaco）概况

位于蔚蓝海岸尼斯以东，南临地中海，是摩纳哥大公国所在地，面积1.95平方公里，东西最长为3公里，南北最窄处仅200米，海拔最高点为573米。摩纳哥背山面海，风景优美，属地中海气候。

这里早期为腓尼基人的城堡，1338年成为独立公国，1911年颁布宪法成为君主立宪国，一直是独立主权的国家。全国人口28000人，主要居民来自法意两国，法语为官方语言，天主教为国教。摩纳哥为欧洲著名旅游胜地，旅游业、赌博业、邮票是其主要收入来源。因不征个人所得税，吸引了世界不少人前来这里。从法国进入不需签证和出入境手续。

摩纳哥景点

摩纳哥王宫（Palais de Monaco）

摩纳哥大公国作为一个独立的国家自14世纪起由格里马尔迪家族统治。王宫在突出海面的小半岛中部的山上，有层层依山而建的城墙，王宫坐落在山顶平地上，宫前有一片广场。王宫广场西北面可以居高临下俯瞰整个摩纳哥大公国，下面海湾中整齐排列着不少高级游艇，对面山上橙红色屋顶的房屋依山而建、错落有致。两山坡之间的海边谷地就是摩纳哥的市区，往东北方向望去的海边高地上很多精致漂亮的房屋就是赌城所在的蒙地卡罗，也是市区的一部分。往西南面看去也是摆满游艇的港湾。

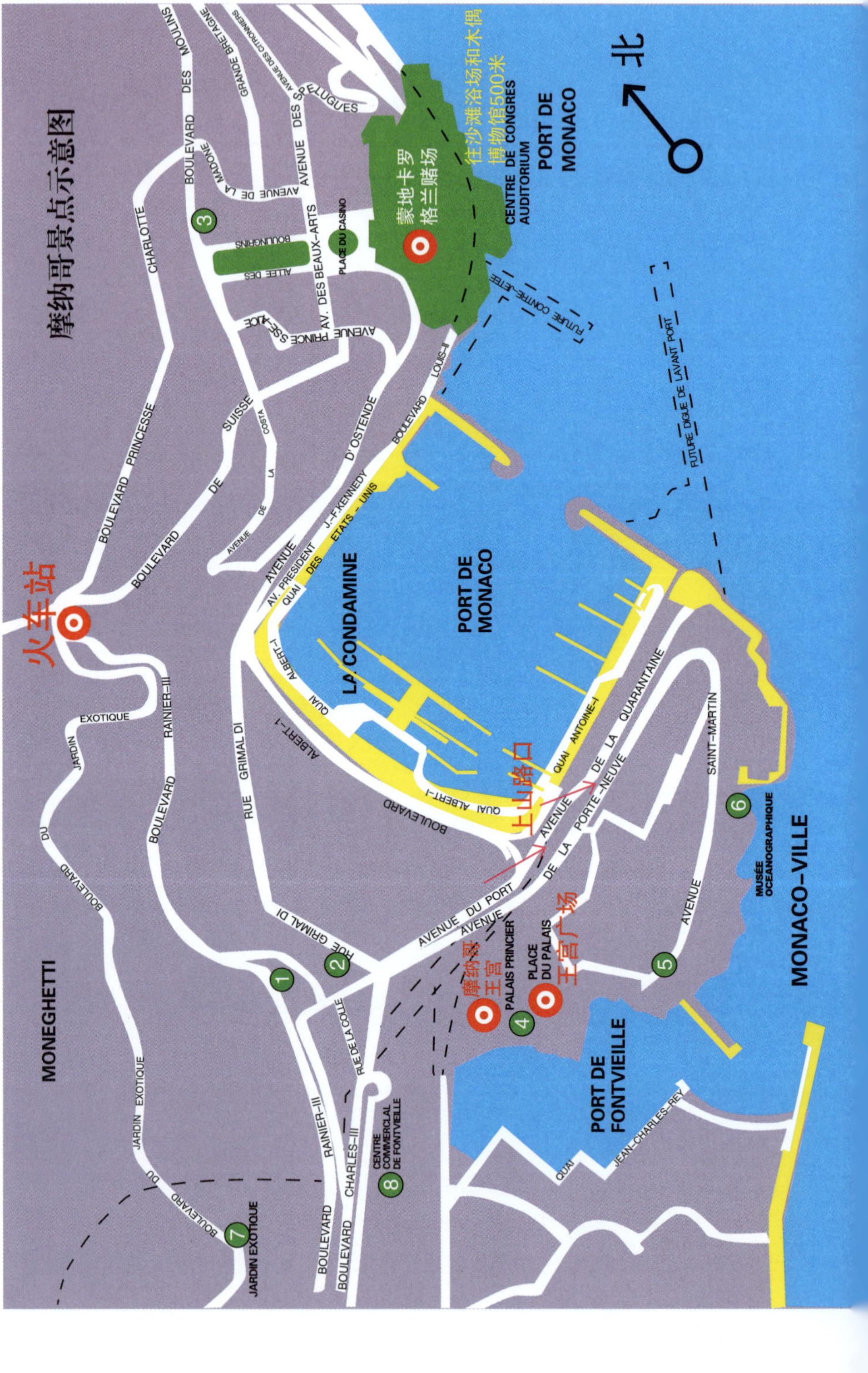
摩纳哥景点示意图
北
火车站
蒙地卡罗
格兰赌场
往沙滩浴场和木偶
博物馆500米
上山路口
摩纳哥
王宫
王宫广场
PORT DE MONACO
PORT DE MONACO
LA CONDAMINE
MONACO-VILLE
PORT DE FONTVIEILLE
MONEGHETTI
CENTRE DE CONGRES AUDITORIUM
PLACE DU CASINO
PALAIS PRINCIER
PLACE DU PALAIS
MUSÉE OCEANOGRAPHIQUE
CENTRE COMMERCIAL DE FONTVIEILLE
JARDIN EXOTIQUE
FUTURE CONTRE-JETEE
FUTURE DIGUE DE LAVANT PORT
BOULEVARD PRINCESSE CHARLOTTE
BOULEVARD DE SUISSE
AVENUE DE LA COSTA
BOULEVARD DES MOULINS
AVENUE DE LA MADONE
GRANDE BRETAGNE
AVENUE DES CITRONNIERS
AVENUE DES SPELUGUES
AVENUE DES BEAUX-ARTS
ALLEE DES BOULINGRINS
AVENUE PRINCESSE ALICE
AVENUE D'OSTENDE
BOULEVARD LOUIS-II
AV. PRESIDENT J.-F. KENNEDY
QUAI DES ETATS-UNIS
QUAI ALBERT-I
BOULEVARD ALBERT-I
QUAI ANTOINE-I
AVENUE DE LA QUARANTAINE
AVENUE DE LA PORTE-NEUVE
AVENUE DU PORT
AVENUE SAINT-MARTIN
RUE GRIMALDI
RUE DE LA COLLE
BOULEVARD RAINIER-III
BOULEVARD CHARLES-III
BOULEVARD DU JARDIN EXOTIQUE
QUAI JEAN-CHARLES-REY
1
2
3
4
5
6
7
8

王宫现在也是国王居住的地方，但辟出部分让游客进入参观。游客可进入王宫中的大厅、客厅、卧室、走廊等处，里面陈设豪华典雅，气派高贵，可看到现实中王室生活的情景。王宫旁还有一个拿破仑博物馆，展厅面积很小，主要展示拿破仑家族的一些历史遗物。

每天中午11:55在王宫广场上有摩纳哥王宫卫队的换岗仪式，这也是游客来此参观的经典节目。在旅游旺季，仪式开始前就有游客早早占好位置，否则到时针插不进，仪式一般十多分钟便结束。

王宫广场旁还有一个山上的小城区，这里街道狭窄，但风情味浓，有各式各样的小商店、餐馆等，在这里逛一下感觉也是挺不错的。

门票：参观王宫7€，拿破仑博物馆4€，8~14岁和学生3.5€，两处联用的套票9€。

开放时间： 王宫从4~10月每天开放，6~9月9:30~18:30，10月10:00~17:00，11月至次年5月关闭。拿破仑博物馆仅在11月12日~12月16日关闭，及从12月至次年5月周一闭馆。

一般游览所需时间：参观王宫30~40分钟，拿破仑博物馆约30分钟，从山脚登顶约15分钟，在山顶观景可长可短。

摄影注意：王宫内不准拍照录像。

交通：从火车站步行到王宫广场约25分钟。也可在车站前广场乘过路的1、2路巴士绕后山到王宫广场，下车后还要走一小段路。

蒙地卡罗格兰赌场（Grand Casino）

这是举世闻名的蒙地卡罗赌场，外形酷似一个豪华歌剧院，耸立于海边高处的台地上，四周鲜花盛放，绿草如茵，高大的棕榈树环绕四周，带有一点热带风情。它是巴黎歌剧院的设计者所设计。赌场由摩纳哥国家经营，收入是摩纳哥国家的重要财源。赌场里面装饰豪华，这里终年有来自世界各国的富豪在此豪赌，一掷千金，这里也是高级的社交场所。普通人也完全可以到此赌一赌，碰碰运气。

赌场海边有一个大平台，是一家酒店的屋顶，这里有一个直升机的停机坪，方便富豪从外地直接到达和离开。这里地中海沿岸的风景也相当美。

门票：大堂可以自由进入，不需门票，但要在入口处保管小包和摄影器材，如果想再入里面看人家赌或自己参赌，那就要买10€的门票（大厅，小间是20€），这门票可以用作赌博的筹码。每天从下午2时起开放。

交通：从火车站出来转左面步行上坡约15分钟便到，也可在火车站前广场或王宫广场南面乘1路公共汽车到达。

自动木偶博物馆（Musée National des Automates et Poupées）

位于蒙地卡罗地区东部，赌场东面，博物馆展示所收集的各种自动木偶。对木偶兴趣不大的人来此也有其他的收获，因为这是一幢非常华丽典雅的旧贵族海边别墅，花园大门迎面是一尊优美的雕塑，沿着古典式的台阶往上走就来到上一层的花园平台，对面是大海，这是典型的欧洲古典式花园，好好欣赏一下这幢别墅和花园也是值得的。

门票：6€，6~14岁和学生3.5€，如果不入室内是不需门票的。

开放时间：每天10:00~18:00，元旦、五一、圣诞闭馆。

交通：从火车站来可乘4、6路车，从赌场来步行约20分钟，可以走走蒙地卡罗的大街，乘搭一下免费上下的过街电梯。

热带公园和考古学博物馆
（Jardin Exotique & Musée d' Anthropologie Préhistorique）

位于火车站后面的山上，是一个树木繁茂的山上公园，从这里可以俯瞰山下市区的建筑和大海，还可以参观一下考古学博物馆。

门票：6.9€，6~18岁3.5€。

开放时间：5月每天9:00~19:00，其余时间9:00~18:00。

交通：从火车站前乘5路巴士到达。

海洋博物馆（Musée Océanographique）

位于王宫所在小山南面的海边，是世界著名的海洋博物馆。

门票：12.5€，6~18岁6€。

开放时间：6~8月9:30~19:30，4~5月和9月9:30~19:00，其余时间10:00~18:00。

交通：从火车站前乘1、2路巴士，到达终点站后还要步行一段，也可从王宫广场步行下山不远便到。

摩纳哥顶级老爷车展览（Monaco Top Cars Collection）

主要展示所收集的名贵老爷车。摩纳哥是世界上老爷车活动的大本营，是老爷车发烧友向往的地方。车展位于摩纳哥蒙地卡罗火车站出站转右不远的Fontvieille商业中心。

地址：Les Terrasses de Fontvieille

门票：6€，8~14岁3€。

开放时间：每天10:00~18:00，圣诞闭馆。

交通：从火车站步行前往5分钟。

摩纳哥邮票硬币博物馆（Musée des Timbres et des Monnaies）

摩纳哥也是世界邮票大国，集邮爱好者将会在此大有收获。

门票：3€，14~18岁1.5€。

地点同摩纳哥顶级老爷车展览，开放时间与老爷车展相同，10月至次年6月闭馆早1小时。

旅游日程设计及最低费用预算

◆如果你只有1天时间

从尼斯乘火车来当天往返，时间是足够的，如果你的下一个目的地是继续往西去意大利的话，也可以将行李保管在火车站或旅游咨询处，再乘傍晚的车离开。在摩纳哥住的话，房费较贵。

上午到达后步行上山到王宫广场，参观王宫逛逛山上的街道和商店，从高处欣赏一下摩纳哥市和地中海的景色，中午看完换岗仪式再下山。然后前往赌场，步行看一下摩纳哥的市容，也可乘巴士前往。游客可以欣赏赌场的内外环境，这里海边风光不错。然后步行往自动木偶博物馆欣赏一下这建筑和花园。下午晚些时候回火车站，有兴致者可以乘5路车上热带公园和看博物馆，之后乘火车回尼斯，中途可在沿途小站下车到地中海游泳。夏季白天长可以这样。

最低旅游费用预算：住宿（尼斯）23€、伙食6€（早餐旅馆包，午餐面包，晚回旅馆厨房煮饭）、交通费2€（尼斯巴士往返，游览全程步行）、不计博物馆门票共31€。

◆如果你有2天时间

如果不来摩纳哥住，可以继续住在尼斯，蒙地卡罗自动木偶博物馆对看海边也是游泳的地方。第二天在这里的话，可以以悠闲的心态在这个城市的街道四处漫步或看一下其他的博物馆（有部分没有介绍，到旅游咨询处便可了解）。

周边可联游景区（同尼斯）

摩纳哥交通

火车

摩纳哥没有机场，只能利用尼斯的机场。这里主要的交通工具就是火车。从这里往西就是尼斯，往东是海边小镇蒙顿，再过就是法意边境的Ventimiglia火车站。法意间地中海沿线铁路干线经过这里，无论往东或西，短途列车平均不到半小时就有一趟车。火车站名为Monaco-Monte-Carlo。往尼斯二等车票价3.3€，最早班5:20，最晚班23:57，车程20分钟。

市内公共汽车

摩纳哥市有6条公共汽车线路，基本走遍市内各处，交通非常方便。也可从尼斯乘TAM100路城际巴士来到摩纳哥，在赌场站（Casino）下车，车费1€。

步行

在摩纳哥市游览，步行是最方便的方法，可以沿途看看城市生活，路途也不远。市区道路虽然落差大，但有不少免费电梯，从地图上就可找到。

摩纳哥住宿

摩纳哥是世界各地富豪喜欢来的地方，因此旅馆基本上都是贵价的，最好还是住在尼斯。这里介绍几家最便宜的旅馆。具体位置见P.292地图。

●Hôtel Le Versailles 二星旅馆

地址：4 Av. Prince-pierre。预订网址：www.hostelbookers.com

房价：单人间90€，双人间140€。

交通：出摩纳哥蒙地卡罗火车站，立即转右沿着Bd.Rainier III，也可乘4路巴士。

●Hôtel France （de）二星旅馆

地址：6 Rue de la Turbie。预订网址：www.monte-carlo.mc

房价：单人间75~94€，双人间85~116€，3人间105~140€。

交通：同上面的旅馆。

旅游信息咨询处

摩纳哥的旅游咨询处在蒙地卡罗赌场北面的Bd.des Moulins路，也是用国际通行的标志，开放时间为9:00~19:00，周日休息。

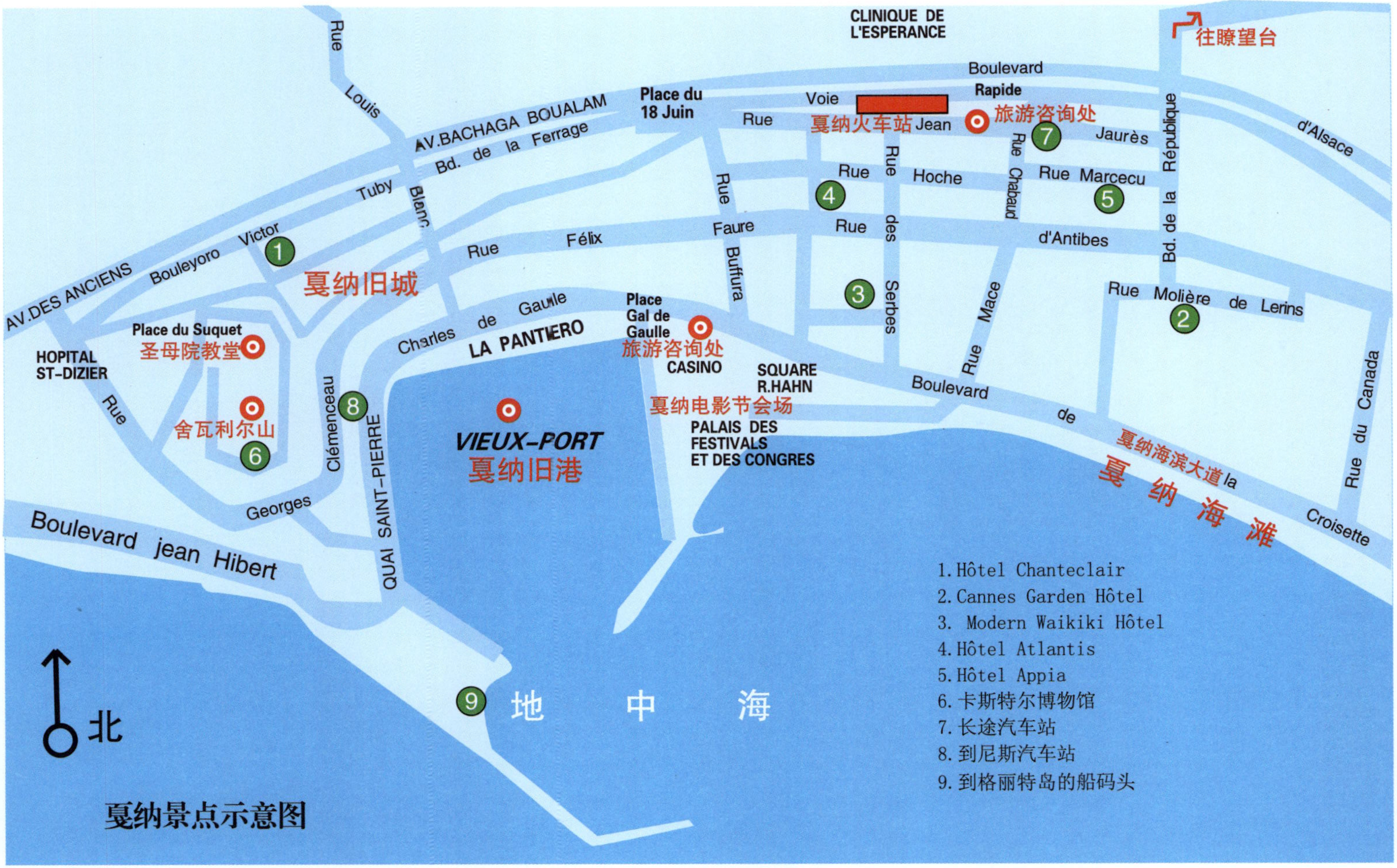

CLINIQUE DE L'ESPERANCE
往瞭望台
Boulevard
Rapide
Voie
Place du 18 Juin
Rue
夏纳火车站 Jean
旅游咨询处
Jaurès
d'Alsace
Bd. de la République
AV.BACHAGA BOUALAM
Bd. de la Ferrage
Rue Louis
Tuby
Blanc
Victor
Bouleyoro
AV.DES ANCIENS
Rue Hoche
Rue Marcecu
Rue Chabaud
Rue Félix Faure
d'Antibes
Rue des Serbes
Rue Buffura
Rue Mace
Rue Molière de Lerins
Rue du Canada
夏纳旧城
Place du Suquet
圣母院教堂
HOPITAL ST-DIZIER
Rue
舍瓦利尔山
Charles de Gaulle
LA PANTIERO
Place Gal de Gaulle
旅游咨询处
CASINO
SQUARE R.HAHN
夏纳电影节会场
PALAIS DES FESTIVALS ET DES CONGRES
Boulevard de la Croisette
夏纳海滨大道
夏纳海滩
Clémenceau
QUAI SAINT-PIERRE
Georges
VIEUX-PORT
夏纳旧港
Boulevard jean Hibert
地中海
北
1.Hôtel Chanteclair
2.Cannes Garden Hôtel
3. Modern Waikiki Hôtel
4.Hôtel Atlantis
5.Hôtel Appia
6.卡斯特尔博物馆
7.长途汽车站
8.到尼斯汽车站
9.到格丽特岛的船码头

夏纳景点示意图

戛纳实用指南

戛纳概况（Cannes）

戛纳位于法国南部地中海沿岸蔚蓝海岸地区，在尼斯以西，为欧洲著名度假胜地之一。1834年前，戛纳只是一个不起眼的渔村，英国人钱勒斯和布鲁汉在前往尼斯途中因躲避霍乱而在此停留，后来便喜欢上这里，在此修建别墅。之后陆续有人在此建度假别墅，慢慢便发展成度假胜地。戛纳从1946年起作为电影节场地之后，这里更声名鹊起，成为融合海滩、阳光、美女、精品店的国际知名度假天堂，每年5月的国际电影节是戛纳最热闹的时候，夏季来临时，各国有不少游客来此度假。

戛纳景点

克罗瓦塞特海滨大道和海滩（Boulevard de la Croisette）

位于戛纳市南面海边，大道的一侧是海滩，另一侧是高级度假酒店、餐厅、咖啡座、高级时装店等，大道上种有两排高大的棕榈树，马路中央的花圃上红色、黄色的鲜花成片成片，有几分热带风光。这里风和日丽，沙滩上挤满了来自各地的游客，一年一度的电影节期间，说不定有机会能在沙滩上见到电影明星。

这条海滨大道的中间部分属于高级酒店专用的地方，两边尽头是公众沙滩。因为到戛纳的游客多以度假为主，因此这里也是戛纳的旅游中心点。戛纳没有尼斯的人多，所以这里显得更适宜于休闲度假。

公众海滩上有免费的自来水淋浴，但没有更衣室和保管物品的其他设施，也没有任何救生人员或管理人员，要躺在海滩上最好自带浴巾。这里也没有任何遮阳伞出租，也无树荫，最好带上防晒用品。

摄影注意：躺在海滩上的人很少拿摄影器材，在此拍照也没问题，但最好不要近距离拍人，或拿着摄影器材在海滩上走来走去找目标，以免引起他人反感。

交通：从火车站出来往南走，5分钟便来到海边。

电影宫和广场（Palais des Festivals et des Congrès）

位于戛纳海滩及克罗瓦塞特海滨大道西面，背靠大海，建筑后面海上还有个方便电影名人出入的直升机停机坪。每年5月电影节期间，世界各地的电影明星便汇集于此进行电影获奖的评选、举行颁奖典礼及影视节目交易会，此时整个城市都被动员起来，到处都是与电影放映和销售有关的活动，明星也不时在街头出现。这是戛纳最热闹的时光。电影节过后电影宫又空置起来，游客只能在外面看一下这座现代化的建筑。在门口广场的地面上，有许多印有电影明星掌印的地砖，上面还有明星的亲笔签名，游客可以逐个仔细搜寻自己偶像的印迹。

舍瓦利尔山（Mont Chevalier）和戛纳旧城

这是一座位于戛纳海滩西面的小山，在海滩上远远便可以看到。小山不高，山顶有古城堡建筑和博物馆，可以登上古堡上的小塔远眺，圣母院教堂和小广场上浓荫蔽日。坐在这里看戛纳海湾，清风徐徐，远近风光尽收眼底，白色的游艇在湛蓝的海湾中特别注目，电影明星出入的直升机圆形停机坪清晰可见。从原路下山到山脚，这里是戛纳的旧城，弯曲的石板路沿街而上，路边有不少小餐馆、小咖啡馆，坐在这里歇歇脚，可以领略戛纳的市井生活。

一般游览所需时间：上山与逛旧城合约一个半小时。免门票。

摄影注意：从山上可拍戛纳海滩全景和市区，上午逆光，下午顺光。

交通：沿海滩往西走，经过电影宫和停泊有很多豪华游艇的旧港，马路对面有一座很漂亮的古典建筑，那就是戛纳市政厅。到山脚沿上山石路登山，很快就来到山顶。从海滩到山顶也就20多分钟的时间。

圣玛格丽特岛（Île Sainte-Marguerite）

位于戛纳对着的海面上，最大的是圣玛格丽特岛（Île Sainte-Marguerite），这里有大仲马小说《铁面人》中囚禁铁面人的城堡，城堡为路易十三时代所建。城堡内除监狱可参观外，还有一个海洋博物馆，城堡的阳台可以远看戛纳海岸和地中海景色。另一岛为圣奥诺拉岛（Île Sainte-Honorat），岛上有最早修建于4世纪、11世纪重建的城堡式修道院。

一般游览所需时间：约半天。

交通：从戛纳海滩西面的旧港有船前往，有游两个岛的套票出售。往圣玛格丽特岛船程约15分钟（往返船票11.5€），第一班7:30，9:00~16:30之间，每半小时一班。回程最后一班17:00，全年每天有船。

戛纳瞭望台（Observatoire de Super-Cannes）

位于市区东北面的山上，是白色塔灯形建筑，塔内有电梯直上塔顶，在塔顶可俯瞰戛纳海湾和远处的勒兰群岛。

交通：从车站有定期巴士前往。

边走边读　神秘的“铁面人”

法国著名作家大仲马著有《铁面人》一书，流传很广，戛纳海面上的圣玛格丽特岛就是这个故事发生之地，历史上确有其事。

1687年一个戴着铁面具的神秘犯人被送至此关入城堡监狱，铁面具上装有弹簧，犯人戴着铁面具吃饭睡觉，在此地度过了11年。幽禁期间，无人知此人的真面目，后来他又被送到了巴士底狱，最后于1703年死于法国本土（路易十四在十多年后才死）。

据说此人一直受到优待，而且说话风趣。他到底是谁，至今仍无人能揭开这个谜。大仲马在小说中将他说成是被人调包的路易十四本人，这只是小说的虚构。有一定权威的猜测有几个版本：有人说他是路易十四的同父异母兄弟，有人说他是路易十四的私生父，有人说他是财政大臣富凯或当时的警察总监。这些猜测都已被史学家用逻辑推翻。

后来继位的路易十五、十六都说过要查清“铁面人”到底是谁，后来路易十六还说过要保密。据伏尔泰所说，当年欧洲在那个时期并没有重要人物失踪。此人被戴上铁面具囚禁至死，可见他的身份一旦被揭露就会引起轩然大波，他到底是谁呢？

旅游日程设计

◆如果你只有1天时间

从尼斯乘火车来当天可往返，时间是足够的，不用在戛纳住，这里的旅馆也比尼斯贵。如果是经过，上午到达后将行李保管在火车站，黄昏就可离开。

到达位于市中心的戛纳火车站，往南直行几分钟便来到海滨大道，在这里四处走走看看风光后便可以找沙滩下去游泳和晒日光浴了，在此消磨半天，然后去旧港边的电影宫广场看看，再到旧港参加勒兰群岛游，先乘船去圣玛格丽特岛，参观城堡监狱和登上顶部看海景，或再到圣奥诺拉岛（这样一天就差不多了）。如果不参加群岛游，从旧港经市政厅上小山舍瓦利尔山，看古堡和教堂，从高处看戛纳海滨风光，下山后逛逛山脚附近的戛纳旧城小巷。如果还有兴趣和时间的话可去一下瞭望台。不想到处去的，时间可多放在海滩流连或看看海滨大道各处的时装店、各类出售高级商品的商店。

◆如果你有2天时间

第二天可参加上面提到的圣玛格丽特岛游，或就在海滩消磨你的度假时光吧。

周边可联游景区

较近的小村镇有瓦洛利斯（Vallauris北面）、被称“香水之城”的格拉斯（Grasse西北）、比奥特（Biot东北），稍远的参考尼斯部分“周边可联游景区”。

戛纳交通

戛纳没有机场，最近的尼斯机场离此约26公里，机场有车到戛纳，需时约30分钟。戛纳最主要的对外交通是火车，横贯蔚蓝海岸直通意大利的铁路经过戛纳。从这里往西南就是圣拉菲尔，往东北是安提布和尼斯。无论往东或西，短途列车平均不到半小时就有一趟车，到尼斯每天最早开的车是6:30，车票6€，最晚开的车是零时，车次非常密集。

小山脚市政厅旁有长途汽车总站，主要是开往附近的小城镇。在市内游览可全部步行，不需乘公共汽车（单程1€）。戛纳的圣玛格丽特岛每天有船往圣拉菲尔，单程价格为24€。

戛纳住宿

戛纳是有钱人度假的地方，高级酒店很多，便宜旅馆很少，住在别处要比在戛纳住省钱。下面介绍几家相对来说较便宜的住处，而且离车站较近，步行在7~9分钟范围内。

●Hôtel Chanteclair

地址：12 Rue Forville。预订网址：www.hostelbookers.com

房价：单人间38€，双人间60€，3人间90€。

●Cannes Garden Hôtel

地址：7Rue Moliere。 预订网址：www.hostelworld.com

房价：单人间50€，双人间60€。

●Modern Waikiki Hôtel

地址：11 Rue des Serbes。 预订网址：同上。

房价：单人间50€，双人间70€，3人间82.5€。

●Hôtel Atlantis 二星旅馆

地址：4 Rue du 24 Août。预订网址：同上。

房价：单人间58€，双人间69€。

交通：出火车站往右走第一条往南的支路就是Rue du 24 Août路。

●Hôtel Appia 二星旅馆

地址：6 Rue Marceau。预订网址：www.hostelworld.com

房价：单人间60€，双人间76€。

综合信息（Office du Tourisme）

戛纳共有两个咨询处，一个在火车站旁，一个在电影宫广场。

格拉斯（Grasse）实用指南

格拉斯（Grasse）概况

格拉斯位于戛纳的西北，因此地是法国香水主要产地而被称为“香水之城”。它不是蔚蓝海岸的海滨城市，而是坐落在北面山区中的小城。这里有超过40家香水厂，堆满了作为香水原料的各种鲜花。小镇周围也种植了不少薰衣草、茉莉、玫瑰、含羞草等，如同一个花的世界。格拉斯是热爱香水的人必到的地方，林荫路上色彩亮丽的房屋和路上嵌有引导游客参观的标牌。主要参观景点有国际香水博物馆（6~9月每天10:00~19:00开放，其余月份周二闭馆，门票3€）、几家著名香料店、Fragonard香水博物馆（Fragonard Musée du Partum，6~9月每天10:00~18:30开放）。

交通：从戛纳乘火车往格拉斯行车20~30分钟，票价3.7€，平均每小时一班车。

圣拉菲尔实用指南

圣拉菲尔（Saint Raphaël）概况

圣拉菲尔是蔚蓝海岸的沿海小镇，位于戛纳以西43公里处。这里原是一个小渔村，1799年拿破仑从埃及远征归来在此登陆，此小镇的名声才开始外传。由于风光优美，现在这里已发展为一个地中海沿岸休闲度假的地方，旅游旺季的7~8月，小小的镇上到处都是欧洲各国来享受地中海阳光的观光客，路边摆满桌椅的餐馆座无虚席。

圣拉菲尔并无特别的名胜，只有一座教堂，但这里却很有南法海滨小镇风情味。海港中停泊着色彩缤纷的小船，傍晚海边摆起长长的露天摊档夜市，有各种各样的旅游工艺品，用于制造法国香水的香精等，徜徉其间，令人兴味盎然；夕阳斜照的大树下，手风琴声娓娓响起，令人心情无比放松。这里也有海滩，但人数就没有尼斯和戛纳的多了。早上海边的鱼市售卖刚捕捞到的地中海海产，也值得一看。从这里有船往圣特罗贝，这也是不少游客来此的目的之一。

旅游日程设计（圣拉菲尔和圣特罗贝）

◆如果你有1天时间

如果下午从戛纳或马赛乘车到此，先在圣拉菲尔找旅馆住下，到海边走走，看看露天市集。第二天上午先看看海边的鱼市场。乘9:30的船往圣特罗贝，10:30左右到达。然后沿海湾走走，再上山看古城堡和海湾，在海湾游泳或在山坡上观景。下午逛一下旧城的街道，然后乘船返圣拉菲尔。傍晚在圣拉菲尔镇上漫步。这样一天也可以了。如果是来度假住几天的，就两地都住一下吧。

圣拉菲尔交通

火车

从马赛到尼斯直通意大利的铁路干线经过这里，每天不少TGV快车和区间列车过往。火车站位于小镇的东北面，从这里到戛纳车程慢车40分钟，快车25分钟，往尼斯70分钟，TGV快车只需50分钟。往尼斯的区间列车从6:00~24:00，平均半小时一趟，车票9.5€。

轮船

轮船也是圣拉菲尔对外的主要交通工具，这里有往圣特罗贝、戛纳的圣玛格丽特岛及其他蔚蓝海岸各小镇的轮船航线。码头就在海边由南转往东的转角处，大教堂西面的海边。

每天从圣拉菲尔往圣特罗贝的船有9:30、14:30，反向10:30、17:15。7~8月增加11:30、17:00、19:00三班，反向增12:30、15:30两班，船程50分钟，往返票23€。

6月每天9:40从圣拉菲尔往戛纳的圣玛格丽特岛，17:30返回（7~8月17:00返回），往返票24€，其余月份从圣拉菲尔14:00开，圣玛格丽特岛17:15开，往返票18€。

圣拉菲尔住宿

虽然是一个小镇，在旅游旺季很多旅馆都是客满的，这里介绍几家较便宜的旅馆。

●Hôtel Le Mistral

地址：80 Rue de la Garonne

预订网址：www.hostelworld.com

房价：双人间45€，3人间60€，4人间80€。

●Hôtel Du Soleil 二星旅馆

地址：47 Bd. du Domaine du Soleil

预订网址：www.booking.com

房价：单人间45~65€，双人间50~80€，3人间65~95€。

交通：位于小镇东北，距离市中心较远。

●Hôtel de Flore

地址：56Rue de la Liberté

预订网址：www.booking.com

房价：单人间47€，双人间60€，3人间74€。

交通：火车站正北方向。

旅游咨询处

圣拉菲尔的旅游咨询处就在火车站前马路对面。

圣特罗贝实用指南

圣特罗贝（Saint Tropez）概况

圣特罗贝（Saint Tropez）是蔚蓝海岸的海滨小镇，位于戛纳西南75公里处。这个依海岸小山形成的港湾，风光特别秀丽，使这里一直成为艺术家、作家、电影导演宠爱的地方。每年旅游旺季，都有大量游客涌到这里。

市内有16~17世纪的城堡，小巷在城堡中弯弯曲曲地穿过，古老的石板街道使人感到岁月的沧桑。镇边小山上的古城墙已经荒废，但登上这山冈可俯瞰海湾迷人的景色。沿着旧渔港弯弯的堤岸，泊着不少游艇。岸上是一排色彩强烈的旧时代建筑，岸边的露天咖啡座在旅游旺季经常座无虚席。虽然没有什么著名的景点，但却是一处令人流连忘返的地方。

旅游日程设计（见圣拉菲尔部分）

圣特罗贝交通

圣特罗贝没有火车到达，长途汽车站在码头附近，从土伦来此乘长途汽车2个多小时，从圣拉菲尔乘长途汽车到此，正常情况下要1个小时，遇上旅游旺季会堵车，而从圣拉菲尔乘船来此只要50分钟。码头在镇西面的海边，从这里每天有几班船往圣拉菲尔，时刻表见圣拉菲尔交通部分，到了圣特罗贝步行就可以了。

圣特罗贝住宿

如果只是到这里游览一下，从圣拉菲尔来当天往返时间也是足够的，这里没有便宜的旅馆，100€以下的都在离镇中心较远的郊区，因此不作介绍。

第十二章

法国的西北部：布列塔尼和诺曼底——宗教圣地和西北风情

★宗教圣地——圣米歇尔山

圣米歇尔山是位于大西洋沿岸的法国宗教圣地。有些书上说，到法国一定要去两个地方，一是巴黎，另一个就是圣米歇尔山。从巴黎并没有直达列车到达，要转车。

车到朋特尔逊镇，我便按图索骥地找旅馆。圣米歇尔山上也有旅馆，但可能没有较便宜的，很多游客去圣米歇尔山都选择住在朋特尔逊。这个镇上有专门去圣米歇尔山的往返巴士，交通非常方便，夏季晚上10点天才黑，最晚的班车到晚上10点还有，只是从这个镇发往外面其他地方的火车班次非常少。

从朋特尔逊镇乘班车到圣米歇尔山只有8公里，沿途风光不错，这是布列塔尼真正的法国农村风光。一路上，穿过森林、田野，偶有尖顶的乡村教堂，乡村小屋稀稀落落，青草地上奶牛在树下悠闲地吃草，乡村人家院墙中鲜花伸出墙外，衬托着一座座外观精致、色彩明快的小屋，幢幢都像别墅一样。村中路边的树下也有长椅让路人休息，但行人极少，偶尔有老人出来散步，气氛安静祥和，一片悠闲景象。

不久便远远看见耸立于小山上的高大教堂建筑，教堂的尖塔直刺青空，在这一带平坦的地形中极易吸引视线。记得以前听人说过，美术课堂上老师曾经提问：怎样最好地形容西藏布达拉宫的形态？最好的答案是：布达拉宫是从山上长出来的，因为建筑与自然山体已连成一体。现在看圣米歇尔山，答案是完全一样，山上的建筑完全就像从山上长出来的一样，与山浑然一体，非常和谐。

圣米歇尔山位于法国西北部布列塔尼半岛北侧的芒什省圣马洛海湾，是一座陆连小岛，岛的周长只有900米，高78米，岛上多岩石。公元8世纪初，阿弗朗什主教圣奥贝尔在梦中听从圣人圣米歇尔（St-Michel）的告诫，在此地建修道院。之后修道院逐步扩大，变成现在的

圣米歇尔山大教堂

规模。山上建起了高大的教堂建筑群，远看与山连为一体。这里的教堂是欧洲的著名古迹，是天主教徒重要的朝圣地，也是法国的旅游胜地。不知何故，这里大西洋的潮汐落差竟高达十几米，因地势平坦，退潮时便露出一大片一望无边的沙滩，小岛与陆地连成一片；涨潮时岛与陆地又被海水所分隔，离岸约2公里。现在已建有海堤连接陆地。过去曾有过淹没整个小岛的潮水，涨潮时波涛汹涌，海水上升极快，来此朝拜的信徒因躲避不及而葬身大海，因此这里充满了神秘的色彩。

法国圣米歇尔山大教堂

经过不长的海堤便来到一个石砌城门的入口，由此上岛。沿石路而上，穿过一个被称为“国王门”（Porte du Roi）的城门洞就来到热闹的岛上小镇中心区。这是山上的一条主街，名为Grand Rue路，在这条狭窄的上坡石板路上，脚下的石板已被数百年来此朝圣的人踏得油光滑亮，路两侧是由百年老屋所开设的咖啡馆、餐馆、旅游工艺品店等店铺。在这旅游旺季，街上游人熙熙攘攘，摩肩接踵；路边餐馆中传出阵阵香味，引得路人垂涎欲滴，街边吵吵嚷嚷的讨价还价之声不绝于耳，浓浓市井风情不绝于目。

继续往上走穿过市场便是登山石路了，沿途有当地人的石屋家居，也有山坡上的墓地。层层而上，居高临下可以俯瞰圣米歇尔山上小镇全景，仰头上望，耸立着的修道院教堂尖顶给人一种高山仰止的感觉。来到这个修道院教堂的门口，穿过教堂高大的城堡般的石外墙、几重石拱门，走上七拐八弯的石级才真正进入修道院，这般森严的氛围，与其说是修道院，不如说是城堡要塞。17~19世纪中叶，这里确曾被改用作国家监狱，到这里的犯人真是插翅难逃。从1874年起这里修复教堂，渐渐恢复往日的风貌，各地教徒重新来这里朝圣。

山顶的建筑主体为修道院（the Abbey）和教堂，教堂为罗马哥特式，其高度与山的高度一样是78米，这样加上山的高度就是156米。修道院在教堂的北侧，有三层。近教堂入口处还有一个展示小岛过去的历史博物馆（Musée History）。山顶设有几处观景平台，可以眺望大西洋，但由于退潮时海水退得很远，只看到一大片沙滩，大西洋远在望不到边的沙滩之外，只是一条细线。因这里将山、海、建筑变成三位一体，具有很高的文化与自然审美价值，1980年被联合国教科文组织列入《世界文化与自然遗产名录》，各地游人络绎不绝，成为法国主要的旅游胜地之一。

★法国餐的诱惑

法国菜、中国菜、意大利菜和土耳其菜并称世界四大菜系。来法国我也想吃法国餐，主要问题是要面对法文的菜单，不少普通餐馆没有英文菜单，小城市侍者多不讲英语。吃法国餐耗时长，当我有充足时间的晚上便去吃法国餐。我不是美食家，吃过的法国餐也不多，有时看不懂法语菜单并与侍者沟通不了时就改吃中餐，因此没有资格对法国餐进行品评。

其实吃法国餐不一定比中餐厅内点菜贵，但会比中式快餐贵。餐馆多会将标价的菜单贴在门口，你可看过价钱再决定是否进入餐馆。不要以为这样是没有面子的表现，很多法国人都是这样的。如门口贴的菜单没有英文，可试看看法文菜单中有无自己熟悉的菜名，或进去问一下有无英文菜单（菜单法文是Carte，Menu是法文套餐的意思）。

法国餐是西餐的代表，懂得吃西餐也就懂得吃法国餐。它分为几个部分，先是餐前小食（又称开胃菜或前菜），分量较少，或再加上餐前酒或称开胃酒；然后是第一道菜（主菜），主要是肉类，吃了第一道菜再上第二道菜；最后是餐后甜食，主食就是切开了的棍式面包。法国人认为这是一餐中应该包含的部分，而我们习惯上将其看成是各自独立的，不管你点什么或不要什么他们都会满足你的要求，但程序上一定是按他们习惯做的。

通常写着Menu的是套餐，套餐包括餐前小食、主菜、餐后甜点，每样都有几种选择，可各选其中一样。你想省钱，只需点一道主菜，前菜、饮料和餐后甜点可不要，这样一顿下来就只是主菜的价钱，结账时看一下账单，如果只是你所点的菜的价格，一般还需付7%~10%的小费。

一道主菜最低价格在9~12€（不同城市的中小餐馆有差异），主食法式面包不另收费，用一个小竹篮装着，不够再要也不收费。法国餐馆的侍者在你点了一道主菜后只会问你是否要饮料。法国餐对于饮料是比较讲究的，如不同的菜式配不同的酒，法国是葡萄酒的生产大国，有多种酒可以选择。但对于背包客来说，除非是要大嚼一顿，一般可以不要饮料，如你表示只要自来水，他便马上合上菜谱回去下单，不会像吃中餐那样问你还要什么。

不必担心因只点了一道菜而不好意思。此时侍者也不知道你在吃完第一道菜后还要不要第二道菜，法国菜是先吃完一道菜再点第二道菜的，侍者和老板不会因你点得少而怠慢你。你也可以提早点下一道菜以节省时间。在国内人们多是以中餐的方式吃西餐，即点好菜再吃，这是区别之一。

因为没有英文菜谱，经常要在点菜时拿着旅游书上的菜单与餐馆的菜单对着看。但也对不上号，有些看得懂的如牛肉、三文鱼、鸭等，但其烹调方法完全弄不明白，上菜的时候才知道与自己想象的差距甚远，即便是英文菜谱的烹调方法对于不少人来说也不易弄明白，更何况法语的呢。在圣拉菲尔我也曾因为与完全不懂英语的侍者无法沟通而离去。在图尔的法国餐馆也是这样，幸好有德国食客非常热情地为我将法文翻译成英文，而且还极力赞美法国菜。有时遇到香港来的背包客就互相介绍吃法国餐的经验，推荐自己吃过认为不错也不贵的菜，并写上菜名。由于大家对法文菜单都一样，如面对天书，无法解读，因此打算尝尝法国菜的背包族，最好旅行前就对法语菜谱进行学习。

法国菜在用料方面极具特色，有蜗牛、用鹅肝做的酱、加馅牛排，鸭和汉堡牛肉饼也是法国菜中很普遍的菜式。海产则有贻贝和鲑鱼（三文鱼）、各种海鱼和河鱼、牡蛎、龙虾等，其中牡蛎喜放柠檬汁生吃。用葡萄酒煮食物也是法国菜的一大特点，不少海产菜式就是这样。如用葡萄酒煮的虾、各种鱼、青蛙、鸡等。法国蜗牛吃起来很接近螺肉，有几种做法，有些是用专门放蜗牛的碟，一只一个小坑这样上菜的，也有炒成一盘的。如果想吃法国著名的生牡蛎，又怕餐馆里的贵，当地华人餐馆老板告诉我，可以自己到市场上买，再买些小柠檬，自己用小刀开了（也有专门开生牡蛎的刀卖），用清水洗一下，挤些柠檬汁便可以吃。这样比餐馆便宜很多，法国人在家里就是这样吃的，除非你想花钱买餐馆的情调。据说法国的牡蛎和其他地方的不一样，特别好吃。著名的马赛鱼汤不一定要在马赛吃，因为据说马赛有些无良的老板只为了糊弄游客，常常以次充好，不少在马赛吃过的都说不怎么样，或者说太咸。我在圣拉菲尔吃的马赛鱼汤感觉味道还可以，一盘要十几欧元，但其所用海鲜如按中国菜的观点来看就不是新鲜的了。

蔬菜方面，土豆主要作为肉类中的配菜，使用极为普遍。法国菜中的蔬菜主要是生吃，称为“色拉”，用于拌蔬菜的色拉酱也有不同种类。但法国蔬菜也有是煮熟来吃的。不过以中国菜的观点来看是煮得过熟了，不但贵而且量少，还不如吃色拉来得实惠。炒青菜那是不要指望了，那要到中餐馆才有。

法国菜的制作特点是不同菜肴用不同的配料，不放酱油，少放味精，方式有煮、炒、煎、炸、烘烤等不同方法。还有一种被称为“达达”的生拌做法，吃不惯生拌肉类的人千万不要点这种烹调方式的菜。法语菜名参见P.326“法国综合旅游指南”。

★背包客的旅行生活

“背包客”一词源于英文“Backpacker”，意为背着包的人，后被引申为背包旅行者，也就是我们所理解的自助旅游者。背包客的旅行方式在西方国家的历史已有几十年之久，虽然背包游方式在中国也有20年甚至更长的时间，但由于签证和经济条件等方面的原因，中国人到国外背包游还是最近这几年才开始的。

我们同样可以像西方人一样到世界各地自由行走，不过就要比国内游需要更多的胆量和能力、更多的知识，如签证、过关入境、语言、国际航班转机等。如你能适应并从中学到新的知识，你就上了一个新的台阶，提高了自己的能力，与西方背包客平起平坐。更重要的是世界的大门就此为你打开。

背包旅行生活的乐趣是跟团旅行的人所感受不到的，那种天马行空、大地任我行的感觉常常令人感到古时的游侠风范；与不同国家的背包客和谐相处，友好交流，真正感受到世界各国人民的友善也是跟团旅游所无法体会的。它会令人上瘾，走上一次再也不会回头去跟旅行团，特别是在欧洲看到人家跟旅行团的都是满头白发的退休一族时，更加感到中国的年轻人还去跟团简直是一种低能的表现。

在巴黎每天乘地铁早出晚归，享受着做一个巴黎人的感觉；在图尔的日子，早上醒来推开窗先看一下天气，如果是阴雨天就再睡。住没有包早餐的旅馆，每天早上到附近麦当劳喝咖啡吃汉堡包，顺便再带上几个作午餐，这就开始我一天的行程。这样省时也省钱，因为中午找餐馆的话会花去很多时间，况且大多数游客中午也是吃干粮，喝自来水的（法国的自来水达到饮用标准），我吃干粮又何妨呢?

这样，一天的“打牙祭”（意为吃好东西）便寄托于晚餐了。第一次到欧洲没有利用旅馆的厨房，之后受人影响便开始利用厨房了，预订时就专找有厨房的旅馆，旅馆的客人厨房一般用具都较齐全，除多头电炉外还有微波炉、冰箱、电热水壶，有些还有免费提供的油盐糖等配料。一到旅馆通常就请接待员将附近超市位置和名字标在地图上，傍晚回来就去超市买菜，超市是反映当地人生活水平的一个侧面，也值得一看。

晚上在厨房与不同国家的人一起煮饭，不少欧洲的年轻姑娘做起西餐来还挺有一手的。在厨房中大家都非常友好，互相谦让，就像相识已久的朋友一样，看看人家做的菜，人家也看看你做什么菜，也是挺有乐趣的事。3~4欧元就可有肉有汤有菜有米饭，足以让你饱餐一顿，既有满足感又便宜。还可煮好第二天晚上的饭菜放到冰箱里，回来放微波炉加热就行，省时省事。

去西欧旅行最贵的是住宿，总希望能有人分摊房费，而食和行则不存在分摊的问题。中餐馆每个菜都是按一个人分量出的。行方面也没有发展中国家那种机动三轮车可以分摊车费，而的士是基本上不乘的。有伴同行的好处不言而喻，但旅行中也可能出现“路线斗争”而要分开走，因此入伙者都应具备独行的能力，否则便只能跟在他人后面且易生矛盾。独行的好处也很多，比如可以随心所欲，在喜欢的地方就停留，无须考虑他人的意见，时间效率高。独行在西方背包客中是相当普遍的。

在西欧国家背包行中，常常会想到的是中国背包客在国际上的地位。几年前在西欧旅游的中国背包客非常稀有，现在多了一些。但实际上每天都有数以千计的中国人在欧洲各城市旅游，这些多不是自费的旅行团，更不是背包客，他们行事张扬和爱露富，使各国犯罪分子都把目标瞄准他们。这种现象使欧洲人以为中国是没有背包客的。在国外每次被问到是何方人士时，如果要对方猜，多不会猜是中国人。那只有一个好处就是中国背包客在西欧是不会成为犯罪分子心目中的“肥羊”，因为他们多不会把你看作是中国人。相信国内走过出去的背包客都会有同感。

不管一个国家的GDP是多少，排在世界第几位，只有落到国民个人头上的GDP数字才能说明这个国家的富裕程度。我们不少人关起门来陶醉在中国的GDP已经在世界上排到第二位了，但当你拿上你的护照去办发达国家签证时，其限制条件肯定比那些巴掌般的小国如列支敦士登、安道尔、圣马力诺、摩纳哥等更多。一个富裕国家的国民，即使你说自己是失业者，人家也不会拒绝你，甚至根本就不会问你有无职业。

当我第一次申请申根签证时，明明自己是去消费的，但心里总是有一种心虚的感觉，好像提出去西欧是一种非分的要求。这是一种习惯性的思维，正是这种思维使得不少符合签证要求的人望而却步。这也是很多中国背包客不敢跨出国门的主要原因。

该是我们去看看人家国家的时候了。

圣米歇尔山实用指南

圣米歇尔山（Mont-Saint-Michel）世界遗产

圣米歇尔山有4个博物馆：1.建筑博物馆（Archéoscope），展示这座山和修道院建筑结构的历史内容；2.历史博物馆（Museum of history），展示这里的历史收藏品，如武器、油画和雕刻等；3.海洋环境博物馆（Maritime and ecology museum），展示圣米歇尔山这里海湾的海洋潮汐情况与建筑环境的关系；4.泰菲尼博物馆（Tiphaine's house），展示14世纪在此定居者的家居环境，包括家具、油画和挂毯。

门票：上山不需门票，山顶的修道院门票（仅限修道院）8.5€，18~25岁5€，18岁以下免票。四个博物馆联票18€，单独看一个9€，18~25岁半价，18岁以下免费。开放时间同修道院。

开放时间：5月2日至8月31日9:00~19:00，9月1日至次年4月30日9:30~18:00，除元旦、五一、圣诞外全年开放。

一般游览所需时间：参观教堂约1小时。从入山门起计，包括游览山上小镇、爬石路上山、参观教堂、在平台观景等至少要2.5小时，如果在镇上购物或吃饭，有半天时间为好。

圣米歇尔山是旅游胜地，几乎人人能讲英语。所以其信息和地图均采用英语标注。

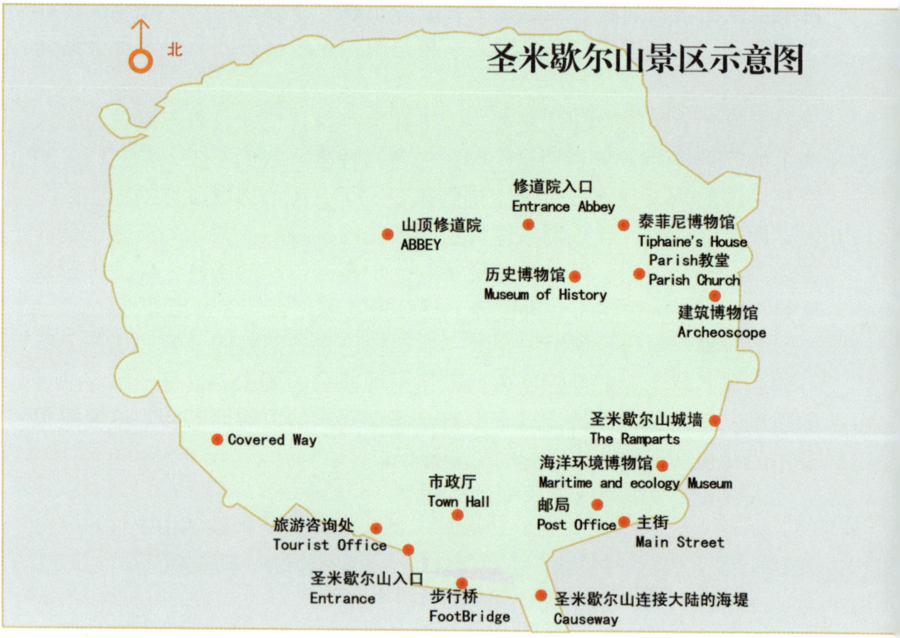

圣米歇尔山交通

从巴黎或图尔来可乘火车先到达雷恩（Rennes，巴黎蒙帕那斯站TGV车约需2小时，25~55€）或多尔（Dol，2小时40分，40€），然后从雷恩或多尔火车站乘当地巴士前往，开车时间为下表中“接巴士”一列，第二部分从圣米歇尔起行的是返程巴士（单程10.5€，上车买票，其中★是多尔，火车站名为Dol-de-Bretagne），也可在巴黎就买火车加巴士联票。上半年时刻表如下，请到当地再核对：

巴黎	雷恩	接巴士	圣米歇尔山	运行
7:05	9:08	9:30	10:50	周一至周六
7:35	10:22★	10:32	11:02	周一至周五
8:05	10:56★	11:07	11:37	周六至周日
9:05	11:08	11:30	12:50	每天
10:05	12:08	12:45	14:05	每天
14:05	16:15	16:40	18:00	每天
圣米歇尔山	雷恩	接火车	巴黎	
9:30	10:50	11:05	13:25	每天
11:10	12:35	13:05	15:15	每天
14:30	15:50	16:05	18:20	每天
16:00	16:35★	16:56	20:00	每天
17:25	18:45	19:05	21:10	每天

如果住一晚可选择从巴黎蒙帕那斯站乘普通火车到Folligny（2小时50分，39~42€，每天只有2班）再转往离圣米歇尔山最近的火车站所在镇朋特尔逊（Pontorson，7.4€，车程35分钟，每天两班，或从雷恩转朋特尔逊，12.5€，要视衔接是否紧凑），或从巴黎圣拉扎尔站（Gare St-Lazare）乘TGV火车到卡昂（Caen，1.5~2小时，23~27€）再转火车到朋特尔逊（24.5€，每天两班）入住，也可到圣米歇尔山上住。

从朋特尔逊来米歇尔山只有9公里，朋特尔逊火车站前有车次频密的巴士，行车13分钟，单程车票2.2€，可向司机要时刻表。从朋特尔逊往圣米歇尔山发车班次每天从第一班7:15起至最后一班21:45，约隔1小时15分一班；返回车第一班7:30起，最后一班20:50，发车频率相同。注意中间有些时段无车，周末与平时和假期亦有区别，到达要先核对时刻表。

圣米歇尔山住宿

到圣米歇尔山多数人选择住朋特尔逊（Pontorson，又译“蓬特尔松”），因为这里的旅馆便宜。山上小镇也有几家旅馆，比较贵一点，且旺季多被旅行团预订一空。

朋特尔逊镇的旅馆

●Pontorson "Entre Normandie et Bretagne" 青年旅馆

地址：21 Centre Duguesclin rue Patton，电话：02-33601865。

邮箱：aj.pontorson@wanadoo.fr

房价：多人间每床11.7€。

接待时间：全年开放，旺季5~9月8:00~21:00，淡季8:00~12:00，17:00~20:00。

交通：离火车站700米，出火车站转左到大路（RN175-176号公路）转右往北穿过镇中心不远处。

●Hôtel de France

地址：50 Bd.Clémenceau。预订网址：www.booking.com

房价：单人间48€，双人间58€，3人间75€。

交通：位于镇上，按上一个旅馆的走法到镇中心前转左就到。

●Hôtel de Bretagne 二星旅馆

地址：50Rue Couesnon。预订网址：www.booking.com

房价：双人间59€。

交通：位于镇上，按上一个旅馆的走法到镇中心十字路口转左不远。

圣米歇尔山的旅馆

●Hôtel FORMULE VERTE 二星旅馆

地址：Route du Mont Saint Michel BP 8，电话：02-33601413。

预订网址：www.le-mont-saint-michel.com

房价：单、双人间46~61€，3人间59.2€，4人间74.5€，5人间88.8€。

交通：在D976和D275公路的十字路口，离往圣米歇尔山主公路1.5公里的超市对面。

●Hôtel saint aubert

地址：18 Grande Rue BP，电话：02-33600874。

预订网址：www.le-saint-aubert.fr
房价：单人、双人间60€，3人间75€，4人间85€。
位置：位于圣米歇尔山堤口，交通参见景点交通。

●圣米歇尔山露营地（Mont Saint-Michel's Camping）
电话：02-33602210。
邮箱：stmichel@le-mont-saint-michel.com
交通：从朋特尔逊到圣米歇尔山巴士行经的公路东侧，距离圣米歇尔山3.8公里的博瓦尔（Beauvoir）镇旁，乘上述巴士可达。
价格：双人不供电12.5~15.1€。

特色菜

这里的特色菜是特大的蛋包饭（Omelette Poulard）。

旅游咨询处

圣米歇尔山的旅游咨询处在入山门的左侧。

圣米歇尔山所在的布列塔尼地区月平均气温（摄氏度）

月份	1	2	3	4	5	6	7	8	9	10	11	12
温度	9.3	8.6	11.1	17.1	16.0	22.7	25.1	24.1	21.2	16.5	12.1	9.3

布列塔尼和诺曼底地区其他景点

布列塔尼（Bretagne）地区

圣马洛（St-Malo）

位于布列塔尼半岛东北面的海边，离圣米歇尔山较近，三面环海的旧市区有壮观的海岸城墙，它和市区西南面渔港的小城堡构成一个防卫体系，这是历史上对抗英国的前沿。落差很大的潮汐也是这里一景。

雷恩（Rennes）

是布列塔尼中部重要的城市，它的旧城大教堂和美术馆都值得一游。

卡纳克（Carnac）

位于布列塔尼半岛南部海边，这里有3000多个估计是立于公元前5000年的巨石柱，是世界上最集中的史前巨石柱遗址。

基伯龙和贝勒岛（Quiberon & Belle-Île）

有不错的城堡和山崖，是观赏大西洋海岸自然风光的好去处。

诺曼底（Normandie）地区

鲁昂（Rouen）

曾是诺曼底公国的首府，圣女贞德殉难之地。主要景点有圣母院、博物馆、圣女贞德教堂、旧城区、福楼拜（文学家）之家、美术馆、法院、大钟路等，附近村镇游览也是一个重要项目。

卡昂（Caen）

为诺曼底地区的商业中心，这里经历了二战中著名的诺曼底战役。景点主要有圣彼得教堂、修士修道院、修女院、诺曼底登陆战遗址等。

翁弗勒（Honfleur）

是塞纳河口的主要名胜地。主要景点有旧港、旧总督馆、圣卡特琳教堂、民俗博物馆，海滨一带的街巷也是很有参观价值的。

亚眠（Amien）

属皮卡第地区，为该地区中心城市，其大教堂被列为世界文化遗产。

第十三章

法国西南部各区——葡萄酒与真正的法国乡村

除上述各章介绍的法国旅游热点地区外，法国西南部一片在本章作集中介绍，它分为几个大区，包括大西洋沿岸区（Côté d'Atlantique）、巴斯克（Basque）地区、比利牛斯（Pyrénées）山区、图卢兹（Toulouse）地区和中部的利摩赞—多尔多涅和凯尔西（Limousin-Dordogne-Quercy）地区。另外属中南部的中央高原（Massif Central）地区和科西嘉岛（Corsica）也在此一并作简要介绍。这些地区在法国旅游中不属主流线路，它们的游览点较为稀疏，因此没有成为热点。但并不是说这片地区就不值得游览，它同样是法国辉煌历史文化和自然风光中不可缺少的一部分，它是值得你再次来法国时进行深入探索的地区，正因为游客较少而更显出其纯朴自然的一面，这是它的吸引力所在。

乡村小镇风光

乡村风光与葡萄园

★波尔多

波尔多（Bordeaux）是法国第五大城市和第六大港口，属大西洋沿岸大区，是法国西南部的中心城市。它是法国著名葡萄酒产地，被称为“酒都”。公元前56年古罗马的军队就占领了这一地区，从12至15世纪这片地区曾在英国统治下繁荣起来。环绕波尔多有1000平方公里的葡萄酒产区，自从这里出产的葡萄酒被公认为上品酒之后，波尔多开始声名远播。流出大西洋的加龙河从城东侧流过，它不仅为城市风光增添了灵气，还是波尔多一直以来的酒类贸易的生命线。

主要景点是2007年起被列入世界遗产的月亮湾港（Port de la Lune）码头一带的古建筑，它位于市区东南面加龙河西岸，沿加龙河往南不远便到，此前默默无闻而如今却成了波尔多旅游的焦点。从波尔多中心区最大的梅花广场（Place des Quinconces），再往南走是波尔多标志性建筑之一的大剧场（Grand Theatre），市区中部建于13世纪

波尔多景点示意图

1. Hôtel Studio旅馆
2. hôtel Touring旅馆
3. Hôtel Stars Bordeaux Gare旅馆
4. 旅游咨询处
5. 旅游咨询处
6. 圣安德烈教堂
7. 波尔多美术馆
8. 阿基坦博物馆
9. 自然历史博物馆
10. 梅花广场
11. 旅游咨询处
12. 大剧场
13. 基利恩宫
14. 现代艺术博物馆
15. 艺术画廊.

图中细线是有轨电车线路，其中圆点是车站。

的圣安德烈教堂（Cathédrale Saint-André）是城市的亮点，也是游客到波尔多的必游之处，游客可以登上50米高的钟楼俯瞰整座城市。城市东侧加龙河畔建筑和风光都是吸引游客的焦点。博物馆主要有阿基坦博物馆（这片土地的早期历史）、波尔多美术馆、自然历史博物馆等。也有不少从波尔多出发的葡萄酒旅行团，游客可联系旅游咨询处报名。

波尔多交通

波尔多机场在市区以西10公里，有国际航线。波尔多处于法国西面主要的南北向铁路交通线上，是法国西南铁路枢纽，火车站Gare Saint-Jean位于市区东南近河边，从北面连接图尔和巴黎，东南连接图卢兹和马赛。前往主要城市的二等车票价：巴黎39~61€，图尔33~47€，马赛35~51€，图卢兹23~33€。

市内有三条有轨电车线，单次票1.4€，1天票4.1€，7天票10.1€。

波尔多住宿

中心区没有便宜的Hostel，以下是位置较好的便宜旅馆。

● Auberge de jeunesse Bordeaux 青年旅馆

地址：22 Cours Barbey，电话：05-56330070。

预订网址：www.auberge-jeunesse-bordeaux.com

房价：多人间每床22€。含早餐，有厨房。入住登记时间13:30~15:30，21:00~21:30。

交通：位于火车站西面，出站往西北方向的Marne路走，到Meunier广场转左，步行共10分钟，可乘16或35路巴士在Meunier站下车。

● Hôtel Studio

地址：26 Rue Hugueri。预订网址：www.hostelworld.com

房价：双人间33~40€。接待至21:00，位置见P.322图。

● Hôtel Touring

地址：16 Rue Huguerie

电话：05-56815673。订网址：www.bordeaux-tourisme.com

房价：双人间35~50€。接待至21:00，位置见P.322图。

● Hôtel Stars Bordeaux Gare

地址：34 Rue de Tauzia。预订网址：同上。

房价：双人间53€。24小时接待。

交通：位于火车站西面，出站往西北方向的Marne路走，到第三个路口转右，步行约4分钟。

●Hôtel California II
地址：22Rue Charles Domerecq
预订网址：www.hostelbookers.com
房价：单人间63€，双人间70€。
交通：位于火车站西侧。

★法国西南推荐景点

南特（Nantes）

南特属大西洋沿岸大区，它为世人所知多是因历史上著名的《南特敕令》，它是在法国这个天主教国家中由国王亨利四世于1598年颁布的保护新教徒的法令，然而不到一个世纪就被废除，导致新教徒大批离开这片土地。南特原属布列塔尼，但现在它在行政上被划入了大西洋沿岸辖区。主要参观景点有布列塔尼大公城堡、教堂和一些博物馆。这里离卢瓦尔地区的昂热非常近，乘火车只需40分钟。

拉罗谢尔（La Rochelle）

位于法国中部大西洋岸边，属大西洋沿岸大区，是法国14~17世纪最重要的大西洋海港，是从法国前往美洲的出发地，海岸上还保留着中世纪时期的城墙和尖塔。主要景点有锁塔、圣尼古拉塔、圣梭布尔教堂及一些博物馆。从南特乘火车往南只需1个多小时。

巴约讷（Bayonne）

位于法国西南靠近西班牙的大西洋海岸地区，属巴斯克地区，是这一片地区的中心城市。主要景点有圣玛丽教堂、巴斯克博物馆、博纳美术馆、比亚里茨风景区等。从波尔多乘火车往西班牙方向约1小时。

利摩日（Limoges）

位于法国中南部，巴黎至波尔多的主干铁路线上，属中部利摩赞地区。这座城市主要以生产瓷器和景泰蓝闻名，景点有瓷器博物馆、市立博物馆、哥特式教堂。

克莱蒙费朗（Clermont–Ferrand）

属中央高原地区，是这片地区的中心城市，位于里昂的西面，中世纪时第一次十字军东征在此发起，因此在宗教界很有名气。主要景点有圣母升天堂和圣母院。

勒皮（Le Puy）

属中央高原地区，位于里昂的西南面。是一座山上的城市，主要景点是两座奇岩，岩上一建有圣母院、一建有大教堂。从里昂乘火车到此只需1个多小时。

图卢兹（Toulouse）

是法国西南部最大城市，位于波尔多与马赛之间的铁路干线上，为比利牛斯区首府。

主要景点有卡皮托勒大街、圣塞尔南教堂、雅各宾修道院、奥古斯丁美术馆等。

卡尔卡松（Carcassonne）

位于图卢兹东南，图卢兹与马赛之间的铁路干线上。有被称为“欧洲最大的城市要塞”的双层城堡，城堡非常坚固，外形美丽。从图卢兹有很方便的铁路和公路交通到达此地。

科西嘉岛（Corsica）

它是法国最大的岛，位于本土东南面地中海中。因其是拿破仑一世出生和长大的地方而闻名世界。 科西嘉在1755年之前都受意大利统治，经过短暂的独立后被归并入法国。首府巴斯蒂亚（Bastia）位于岛的东北部，拿破仑故居所在的阿雅克肖（Ajaccio）镇位于岛的西南部。科西嘉的自然风光也相当不错，岛上的基罗拉塔湾、波尔多湾和岩石自然保护区被列入世界自然遗产。除可乘飞机到达外，从尼斯和马赛均有客船到达这里。

法国综合旅游指南

法国旅游计划设计参考

为使读者能设计适合自己的旅游计划，我根据有关资料和自己的经验，按节省型计算，提供如下意见作参考。

纯粹以旅游为目的前往西欧的中国人，很少有人舍得把一周以上时间留给一个国家的，即使是像法国这样旅游资源丰富的国家，多数只是满足于到过此地而已。旅行团根据中国游客这样的心理，也就安排一次走多个国家。我个人认为自助游应该尽量一次深入一个国家，下次到别的国家反而更省钱，因此下面的计划以此原则来安排。

根据我国的实际情况，大多数人只有15~20天的假期。可以只游法国一国，从中国前往只有飞机一途。

方案一：15天行程的法国主要景区游

日程安排特点：节奏较紧凑，只保障主要景点。

第1天从国内出发登机（在机上过夜）；

第2天到巴黎（在巴黎住4晚，玩3天半至4天，市内玩2天，法兰西岛部分2天）；

第6天到图尔游卢瓦尔河谷古堡（住3晚玩2天半，游多个古堡）；

第9天到尼斯（住3晚玩2天半，游尼斯、摩纳哥、戛纳）；

第12天往马赛游伊夫堡和普罗旺斯的艾克斯（住马赛）；

第13天游阿维尼翁及附近（住阿维尼翁）；

第14天回巴黎（玩半天，补游未去部分或购物，乘夜机返中国）；

第15天回中国。

全程15天，住13晚。如想减1~2天，可考虑从巴黎、圣米歇尔、卢瓦尔古堡区或尼斯中减，如果从巴黎回程，路线不可避免会重复。

●方案一的费用预测：1. 签证费800元（含签证中心代办费）；2. 往返机票6000元（次旺季价）；3. 长途火车约2200元（用3天的法国火车通票+单买票）；4. 短途交通约1200元；5. 住宿费按每天25€×13天≈3000元；6. 伙食费按100元/天×14天=1400元。门票杂费未计入共14600元，全部合计人民币16000元（未含不可预见费）。能省钱的人仍有省钱空间，如住宿、伙食费等仍可下调。

方案二：30天行程的全法国漫游

日程安排特点：时间较充足，节奏不会太紧，基本不会忽略好景点。

第1天从国内出发登机（在机上过夜）；

第2天到巴黎（在巴黎住4晚，玩3天半至4天，市内玩2天，法兰西岛部分2天）；

第6天到圣米歇尔山，晚住图尔；

第7天到卢瓦尔河谷古堡游（住4晚玩4天，游多个古堡）；

第11天到波尔多（住2晚玩1天）；

第13天到马赛游伊夫堡和普罗旺斯的艾克斯（住马赛2晚玩1天半）；

第15天到尼斯（住3晚玩2天半，游尼斯、摩纳哥）；

第18天往回走，中途停戛纳玩大半天，晚到圣拉菲尔（住2晚玩半天圣拉菲尔，1天去圣特罗贝）；

第20天到阿维尼翁游阿维尼翁和附近的普罗旺斯地区（住3晚玩2天半）；

第23天到里昂玩半天，晚到沙莫尼住，次日上勃朗峰（住2晚玩1天）；

第25日到阿讷西游阿讷西，晚到第戎；

第26日游第戎，晚到斯特拉斯堡；

第27日游斯特拉斯堡；

第28日到南锡玩半天，晚到巴黎；

第29日游巴黎（玩1天，乘夜机）；

第30天回到中国，全程30天，住28晚。

●方案二费用预测：1. 签证费800元（含签证中心代办费）；2. 往返机票6000元；3. 长途火车约4300元（用7天法国火车通票+单买票）；4. 短途交通约2000元；5. 住宿费按每天25€×28天≈7000元；6. 伙食费按100元/天×29天=2900元。门票杂费未计入共23000元，全部合计人民币25000元（未含不可预见费）。

方案三：与其他国家联游

1. 与英国联游：从巴黎北上过海峡隧道入英国。英国不是申根国，需另办签证。

2. 与意大利联游：可从尼斯乘火车前往热那亚或米兰，也可从里昂附近入都灵。意大利是申根国，不需另办签证。

3. 与瑞士联游：从阿讷西入日内瓦，或从沙莫尼入瑞士采尔马特。瑞士是申根国，不需另办签证。

4. 与德国联游：不去波尔多西南部一线，从斯特拉斯堡过境入德国。德国是申根国，不需另办签证。

5. 与比利时联游：从巴黎乘火车北上布鲁塞尔。比利时是申根国，不需另办签证。

读者可根据自己的需要结合上面的行程，设计与其他国家的联游路线。

实用指南

法国交通

● 到达离开与出入境(见P. 51第四章“进入法国”)

● 在法国乘飞机(见P. 248第十章中“比火车还便宜的欧洲廉价航空”)

● 在法国乘火车（见P. 198第八章中“在法国乘火车”）

● 关于欧洲火车通票(见P. 205第八章中“关于欧洲火车通票”)

● 在法国乘汽车

对于初次在法国自助旅游的人来说，火车较为方便、便宜，也容易掌握，但在一些火车不到的地方也必须乘汽车，特别是在卢瓦尔河谷地区。法国各地区都有长途汽车公司，要事先了解可登录当地旅游咨询处网站。其中不少加入了欧洲联线汽车联盟EuroLines经营跨国营运。法国城市的长途车站一般设在火车站或市中心的广场附近。跨国的长途巴士公司除EuroLines外还有Busabout公司，网址:www. busabout. com。

● 关于欧洲联线汽车(EuroLines)

这是一个连接欧洲近20个国家、500多个城市的汽车客运系统，它是由不同国家的32个独立长途汽车公司组成的联盟，统一使用EuroLines的名号并相互协调。它比火车要便宜，在一些没有铁路连接的地方更显示出它的重要性。同一线路的车会因时段不同而有不小的价差，越提早在网上预订越便宜。

乘客除了可以单独买一程车票外，还有类似火车通票的票种，称为Pass，分连续15天或30天两种，通票使用范围限制在欧洲的46个城市之间的班次。持票在期限内可每天不限次乘车，必须在使用前7天购买(在EuroLines所有站点)，但它规定每一程都只能是跨国的行程，不允许出发地到同国的目的地。因此它只适合进入或离开一个国家而不适合在一个国家内到不同的地方旅游。青年票适合26岁以下。网址: www. eurolines. com。

票价如下：

	淡季		旺季	
天数	青年	成年	青年	成年
15天	175€	205€	290€	345€
30天	240€	310€	375€	455€

●在法国乘轮船

法国的轮船客运也是旅游者不错的选择，有横渡英吉利海峡的航线，有地中海沿岸城市之间的航线等。在地中海沿岸城市有开往意大利撒丁岛、突尼斯和摩洛哥的航线。

●法国城市内公共交通

各城市内的公共交通包括地铁、公共汽车、郊线列车等。它们的车票基本上都是联用的，除此以外一般都有日票，日票的价格便宜于4张单次票，很值得旅行者利用。

●在法国租车自驾

西欧的自驾车出租十分普遍，多数是跨国可异地还车的，已经形成了完善的行业规范和制度。法国各地都有这类服务，基本没有地区差价，了解租车公司请见“巴黎机场租车”部分。

■法国住宿

●在法国如何找旅馆

对多数中国自助旅游者来说，要找到便宜又合适的旅馆需多花点心思和时间，预订是一种方法，尤其是旺季。但会受到时间的制约，事先确定目标旅馆，到达再去找也是方法之一。两者各有利弊。

不预订的话，在到达之前就要选好目标。在大城市应选择便宜旅馆较多的地区，一家满了还可找其他的。小地方找旅馆较方便，只要沿着街道看招牌，总能够找到。但乡村小旅馆的房价也是按房间设置的标准来收的，常常是在60欧元以上。

旅游旺季最好在下午3时前找旅馆，去晚了选择范围就少，便宜的可能已经客满。如果行李重，可先在车站寄存，尤其是去交通不便的青年旅馆更是这样。有些便宜旅馆并不在首层，甚至关着大门，你可先从门口的门铃中找到属于该旅馆的门铃，按铃就会有人开门。

通过旅游咨询处找旅馆是一种好方法。你可提出你能够接受的价格幅度和你要求的地段，咨询人员会按要求找，并打电话去预约，预约好就给你登记单和地图，告诉你如何乘车或步行前往，只需向咨询处付1~5€的费用。但有些咨询处只提供资料，旺季时往往还有排着长队。

本书所列各地便宜旅馆房价只标出最低部分的旺季价格，不少是包含中档的房间，找中档旅馆不算难，因此不单独再列。

●旅馆注意事项

在法国适合自助旅游者的便宜旅馆基本上是二星、一星旅馆和无星旅馆，这几类旅馆均不需付小费。另外基督教青年会旅馆（YMCA）的限制较多，如只限男青年或女青年住、晚上限制关门时间等。房间不提供开水，如要开水，可以在入住时提出要求；房内卫生间一般没有地面排水口，不能将水洒到地面上。

如何在法国就餐

到法国旅游应该尝试法国菜，有关法国菜的部分前面已经论述，这里只谈自助旅游者在法国的就餐环境，有何便宜的选择。法国的饮食价格一般比南欧高比北欧低，法国国内不同地区的价格也有差异，如图尔一带就比巴黎便宜不少。

●早餐

旅馆房费中包早餐的多是自助式的早餐，便宜旅馆所包的早餐不太丰富，只有中档以上的旅馆早餐会丰富一些，品种的多少和优劣与旅馆的档次有关。如果住旅馆不要早餐价格会减低的话，建议不要早餐，在麦当劳快餐店会更便宜。青年旅馆的自助式早餐会比较丰富，有点心、面包、炸玉米片、咖啡、茶、果汁、牛奶、熟肉等，数量没有限制。自己出外吃早餐多是面包、点心之类，当地人则喜欢在点心店喝点咖啡、吃法国很普遍的羊角包和鸡蛋。很少遇到中式早餐店，一般中餐馆早上不营业。麦当劳快餐店是一个不错的选择，2~3€就可以了。

●午餐和晚餐

法国有很多中餐馆，有些城市内的越南餐馆与中餐也差不远，可一视同仁。中式快餐馆在法国地中海沿岸较多见，它的好处是丰俭由人。在大城市点菜式的中餐馆的价格就会相对高，不见得比吃法国餐便宜。在法国，日本餐也是不错的选择，和中餐价格差不多。入餐馆一顿简单的饭按不同城市最低在9~12€。

●旅馆厨房煮饭

由于欧洲物价攀升较快，在欧洲旅行中背包客自己煮饭已经成为越来越普遍的现象，它可为你省下不少钱。

●法国菜一般菜式种类（以下是部分菜单上常见的法文单词）

常见法文菜单分类标题：菜谱（Carte），套餐（menu）、前菜（又称开胃菜，Entrée）、第一道菜（又称主菜，Plat principal）、肉类（Viandes）、鱼类（Poisson）、贝类（Crustacé）、蔬菜（Legumes）、水果（Fruit）、餐后甜点（Dessert）、酱类（Sauce）。

肉类：鹅肝（foie gras）、牛肉（bœuf）、小羊（agneau）、鸭（canard）、猪肉（porc）、鸡肉（poulet）。

水产类：马赛鱼汤（bouillabaisse）、螃蟹（crabe）、蜗牛（escargot）、海鲜（fruits de la mer）、牡蛎（huître）、贻贝（moule）、沙丁鱼（sardine）、比目鱼（sole）。

蔬菜类：茄子(aubergine)、卷心菜(chou)、四季豆(haricot)、洋葱(oignon)、土豆(pomme de terre)、生蔬菜色拉(crudités)、青菜色拉(salade verte)。

主食就是面包(总称pain)，一般餐馆里供应的是长棍面包(baguette)，都是切开小块放在小篮子里放到桌上，不另收费，不够可以再要。另外就是意大利面(spaghetti)了，米饭馒头基本上是没有的。

■购物

●购物打折

有关法国各地购物的信息在各章节中已提及，这里只提有关打折的情况，每年夏季打折期是在7月中旬开始，冬季打折期在1月中旬开始，一般维持一个月到一个半月。这种打折是真正的打折而不是像国内不少商家那样的假打折。开始时打七折，逐步下降至六折、五折。

●退税(Tax Free)

游客在法国购物在标有Global Refund Free Tax标志的商店一天购物超过175.1€，就能办理退税。只要购物后索取退税单(Tax Refund cheque)并填上护照号码、联系地址等，出境时出示退税单和物品，回国后按指引寄回退税单，退回的税款便会划入你指定的账户。超过购物日3个月才出境及超过购物日6个月才寄退税单便无效。

■综合信息

●旅游咨询处

法国的旅游咨询处Office du Tourisme是法国国家旅游局设立的为游客提供咨询和帮助的机构，有一个大的“i”字作标志。通常设在火车站内外或主要旅游景点附近，本书地图将会标出其位置。这是自助旅游者的坚强后盾。

旅游者最好先准备该处的地图，如果没有的话，到达当地马上先到旅游咨询处获取当地免费地图；不少摆出来免费赠送的旅游资料(包括本地旅馆手册)也可以拿走（上面有价格标签的话则是要付款的）。

旅游咨询处还可以代预约本地旅馆(收取少量费用)。如你有什么有关旅游的问题都可以问，如景点在哪里，怎样去，青年旅馆在哪里，如何乘车，要多长时间，当地有什么演出排期，景点的开放时间和价格等等。工作人员的态度都很友好，都能说英语，但要注意守秩序排队，保持1米线的距离。

在火车站用Information作标志的票务咨询处不同于旅游咨询处的机构，一般设在车站内，它只会回答有关火车方面的问题。

●有关旅游的各种优惠

法国有不少旅游优惠项目，包括交通和景点门票。优惠是以特定身份为对象的，如果你是年龄在26~65岁非欧盟国家的正常人而非残疾人，不要期望在旅游中获得这类优惠。优惠对象是：持法国学生证或国际学生证的学生、26岁以下的青年、65岁以上的老年人、持欧盟护照的公民。另外，部分景点持国际教师证可获优惠。

除因身份而获得的优惠外，还有所有人都可以获得的优惠其实就是批发价的优惠，如买门票套票或联票会比全部单独买要便宜，它与博物馆卡或城市优惠卡、火车通票、欧洲联线汽车通票一样，只有计算过它低于你所需各项合计总价的才享受到优惠，否则反而多付了钱。此外还有各地城市公共交通的日票和周票、铁路公司特定时间促销的廉价票和2人以上同行的火车通票是真正的优惠，特定期间免门票则是对所有人。只有精于计算和计划性强，事先做好准备才可享受到此类优惠。

●节日

法国的节假日分公众节日和宗教性的节日，有1月1日元旦、4月复活节、5月1日国际劳动节、5月8日自由和平纪念日（“二战”胜利日）、圣女贞德节（5月的第二个星期日，主要在奥尔良）、耶稣升天节（复活节后第六个星期日）、圣灵降临节（复活节后第七个星期日）、7月14日国庆日、8月15日圣母升天节、11月1日万圣节、11月11日第一次世界大战胜利日、12月25日圣诞节。此外各地各有自己的节日，其中比较著名的是2月的尼斯狂欢节。游客想要具体了解所去地方的节日庆典，最好到当地旅游咨询处咨询。

●法国的气候及旅游季节

法国大部分地区属海洋性温带阔叶林气候，冬温夏凉，常年有雨；南部属地中海式气候，夏季凉爽，阳光充沛，非常适合观光和度假，冬季则是多雨和潮湿。春天来临在4月复活节时仍需要穿毛衣、外套等厚衣物。夏季没有梅雨季，空气比较干爽。6月偶尔有密云，也会有些寒意，宜带毛衣备不时之需。在7~8月里，日间气温30℃左右。9月份开始进入秋季，雨水较多，气温亦较低，12~13℃，建议准备简便的御寒衣物。11月份步入冬季，日短夜长，白天日照的时间少。厚大衣、羊毛衣等保暖的衣物是必需品。总体来说5~9月均合适到法国旅游，其中以7~8月是最好的旅游季节，但这时游客最多，价格也高，旅馆也经常爆满。这两个月房间基本上不需冷气，晚上到9时多天才黑，有充裕的时间进行游览。所以付出一些代价是值得的，如果在天冷又多阴雨、白天很短暂的冬季来，虽然各方面的价格会降下来，但收获将会大为减少。

●旅游衣着

法国的气温与中国的北方近似，但夏季没中国的北方那么热，冬季也没中国的北方那么冷，法国虽然大部分地区的纬度相近于中国的黑龙江，但由于大西洋暖流的影响，气温却远没有中国同纬度地区冷。旅行衣服按此为依据，夏季完全可以穿短衣短裤。6~9月均可到海滩游泳，应带上游泳衣裤和防晒用品。

●货币兑换

实行欧元制后只需用欧元，在国内最好先换成欧元再带出去，避免再将美元兑换欧元，要换也要问清楚有无手续费，先问后换。路边的兑换店手续费各不相同，最高可达10%。如兑换额大，了解清楚汇率后可找中餐馆老板兑换，一般不收手续费。

●信用卡

使用信用卡十分普遍，不少便宜旅馆、青年旅馆、小餐馆、火车票，甚至有些景点门票也可以用信用卡，小额信用卡支付一般不用护照。VISA和MASTER卡接受面最广。如果语言方面有些障碍，信用卡取款最好到银行柜台，以免出现机器吞卡时说不清楚的状况。旅行支票比信用卡的使用范围要小。如信用卡失窃应按发卡公司提供的挂失电话尽快挂失。详见P.32。

●网吧

如今上网已经不再是问题，很多旅馆都有免费上网，或免费WIFI让自带电脑的客人上网。为节省篇幅各章节不再列出网吧。如果旅馆没有的话，可向旅馆接待员询问附近网吧的位置，法国的网吧通常在门口有个@的字样，网费约在每10分钟1.5€，30分钟2.3€，60分钟3.8€。

●邮政

法国邮局的开放时间为周一至周五9:00~17:00，周六下午关闭，周日关闭。寄信或明信片可在邮局寄，但也可以在烟店、杂货店买邮票然后投入街头的黄色信箱。

●电话通讯

法国的电话位数为8位，8位外最前的就是区号。从法国打电话回中国可购买专门的电话卡，非常便宜，面额5€和10€，分别可打120分钟和300分钟。这种卡一般在华人开的商店有售，所有固话和路边电话亭都可使用。卡上有中文使用说明，打电话时有中文自动提示音，很容易操作，不懂英文和法文也可使用。现在北京也有出售，可先买好再出国，也由欧洲铁路公司驻华网站销售，电话010-51661666，网站上有详细解释。网址：www.europerail.cn/html/20080209180201.shtml

使用程序是：1.不用将卡插入电话机，先拨卡上以“800”开头的免费电话；2.听到中文提示音后（如提示音不是中文可按3选择中文）按卡上提供的密码（请事先刮掉覆盖层）；3.拨打中国的号码：0086+中国的城市区号(区号前的0要省略)+电话号码。

已开通国际漫游的中国移动手机在法国可以向中国国内的手机发送短信息，也可接收国内发来的短信息，价格请自行咨询国内电讯商。

法国的公用电话一般是街头插卡电话和投币式电话，如果不想用卡或投币就要到公用邮局打。

法国电话国际区号为0033，巴黎区号为01，西北部为02，东北部为03，东南部为04，西南部为05。从外国打入法国要加法国国家号0033+地区号(其中的0要省略)，然后按电话号码。

中国驻巴黎大使馆电话+33-1-49521950（33是法国，1是巴黎区号），或+33-615742537。

●小费

如果住本书介绍的便宜旅馆无须付小费，在较好一点的餐厅吃饭时，如账单无注明小费已包括而且服务也无问题的话，应付一点小费，幅度在7%~10%。其实不付也无大碍，只是西方游客都付，如果只是我们中国人不付不太好。

●治安情况和预防措施

法国总体治安状况良好，有时新闻上报道在巴黎有偷抢中国游客财物的现象。小心行得万年船，游客最好采取以下措施（安全守则）防备：

1. 做好防小偷的准备，不要将大额现金、信用卡、护照和贵重物品放在易被偷窃的地方，应用一个贴身小袋放；如果旅馆有保险柜，护照可不带在身上，只带复印件，因极少遇到查护照的情况，但如用信用卡支付较大数额则要用护照。

2. 背在身后的背囊人多时也有被人从背后拉开的可能，所以在公共汽车、地铁人多时应将背囊放胸前。平时在路上行走也要留意接近身边的人，保持一定的距离，移动自己的位置和调整步行速度使自己在任何情况下都不会被人逼在中间或无处可走的角落。

3. 不要在太晚的时间逛公园或其他行人稀少的地方，也不要在太晚的时间乘搭非中心地区的地铁，当不得不为之时不要随身带着贵重物品并要多留意周围的人。

4. 护照与复印件分开存放，旅行支票与支票购买单分开存放，现金分开存放，如果一同丢失了，问题会较严重。

●电器插头

法国的电压是220V，所有电器插座都是双圆插座（两相），中国国内很多也是双圆插座，如果你携带要充电的电器不是双圆插座就要带上转换插座。

●在法国买烟

法国的小杂货铺不出售香烟，只有在标有Tobac标志的烟店和酒吧有香烟卖。

●有关找路名、地址、楼层的说明

法国的路名有很多个词，只需记住关键词(有时是两个)就行，如Avenue(大道，缩写Av.)，Boulevard(大道，缩写Bd.)，Rue(路,缩写R.)，路名中其他如de，la，des，du这些都不需考虑，例如在地图上找一条路，要用地图附带按字母顺序排列路名的表，在表中找到路名，然后根据其标出的地图分格区内，很快就可以找出该路在地图上的位置。有关巴黎的地址，其5位数的邮政编码中最后的两位就是巴黎各区的分区号。在法国，房屋的首层被称为0层，地址如果是一层的等于我们的二层。

●语言

在法国旅游不懂法语是不要紧的，在所有与旅游服务有关的场所英语基本可以通用，在路上问路也有很多年轻人懂英语，旅游咨询处发布的资料也多数有英文。但有些地方用英文不能进行有效的沟通，例如普通法国餐厅，可能没有英文菜单，侍者不少不懂英语；一般的商店也不一定能用英语沟通，问路时路上也不少人不懂英语，要拿着地图问路才清楚。买车票最好也拿着地图以免弄错。“法语有用单词”见附件 6 。

●法国旅游省钱秘笈

来法国旅游，各方面的价格较高，想省钱的话不但要从大处入手，还要从小处着眼，一个行程下来省下不少钱。

1. 选择机票较便宜的时间段出行，例如在次旺季，至少可省1000~2000元，要提早了解机票行情，选择机票便宜的公司，多打电话比较价格。

2. 早确定计划，提早在网上预订有优惠的火车票、长途汽车票、旅馆(便宜又好的会早订满)。

3. 善于运用互联网进行票价比较，长途汽车比火车便宜很多，早订更多便宜选择。

4. 主要运用公共交通工具和步行，懂得计算买次票还是日票省钱；买火车票要懂得选择便宜的车次。只有计算过能省钱才用火车通票。

5. 多选择青年旅馆和便宜的简易旅馆，节省住宿费是一项大的节省项目。

6. 尽量少入餐馆消费，多吃干粮，如面包、汉堡包、比萨饼等；从国内带上速溶咖啡以应付不包早餐的旅馆，到超市买菜晚上回旅馆厨房煮饭能省下大笔钱。

7. 如2~4人出行，在住和行方面能省不少钱。

8. 选择有优惠的博物馆卡或套票，争取在景点的免费时间去参观。

9. 先在国内换好欧元，减少在法国的兑换，也可节约手续费。

10. 所有旅行物品在国内准备好，不到法国买（工艺品除外），要省不少钱。

11. 尽量从旅游咨询处获取免费的地图和其他资料。

●中国驻巴黎大使馆地址：11 Av.George V；电话：01-47233677；网址：http://www.amb-chine.fr

驻马赛总领馆地址：20 Bd.Carmagnole，13008 Marseille；电话：04-91320000。

驻斯特拉斯堡总领馆地址:35，Rue Bautain，67000 Strasbourg；电话：03-88453232。

附件1 申根签证申请表的翻译及填表方法

说明：此为广州法国领事馆申根签证申请表内容，可从签证中心网站上下载，原表仅有英文，下面中文为作者翻译。法国驻华各领事馆表格不一定完全相同，但应差不多，下面每个数字是原表中有的，请核对再填写，填表内容部分来自护照，只能用英文填写。括号内容为作者的解释，原表右侧竖排栏为领事馆填写。带*号的栏目，如果申请人家庭成员(指配偶/孩子/或你依靠的其他成员)是欧盟公民无须填。

Application for Schengen Visa申根签证申请表

1. Surname(s)family name(s)姓

2. Surname(s) atbirth(earlier family name(s)曾用名

3. First names (given names) 名

4. Date of birth (year-month-day)出生日期(年-月-日)

5. ID-number (optional)身份证号码

6. Place and country of birth出生国和出生地点

7. Current nationality/ies现国籍

8. Original nationality (nationality at birth)出生时原国籍

9. Sex性别(用打勾选择)：Male男，Female女

10. Marital status婚姻状况(用打勾选择)：Single单身，Married已婚，Separated分居，Divorced Widow(er)离了婚的独身者，Other其他

11. Father's name父亲姓名

12. Mother's name母亲姓名

13. Type of passport护照类别(用打勾选择)：National passport普通因私护照，Diplomatic passport外交护照，Service passport公务护照，Travel document (1951 Convention) 旅行文件，Alien's passport外侨护照，Seaman's passport海员护照，Other travel document (please

specify)其他旅行文件(是这项则需详细说明)。

14. Number of passport护照号码

15. Issued by护照签发机关(护照上有写)

16. Date of issue护照签发日期

17. Valid until护照有效期至(按护照填)

18. (不是侨居国外无须填)If you reside in a country other than your country of origin, have you permission to return to that country? 如果是侨居国外的，是否有返回侨居国的入境许可？ (用打勾选择)：No无，Yes有；number and validity(要注明该入境许可或签证的号码和有效期)。

* 19. Current occupation现在职业(不是企业主的都填雇员Employee)

* 20. Employer and employer's address and telephone number. 雇主及其地址和电话(雇主即你所在的公司)， For students， name and address of school.(如果是学生，学校的名称和地址)。

21. Main destination主要目的地(本次旅行的主要目的地，填你要去的主要城市)。

22. Type of Visa 申请签证的类别(用打勾选择)：Airport transit机场转机过境签证，Transit过境签证，Short stay短期停留签证(去旅行选这个)，Long stay长期停留。

23. Visa签证类型(用打勾选择)：Individual个人旅行(自助游选这个)，Collective团体旅行。

24. Number of entries requested要求入境次数(用打勾选择)：Single entry单次入境，Two entries两次入境，Multiple entries多次入境。

25. Duration of stay签证停留期，Visa is requested for: days要求签证天数(填数字)。

26. Other visas (issued during the past three years) and their period of validity在过去3年内曾获得过的其他国家签证及这些签证的有效期限(根据你护照上的记录来填)。

27. In the case of transit, have you an entry permit for the final country of destination?Valid from…如果申请的是过境签证(如果不是则第27栏不填)，你是否有最终目的地国的入境许可？该许可有效期从……起(如果有就填日期，下面用打勾选择)：No无，Yes有；valid until有效期至(有就填日期)……；Issuing authority签发该许可的机关(如某国领事馆)。

＊28. Previous stays in this or other Schengen states以前是否来过法国或其他申根国家？

29. Purpose of travel本次旅行目的(用打勾选择)：

Tourism观光旅行(选这个)，Business商务旅行，Visit to Family or Friends探亲访友，Cultural/Sports进行文化或体育活动，Official官方访问，Medical reasons医疗方面的原因， Other (please specify)其他原因(如是其他原因需说明)：……

＊30. Date of arrival到达（法国）的日期

＊31. Date of departure计划离开法国的日期

＊32. Border of first entry or transit route首先到达的入境点或过境路线(例如巴黎)

＊33. Means of transport入境的交通方式(如飞机)

＊34. Name of host or company in the Schengen states and contact person in host company.在申根国家的邀请人姓名或邀请公司的名称和地址(这个不需填)，If not applicable，give name of hotel or temporary address in the Schengen states 如果不是有邀请人，请列出在申根国家所住旅馆的：Name名称，Telephone and telefax电话和传真号码，Full address 详细地址，e-mail address电子邮箱 (列出第一个到达点的旅馆资料，按旅馆订单填)。

＊35. Who is paying for your cost of travelling and for your costs of living during your stay? 谁为你支付旅行费用和旅行期间的生活费用? (用打勾选择)：

Myself自己(选择这个)，Host person/s邀请人，Host company邀请公司，State who and how and present corresponding documentation列出邀请公司名称/怎样承担费用的文件(不用填)。

＊36. Means of support during your stay你旅行期间的费用支付方式(用打勾选择，可选择多个)：Cash现金，Travellers' cheques旅行支票，Credit cards信用卡，Accommodation Other其他方式：Travel and/or health insurance. Valid until: …旅行健康保险的有效期至……(按保险单填)

37. Spouse's family name配偶的姓

38. Spouse's family name at birth配偶出生时的姓

39. Spouse's first name配偶的名

40. Spouse's date of birth配偶出生日期

41. Spouse's place of birth配偶出生地

42. (带孩子同行才需填)Children (Applications must be

submitted separately for each passport)孩子(每个孩子须有各自护照提交) Name姓，First name名，Date of birth出生日期(按表格式填写)

43.(不是通过邀请人申请的不需填此栏) Personal data of the EU or EEA citizen you depend on. This question should be answered only by family members of EU or EEA citizens.你所依靠的你家庭成员中的欧盟公民个人资料，这项资料须由其本人填写

Name姓， First Name名， Date of Birth出生日，Nationality国籍，Number of passport护照号码

Family relationship of an EU or EEA citizen该欧盟公民身份的家庭成员签名

44. 此项是一个声明，无须填。

45. Applicant's home address申请人家庭地址

46. Telephone number电话号码(固话和手机)

47. Place and date 填表地点和日期(填使馆所在城市)

48. Signature (for minors， signature of custodian/guardian)签名(未成年人由监护人签)

除这份表外领事馆再加上一份“签证申请补充问题”表，因为它有中文翻译，也无技巧问题，有些问题是重复的，填过这份就会填“补充问题表”了，只需如实填写一起交就行，故此处不再加以说明。

附件2 申请签证要提交的工作单位证明（放假信）中英文格式

法国驻广州总领事馆：

兹有我公司雇员XXX先生（Mr.女士用Mrs，用护照拼音名）准备前往法国旅游，本公司同意其假期XX天，回来后继续在本公司担任原来的工作。

XXX的中国身份证号码:XXXXXXXXXXXX

中国护照号码:XXXXXXXX

公司职务:XXXXX

月工资：人民币XXXXX元

XXXXXXXXXX公司

XXXX年X月X日

Date: 英文日期

To: Consulate General of France in 所在城市拼音名

From: 英文公司全称

Dear:

(先生用Mr.或女士用Mrs.+申请人护照拼音名) is our employee. He(女士用She) is planning to go to France for travel during his(女士用her) vacation, We agree that he(女士用she) will take the vacation of (假期的日数) days and he(女士用she) can continue his(女士用her) position in our company when he(女士用she) comes back from his(女士用her) vacation.

The followings are (先生用Mr.或女士用Mrs+申请人护照拼音名)'s information for your reference:

I.D.Card No.: (身份证号码)

P.R.C. passport No.:(中国护照号码)

Position: 在公司担任的职务名称及公司名(用英文)

Amount of wage per month:RMB(每月工资数)

Sincerely yours,

____________(公司经理手写签名，中英文都可以)

公司经理职务英文名称

公司英文名称

附件3 申请签证要向领事馆提交的中英文行程单格式

日期 2012	Stay in	法国(France)17days
Day1 30-Jul	Paris	Guangzhou----Paris/rest
Day2 31-Jul	Paris	巴黎景点sightseeing and Museums inside Paris
Day3 1-Aug	Paris	卢浮宫博物馆/蓬皮杜文化中心Louvre/Centre Georges Pompidou
Day4 2-Aug	Paris	奥塞尔博物馆 Musée d' Orsay/荣军院Les Invalides
Day5 3-Aug	Paris	凡尔赛宫Palais de Versailles
Day6 4-Aug	Paris	枫丹白露宫Château de Fontainebleau
Day7 5-Aug	Tours	Tours/舍农索古堡Château de Chenonceau
Day8 6-Aug	Tours	香波城和舍弗尼古堡Château de Chambord/Château Cheverny
Day9 7-Aug	Tours	布卢瓦和安博瓦茨古堡Château de Blois/Château de Amboise
Day10 8-Aug	Tours	希农和安杰雷城堡Château Chinon/Château Azay-le-Rideau
Day11 9-Aug	Nice	路程到尼斯和休息Train from Tour to Nice and rest
Day12 10-Aug	Nice	摩纳哥Monaco
Day13 11-Aug	Nice	戛纳Cannes
Day14 12-Aug	Nice	尼斯Nice
Day15 13-Aug	Avignon	马赛Marseille/伊夫堡Château d'If
Day16 14-Aug	Avignon	阿维尼翁Avignon
Day17 15-Aug	airport	巴黎购物shopping in Paris
Total 17days		

注：表中第三列是住旅馆的城市名，旅馆预订单的日期和地点与行程单必须完全相符，机票的到达和离开日期也要相符，所订旅馆数越小要付的预订费就越少。

附件4 申请签证要提供的文件翻译本

身份证翻译件(Translate version of Identification card)括号内为英文翻译

中华人民共和国居民身份证(Identification card of resident in PRC)

签发机关：XX市公安局XX分局(Authority for issue:分局拼音名 branch of 城市拼音名 public security bureau)/有效期限：20XX.X月~20XX.X月(Date of expiry:20XX.X~20XX.X或长期permanence)

身份证背面(Another side)/姓名:XXX (Name:姓名拼音名)/性别(Sex)/男(女)male(Female)/民族(nationality)/汉(Han，按身份证填) the Han nationality/

出生:XXXX年X月X日(Date of birth: 英文月份/日/年)/住址:(resident address英文地址)/公民身份证号码:(Identification card NO.)

户口本翻译件(Translate version of Household Register)

封面(Cover)/居民户口簿(Household Register)中华人民共和国公安部制(Under Supervision of the Ministry of public security of P.R.C)

第一页Page 1

户别Sort	户口Household	Name of housemaster户主名	填户主名
户号Register No.	填户号数字	resident address住址	填英文住址
		Date of issue签发日期	填英文签发日期

第二页Page 2

常住人口登记卡(permanent resident record)其他页照此填，都用英文填。

Name姓名	填姓名	Relation with the housemaster与户主关系	填与户主关系，或Housemaster户主，
Used Name曾用名		Sex性别	填英文性别
Place of birth出生地	填英文出生地	Nationality民族	填拼音民族名
Native place籍贯	填英文籍贯	Date of birth出生日	填英文出生日期
Other resident address	其他住址	Religion宗教	
ID card No.	填身份证号码	Height 身高	填身高
School age文化程度	填文化程度	Marital status婚否	已婚的填配偶名
Employer服务处所	填英文单位名	Occupation职业	填英文职业名
When and where moved to Guangzhou	填何时从何地迁入户口	When and where moved to this address	填何时从何地迁入现地址

结婚证翻译件(Translate version of Certificate of married)

封面(Cover)/结婚证(Certificate of married):XX市人民政府印制(Certificate of married Made by XX城市拼音名people's government)

内容都是与户口簿差不多：Name姓名/ Sex性别/ Age年龄/ native place籍贯/They are free will married according the law of P.R.C他们按中国法律自愿结婚/ The Certificate issued by the XX office 此证书由XX办公室签发/ Date of issue：签发日期/

营业执照翻译(Translate version of enterprise corporation of licence)

Name：填企业英文名/Address：填企业英文地址/Name of legal delegate：填企业法定人英文名

Register capital：填企业注册资本RMB(人民币)/Practice capital：填企业实收资本RMB/Sort of enterprise：填企业类型,如是否有限公司等/Management scope：填英文企业经营范围/licence valid until:填营业执照有效期至XX/Date of company establish：填企业建立日期/Annual examination：XXXX pass填最新通过的企业年审，XXXX是填年份/Stamp by：填企业所在区名 branch of 所在城市名 bureau of business administration这部分是注明年审章的盖章部门/

Date:填年审盖章日期/

工资单翻译(Translate version of monthly Salary)

Monthly salary from XXXX :从X起的月工资收入(X是填工资单显示年月份)/Department:部门(指你在公司所属部门)/Name:你的拼音名，要填最近3个月共3个表

Department	Name	Wage of 填月份	Overtime (加班)	Late on duty	Premium 奖金	Insurance of retirement 社保	income tax 所得税	Else其他	Total 实发
你所在部门	你的名字	工资数 RMB	0.00	迟到扣款,填0	0.00	要填	要填	0.00	RMB

It uses for Application of Visa only.(此注明仅为申请签证所用)

Financial Department of XX(XX公司财务部，指出具部门)

Principal：XXX(部门负责人名字，加印章和手写签名)/Date：出具日期

房产证翻译(Translate version of Certificate of real estate)

Certificate of real estate No.0474331(房产证号码)表格最好按原格式摆放。

Owner权属人	填拼音名	The right of所有权性质	Private私产
The right from权属来源	按房产证上填	The land right of地权属	State国家所有
Owner or partly owner占有份额	按房产证上填	area of commonage共用地	填用地平方数 sq.m.
Location房地坐落	按房产证用英文填	Purpose用途	Residence住宅
		Use for使用性质	Residence住宅
Structure & floors	填该建筑总层数 Floors	Total area总建筑面积	房屋平方数 sq.m.

登记字号Register No.	填该号码	核准日期Date of examination	填该日期	已否契税tax-free or not	

Authority of issue(填发机关)：Stamp(印章)：XX administration bureau of real estate(XX市房地产管理局)/ Date(盖章日期)：填英文日期

附件5 中英对照求助及应答纸条

注意事项：本附件是给字母都不懂的人所用的，是抄在纸条上给人看的，可更换单词还包括附件6的部分。懂少量英语的人也可用，甚至就直接读出来。

在语言不通的情况下用纸条问人，要达到好的效果，必须同时提供某些辅助的东西，如机票、地图等，不期望对方是用语言回答(因为也听不懂)，只期望对方用肢体语言回答，如指方向，点头或摇头表示是或否，或用纸写下数字等，因此请注意句子后面括号中问人的要领。下面中文句子的画线是对应英文句中画线的词，超过1个均按顺序排列，是可更换内容的。

1.您好，请问你能带我去<u>办登机手续的柜台</u>吗？我不懂英语，只懂中文。(同时出示自己的机票，主要是让人看到航空公司名称，在机场问人以问穿制服的工作人员最好。)

1/ Excuse me, would you lead me to the <u>check-in counter</u>? I can't speak English, I speak Chineses only. Thank you.

2.您好，请问你能带我去<u>登机口</u>吗？我不懂英语，只懂中文。(同时出示自己的登机牌，主要是让人看到登机门号码，这个问题简单，问任何看似有时间带你的人都行。)

2/ Excuse me, would you lead me to the boarding gate? I can't speak English, I speak Chinese only. Thank you.

3. 我是来法国旅游的，这是我的回程机票和订房单。(同时出示自己的回程机票，是否出示订房单自行决定，3~5是对关员提问的出示。)

3/ I come to France for tour only, this is my return air ticket and hotel reservation form.

4. 我不懂英语，这是我的导游书，书上教我语言不通也可以游法国。(出示本书并指向封面中提到的语言不通也可以游法国的英文句子，以免被责问语言不通也敢来法国)

4/ Sorry I can't speak English. This is my guide book, the book told you: It's not a big problem to traval in France even if I can't speak English and French. So I come.

5. 我听不懂，请找中文翻译。(同时出示能证明你是一个旅游者的东西，如照相机、信用卡和行程表等。)

5/ Sorry I don't understand. May I talk to the Chinese interpreter? I come to France for tour only.

6. 我不懂英语，能指给我去RER车站的方向吗？(这是在机场内寻找，问工作人员较好，画线部分可更换为任何地方。)

6/ Excuse me, would you show me the direction to RER station? I can't speak English.

7. 我买1张到巴黎北站的票和1张1-2区单次票。(或更换为1张1-2区日票“1Mobilis for Zone 1-2”或1张1-2区周票“1 Orange for Zone 1-2”，要改张数或覆盖区数就改数字。)

7/ I want to buy 1 ticket to Gare du Nord and 1 Billets for Zone 1 2.

8. 请问到巴黎北站是在哪个站台上车？车往哪个方向走？(最好备纸笔，纸上先写好voie即月台这个法文单词，让对方用笔写给你月台号，月台上通常不易碰到工作人员，问等车的乘客也可以，同时用手势指不同方向，让对方确认行车方向，避免乘了反方向的车。为保险起见，同样方法再问第二个人，最好不要被第一个看见，否则有点不礼貌。)

8/ Excuse me, would you tell me which platform(voie) to Gare du Nord? which direction to?

9. 请问下一站是巴黎北站吗？(问同车乘客，除非对方早于你下车，否则到站前一定会主动告诉你，如果他不知就会主动代你问其他人，而不会就说不知道。这是文明程度高的表现。)

9/ Excuse me, would you tell me whether the next station is

Gare du Nord or not?

10.请问到XXX怎么走？

10/ Excuse me, would you show me how to go to XXX ?

11.我已预订旅馆(同时出示预订单位和护照)，我不懂法语和英语，请帮我办入住和登记好吗？这是我的护照。

11/ I have a reservation.I can't speak French and English.Can you help me check in and register? This is my passport.

12.请将我要付款的数额写下来，办好后请带我到房间，谢谢。

12/ How much do I have to pay now? Can you write down the amount on a piece of paper? Can you lead me to my room after check-in? Thank you.

13.房费包括早餐吗？早餐几点开始？

13/ Excuse me.Does the room fare include breakfast?When is the breakfast time?

14-1.客人厨房在哪里？淋浴和厕所在哪里？

14-1/ Would you show me where is the guest kitchen? And where is the shower and toilet?

14-2.最近的超市在哪里，叫什么名字？可以帮我标在地图上吗？(将地图递上，请人写时最好做一个写的手势，对方会写上一个超市的法文名称，这方便你看招牌找超市。)

14-2/ Would you show me where is nearby supermarket here?What's the supermarket's name? Could you mark it on the map? Thank you.

14-3.最迟几点退房？我退房后行李可以免费保管在这里吗？我今天晚些才来拿。(一般小型旅馆都可退房后寄存行李，但不会开收据，是可以信任的。)

14-3/ What time is check out time? May I keep my luggage here for free after I check out? I will take out my luggage later today.

14-4.您好，今天还有单人间吗？带卫生间吗？多少钱一晚？有热水淋浴吗？(可更换双人间double room，双床间twin bed room，3人间triangle room，多人间的1张床1 bed in dormitory，对方说价钱时递上计算器。)

14-4/ Hello, are there any single room today? Bathroom inside? How much for one night? With hot water shower or not?

15.我买1张X欧元的门票。

15/ I buy 1 ticket for X€.

16. 我想买1张今天上午到XX的二等车票，有几点钟的？哪一趟火车便宜？多少钱？可以写下来给我吗？(可更换：今天today/上午moring/下午afternoon/明天tomorrow，也可用于巴士bus。)

16/ Hello，I want to buy a ticket to XX this morning，second class. Are there any choice? Which train is lower price? How much? Can you write down to me?

17. 这张火车票在几号月台上车？可以写给我吗？(出票后再用这张问，换成巴士也可这样问。)

17/ Which platform(voie)is the train? Can you write down to me?

18. 请问这辆巴士到XX吗？几点钟开？(出示标有该地点的地图或手写法文地名，问时间展示手表，未有司机在的时候可问等车的其他人。)

18/ Excuse me. Does the bus go to XX? When will the bus leave?

19. 车几点钟到XX？到了时叫一下我好吗？我不懂法文和英文，谢谢。(上车问司机，展示手表或用纸让司机写时间。)

19/ Excuse me， When will the bus/train arrive at XX? Can you tell me when it arrive at XX? I can't speak French and English. Thank you.

20. 这个词XX法语怎么读？

20/ How to say this word in French?

21. 您好，请问可以给我一张这个城市的地图吗？有没有XX的资料？可以帮我预订本地旅馆吗？双人间价格从X-X的幅度。(这是在旅游咨询处向工作人员发问。)

21/ Hello，May I have a map of this city? And are there any guide or travel information about XX? Can you help me to make a reservation for local hotel? Double room price from X to X.

22. 可以给我一张购物退税单吗？（这是在商店）

22/ May I have a form for Refund Free Tax?

23. 结账。（在饭店结账时举起你的账单）

23/ I want to pay my Bill.

24. 对不起，我迷路了，我现在是在这张地图上的什么位置，可以给我标出来吗？(同时递上地图)

24/ Excuse me. I lost my way. Can you show me this location on the map?

25. 对不起，我错过原来的车了，这是TGV快车吗？我还要再付订位费吗？多少钱？(如果要付，列车员会用计算器向你展示价钱。)

25/ Excuse me. I missed my Train. Is this TGV? Do I have to pay reservation fee again? How much?

26. 你好，我想用旅行支票按现在的汇率换现金，可以吗？如果不行，请告诉我附近哪家银行可以，帮我在地图上标出来行吗？(手上要拿着旅行支票、护照和地图。)

26/ Hello. May I exchange Euro cash with this travel cheque? If not, please tell me which bank is OK? Can you show me on the map?

27. 对不起，我是中国游客，我失窃了(钱和护照)，又不懂法文和英文，可以帮我接通中国大使馆的电话吗？我想向他们求助，谢谢。

27/ Excuse me. I'm a tourist from China. I lost my money and passport. I can't speak French and English. I want to seek help from the embassy of China in France. Can you help me make a phone to them? Thank you.

附件6 法国旅行需用到的最基本英语单词、基本句型及法语单词

本附件是给懂少量英语的人讲英语时用的基本句型和可更换的单词（最后部分的法语单词可直接插入英语中用），完全不懂英语的人可用于写条子时更换单词或要核对单词意思时用。

1. 机场类：airport机场，international terminal国际候机楼，international departure国际出发厅，international arrivals国际到达厅，domestic departure国内出发厅，domestic arrivals国内到达厅，check—in办登机手续，boarding pass登机牌，flight No.航班号，date日期，seat座位号，destination目的地，gate登机口，economy class经济舱，luggage行李，luggage claim领取行李，arrivals到达，departures出发，delayed航班延误，actual航班变更时间，cancel航班取消，departing to飞往，single ticket或one way ticket单程票，return ticket来回票，open date ticket不定日期客票，confirmed date ticket确定日期客票，security check安全检查，landing着陆，foreign currency exchang外汇兑换处；出入境大堂的显示：immigration入境或出

境的护照检查处，passport control入境或出境的护照检查处，foreigner外国人护照检查通道。

2. 关于交通的单词：airport bus机场巴士，bus to downtown入城巴士，bus station巴士站，terminal station终点站或巴士总站，coach长途汽车，minibus小巴或中巴，ferry码头、渡口、渡船，passenger ship客船，train火车，railway station火车站，berth火车卧铺，sleeping car卧铺车厢，lower berth下铺，upper berth上铺，train crew列车员，bicycle for hire出租自行车，walk或go by foot步行。

3. 关于旅游的单词：tour旅游，tourist旅游者，travel旅行，指较远的，trip旅行，指较近的，church教堂，ancient town古城，museum博物馆；关于旅馆的单词见附件 5 。

4. 最基本句型要求（附件 5 有的不重复）：

A. 问地方

⊙ Excuse me（所有开口问人时都要先讲这句，下面省略），where is bus station?(请问巴士站在哪里？)

⊙ How far is it from here to…（从这里到……有多远？）

⊙ How long does it take from here to…by foot?（从这里步行到……要多长时间？）

⊙ Which No. bus to…（请问哪一路巴士去……）

B. 讨价还价

⊙ Give me some discount, OK?（可以给点折扣吗？）

⊙ Oh, it's too expensive. I want lower price only.（啊，太贵了，我只想要便宜的。）

C. 学会拒绝和表述自己的要求

⊙ Sorry, （拒绝先说Sorry，下略）I don't want any…（对不起，我不要任何……）/I don't like…（我不喜欢……）/ I don't go there.（我不去那里。）/Let me see.（让我考虑一下。）/Now, I am not sure.（对不起，现在不能确定。）

⊙ I want to go…（我想去……）/Give me…for one.（给我一个……）/I want to buy…（我想买……）

⊙ May I…?（我可以……吗？）

掌握上述的表述方式和基本能听懂对方的回答就可以到处去了。还有更多的不能在此详列。将这些简单句子套用上述的各类单词便能表述很多内容。问句长的时候用陈述句提高尾音声调也可当问句用，反正人家听懂就行。或在句尾加“OK?”(问句末尾要用升调)，OK这个词最多用，Are there any…?作为问句也是最多用的。经过实践证明上述的基本简单句已可应付日常的吃住行和旅游了。

●法语有用单词

法语有不少单词与英语极为相像，其中只有个别字母不同，如果你懂英语，将这些单词结合现场环境一定能读懂。公共场所告示牌很多用国际通用的图案符号，但必须要掌握的法语还有下列单词（与英语相近的略去）。

交通部分：机场aéroport，入口Entrée，出口Sortie，转车Correspondance，车站Gare，月台Voie，洗手间toilettes，男士Hommes，女士Dames，售票处Billet Office，地铁métro，长途车站Gare Routière，公交车bus，码头Quai，桥Pont，岛Île，港口Port。

其他公共场所部分：您好Bonjour，再见Au revoir，谢谢Merci，邮局la poste，药房la pharmacie，香烟店tabac，超级市场supermarché，百货公司le grand magasin。

旅游部分：教堂l'église，大教堂Cathédrale，城堡château，广场place，大厦Tour，路Rue，大路Boulevard，林荫大道Avenue，博物馆Musée，公园Parc，青年旅馆Auberge de Jeunesse，城镇Ville。

时间部分：1月Janvier，2月Février，3月Mars，4月Avril，5月Mai，6月Juin，7月Juillet，8月Août，9月Septembre，10月Octobre，11月Novembre，12月Décembre，周一Lundi，周二Mardi，周三Mercredi，周四Jeudi，周五Vendredi，周六Samedi，周日Dimanche，今天Aujourd'hui，明天Demain，昨天Hier，上午Matin，下午Après-midi，晚上Soir。

不少礼貌用语完全可用英语，有关购物讨价还价也完全可用英语，无须为不懂法语而感到有任何歉意。旅游者最常挂在口上的法语就是“谢谢”（merci）。